「法と経済学」叢書Ⅶ

ゲアリー E.マルシェ著
合理的な人殺し
―犯罪の法と経済学―
太田勝造 監訳

太田勝造・米村幸太郎・村上裕一・西本健太郎
劉芳伶・森大輔・安藤馨・高橋脩一・濱井宏之 共訳

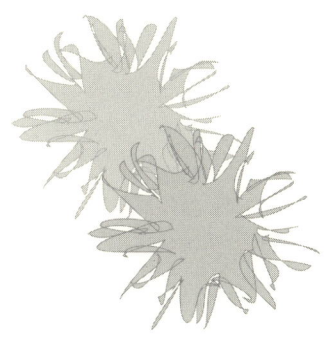

木鐸社刊

《目次》

まえがき……………………………………………………………………… 7

第1部　経済学と犯罪行動の基礎

第1章　消費者選択の理論………………………………………………… 11
  1.1.　効用極大化を追求する消費者……（11）
    (a)　総効用と限界効用……（14）
    (b)　順序としての効用……（24）
  1.2.　弾力性……（32）

第2章　生産者選択の理論………………………………………………… 37
  2.1.　消費と生産の共通点……（37）
  2.2.　短期の生産プロセス……（39）
  2.3.　生産関数と費用関数……（42）
  2.4.　最適生産と生産効率性……（45）
  2.5.　長期における生産効率性……（52）
  2.6.　統計と確率の基礎……（56）

第3章　選択の理論と犯罪行動…………………………………………… 61
  3.1.　消費者選択の理論と犯罪……（61）
    (a)　最適選択肢としてのスピード違反……（62）
    (b)　制約条件下の選択と犯罪抑止……（66）
  3.2.　生産者選択と犯罪抑止……（71）
  3.3.　資源の最適レヴェル……（78）
  3.4.　犯罪行動についての経済分析以外の理論……（80）

第2部　合理的計算による殺人

第4章　理論上の分析枠組み……………………………………………… 87
  4.1.　情報の適切なレヴェル……（87）
  4.2.　合理的計算による殺人の主観的期待効用モデル……（88）

    4.3. 完全情報の効果……（94）
    4.4. 殺人の帰結という事象……（97）
    4.5. よりシンプルなモデル……（99）
        (a) 非熟練犯罪者……（102）
        (b) 熟練犯罪者……（103）
        (c) 情報状態改善の効果……（103）
        (d) 完全情報の効果……（105）
    4.6. 主観的期待効用と犯罪組織……（106）

第5章　逮捕確率に対する感受性 …………………………………110
    5.1. リスク愛好型の殺人犯……（110）
        (a) 逮捕確率の重要性を示すその他の要素……（114）
        (b) リスク愛好型の効用関数と殺人需要曲線……（115）
    5.2. 殺人需要と最適選択肢……（121）
    5.3. 犯罪抑止の生産……（124）

第6章　計画的殺人の特徴 …………………………………………131
    6.1. 犯罪類型プロファイリングの必要性……（131）
        (a) 現状の犯罪プロファイリングの問題点……（132）
        (b) 犯罪プロファイリングの基礎としての経済学モデルの使用……（135）
    6.2. モデル構築……（137）
        (a) 統計上の問題点……（139）
        (b) 合理的動機に基づく殺人の特定……（140）
        (c) 意思決定パラメータ変数……（150）
    6.3. 実証的知見と犯罪類型プロファイリング……（156）
        (a) 逮捕確率ベクトル（p）……（159）
        (b) 機会費用ベクトル（Y）……（161）
        (c) 富の増加分ベクトル（G）……（161）
    6.4. 犯罪プロファイリングの含意……（161）

第7章　殺人事件の捜査 ……………………………………………169

7.1. 現実の殺人事件捜査……（169）
    (a) 第1殺人事件の捜査……（169）
    (b) 第2殺人事件の捜査……（170）
    (c) 第2殺人事件捜査のその他の問題点……（173）
7.2. 経済学に基づいた殺人事件の捜査……（177）
7.3. その他の考慮要因……（186）

第8章　刑事司法制度による生産 …………………………………………191
8.1. 悪しき刑事政策……（191）
8.2. 刑事司法資源増強の必要性……（195）
    (a) 効果最大化のための資源集中……（198）
    (b) ヴィンス・フォスター事件……（199）
    (c) 専門化した資源と訓練……（202）
8.3. 有罪判決の確率……（203）
8.4. その他の生産：更生と無害化……（208）

第9章　技術的効率性を求めて ……………………………………………211

《監訳者あとがき》……………………………………………………………224
《文献目録》……………………………………………………………………229
《索引》…………………………………………………………………………233

《図》
図1.1	ジェットコースターに対する消費者需要	20
図1.2	ジェットコースターの効用関数（可測効用）	23
図1.3	制約条件下における2財RとHの場合の効用極大化	26
図1.4	代替効果と所得効果	30
図1.5	ジェットコースターに対する需要	32
図2.1A	短期の供給曲線すなわち限界費用関数	44
図2.1B	労働の生産関数	45
図2.2	労働に対する生産者の需要	47

図2.3	最適で効率的な投入選択	49
図2.4	規模に関する収穫と長期平均費用曲線	53
図2.5.	規模に関する収穫と生産等量曲線図の関係	54
図2.6	長期的利潤極大化	55
図3.1	消費者需要とスピード違反	63
図3.2	スピード違反における制約条件下での効用極大化	69
図3.3	短期における逮捕確率（p）と処罰の重さ（f）の生産	71
図3.4	逮捕確率（p）と処罰の重さ（f）の生産	73
図3.5	リスク中立型の運転者とリスク回避型の運転者	74
図3.6	刑事司法制度の資源の最適配分	79
図5.1	リスク愛好型の選好	116
図5.2	合理的計算による殺人における限界期待便益（MEB）曲線	118
図5.3	合理的計算による殺人の需要曲線	119
図5.4	合理的計算による殺人者の最適選択肢	123
図5.5	合理的計算による殺人における犯罪抑止生産	126
図6.1.	逮捕確率ベクトルの要素の値の「感情的⇔合理的」軸上での頻度分布	163
図6.2	犯人の年齢（OA）および未解決の殺人に対する頻度分布	164
図8.1	非自発的な犯罪消費	196

《表》

表1.1a	ジェットコースターの基数的効用（ユーティル）	16
表1.1b	ハンバーガーの基数的効用（ユーティル）	16
表2.1	ごみ収集車の生産過程	42
表4.1	意思決定に伴う確率と期待金銭価値	92
表4.2	殺人の帰結と条件付確率	98
表5.1	リスクのある結果と確実な結果の主観的期待効用	116
表6.1	殺人の状況と動機	148
表6.2	合理的動機に基づく殺人の特徴	156
表6.3	感情的動機または合理的動機に統計的有意に関連する殺人の特徴	158
表6.4	最小2乗法の結果と標準化された係数のランキング	159
表8.1	殺人および指標的犯罪全体における犯罪指標と法執行指標（1960年と1991年）	195

まえがき

　本書は，利潤ないし富を増やすために実行される殺人について論じるものである。殺人犯は，逮捕されたり，有罪判決を受けたり，処罰されたりしてしまっては，その富を純増させることができない。したがって，この種の殺人においては，コストを極小化するために，準備と計画がより慎重になされる傾向がある。この「コストの極小化」とは，殺人犯が逮捕されるリスク，有罪判決を受けるリスク，そして処罰されるリスクを極小化するということである。本書の扱う合理的計算による殺人と，連続殺人犯や政治的テロリストが実行する計画的殺人とが異なる点は，合理的計算による殺人には，富を極大化するという目的がある点である。経済学のモデルや理論においては，感情的な行動はあえて考慮に入れず，道徳的な行動を必ずしも仮定しない。したがって経済学モデルが，本書が行う分析にとって有効なのは明らかである。しかも，経済分析は，社会学のソーシャル・コンテクスト論のマクロ的理論と，心理学の動機中心理論のミクロ的理論との中間に位置している。よって経済学理論は，あらゆる要素を考慮して慎重に行われる合理的計算を通して，殺人という行動の選択肢が選ばれるタイプの全ての殺人事件を分析するにあたって，非常に重要な役割を果たすはずである。

　本書執筆の動機の第1は，合衆国において殺人事件の解決率が1960年の90％以上から大きく下降し，今では60％から65％にまで落ち込んでいるということである。このような下落傾向の原因については，いくつかの要因が指摘されている。例えば，(1)被害者にとって見ず知らずの人間が加害者である事件の割合が増加していること，(2)富の増加をその動機とし，合理的計算の上で殺人という選択肢を選ぶ殺人犯の割合が増加していること，(3)富を追求する犯人グループの組織的な効率性が向上したこと，(4)ギャングの活動が活発化していること，および(5)捜査段階に技術的な非効率性があること，などである。

殺人にも合理性という要素があるので，殺人犯たちはこれからも富をもたらす殺人の機会への嗅覚を発達させ，そのような機会を十分活用する術（すべ）を習得し続けるであろうと予測される。言い換えれば，高度に熟練した殺人犯はこれからも「警察による捜査の網の目」をやすやすと潜り抜け続けることが予測される。その結果，刑事司法制度の生産性が向上しない限り，殺人事件解決率の下落傾向はこれからも続いてゆくことが懸念される。本書では，経済分析を通して，この分野における刑事司法制度の生産性を向上させる具体的な案を提示する。本書の分析が重きを置くのは，逮捕，有罪判決，および犯罪抑止の生産性を向上させるために，資源配分，コスト，そして，技術面での効率性を高めるその具体的手法である。本書の分析結果によって「警察による捜査の網の目」を塞ぐことができるようになり，そのことを通じて，殺人事件解決率の下落傾向に歯止めを掛けることができればと期待している。

本書は2部構成となっている。第1部は犯罪行動の経済分析への導入部であり，そこでは行動選択の経済理論を構築する。その選択理論を用いて，スピード違反についての分析と説明を行う。資源配分の問題についても若干論じる。第2部においては，第1部で展開した分析ツールを用いて，合理的計算による殺人の理論を構築する。本書は経済学理論に依拠してはいるが，実証的証拠や現実にある事例についても言及する。

殺人事件解決率の下落や計画的殺人などの問題は，主として刑事司法研究者が取り組んでいる課題である。これに対し，これらの問題について経済学的な分析を行うことによって，本書は真に学際的な書物となっている。したがって，本書は社会科学を学んでいる大学3～4年生や大学院生が対象となる。学生の読者は，少なくともミクロ経済学の基礎知識とともに，微積分学の初歩，統計学の初歩，および社会科学方法論についてある程度の知識を有していることが期待される。

本書第2版では，合理的計算による殺人の実際の捜査についての章を，新たに追加した。なお，そこで論じる事件は未だに解決していない。

第 1 部　経済学と犯罪行動の基礎

第1章　消費者選択の理論

（編集責任：太田勝造）

　本章では効用極大化型の消費者モデルないし消費者理論を展開する。消費者モデルとは個人の選択についての理論であり，多くの異なった場面や異なったタイプの選択に適用できるものである。したがって，この消費者モデルは合理的な動機に基づいた，いわばビジネスライクな殺人の分析の基礎となりうる。合理的計算による殺人の分析については後の章でより詳しく展開するとして，まずは消費者モデルないしは消費者理論の性質とその前提を理解することが大切である。第1章の目的は効用極大化を追求する消費者のモデル（ないし理論）を明確にしておくことである。

1.1. 効用極大化を追求する消費者

　経済学とは，個人がその有する稀少な資源の配分を行い，そこから最大の効用（満足）を得ようとする際に，どのように意思決定を行うかについての研究であると定義される。1人ひとりの市民が総計されて「1つの」社会とされる。「1つの」という言葉が社会全体を指し示す場合には，マクロ経済学的な分析が用いられることが多い。一方で，意思決定者が個人としての市民であり，「1つの」という言葉がただ1人の人間を指し示している場合には，ミクロ経済学的な分析が用いられる。

　消費者選択の理論は個人の選択に関するミクロ経済学の理論を応用したものである。経済学の定義との一貫性を保つためには，消費者選択理論は稀少な資源の配分の分析でなければならない。消費者にとって稀少な資源とは，例えば予算や収入などである。1人ひとりの消費者は（選択という意思決定

を通じて）最大レヴェルの満足ないし効用が得られるように資源を配分すると仮定される。

　経済学の理論やモデルにおいては個人の行動について広く適用できるような前提を置くのが通常であり，消費者モデルもその一例である。一般的には，個人には何らかの目的や動機（例えば，消費者の場合には効用の極大化）が想定され，それに向かって合理的に行動するものとの前提が置かれる。ここで行動が合理的であるというのは，判断や選択を行う主体（例えば，消費者）が取りうる代替案や選択肢からそれぞれ予期される結果を認識しそれを検討している場合である。結果はそれぞれ便益と費用に分けられ，効用極大化のような想定されている目的に照らして評価されることになる。ある特定の行動（例えば消費）が採られないと，より大きな満足感あるいは効用が得られない場合には，その行動を採るという合理的な行動は論理的必然であろう。したがって，費用よりも大きい便益をもたらすような消費の選択のみが合理的なものとされる。言い換えれば，すべての合理的な選択は消費者の効用の純増をもたらすはずのものであり，同じことであるが，想定されている目的の達成につながるはずのものである。

　消費者選択の理論についてのもう1つの見方は，逆に効用極大化という想定された目的の方から出発することである。仮に消費者は常に自分自身をより良い状態（better off）におこうとしている（つまり，効用の純増を図っている）のであれば，消費者はそれを達成するための機会に気づくことがまず必要である。そして，消費者が自分自身をより良い状態にする機会に気づくためには，採りうる選択肢がもたらす費用と便益の比較といった合理的な計算ができなくてはならない。ゆえに，欲しい商品の価格（費用）が引き下げられた場合には，合理的な（そして十分な情報を得ている）消費者は，それが自分の効用を増加させる機会であると認識しうるのである。こうしたことは，例えば正常財（normal economic good）（「負財（bad）」や不要なもの以外のもの）が無料で配られている場合に消費者がどのように行動するかを考えてみれば良く分かる。

　特定の財貨やサーヴィスの消費が効用に与えるネットの効果は，その財に対する個人の嗜好や選好によって決定される。例えば，ある財Xによってある人が受ける効用の増加の量は，別の人が受ける効用の増加の量とは異なり

うるのである。財Xがある者にとっては逆に「悪い」もの，すなわち負財で，それにより効用が減少するということさえありうる。例えば，ヘロインは「良い」もの，すなわち財なのであろうか。それとも「悪い」もの，すなわち負財と位置づけられるべきなのだろうか。とはいえ，効用の個人間比較はできないと仮定されている。

　また，個人の選好（嗜好）は長い期間をかけて形成され，個々人に固有のものであると仮定されている。経済学者が，人それぞれの選好（嗜好）を説明しうる要因にはいかなるものがあるのかについて，分析を始めたのはやっと最近になってからである。消費者は，少なくとも一般的に大人とみられているような人々であれば，比較的一貫していて予測可能な選好（嗜好）を有しているものである。

　経済学の理論やモデルにおいては，行動についての観測不能な命題が現実と結び付けられているので，観察可能な事態の出来を予測することもできる。例えば，他の変数が一定であれば（$ceteris\ paribus$），パンの価格（限界費用）の相対的下落によってパン消費量が増加するという現象が観察されよう。これは，今や下落しているパン消費の限界費用（限界価格）を超える増加分の限界便益（あるいは限界効用）が，消費の新たな「合理的領域」に含まれているからである。したがって，この場合には，パン市場において個人はより多くのパンを消費することが合理的である。別の言葉でいうと，パンを財と考える個人は，合理的計算によって，それが自らの厚生を増大させる機会であると考えるのである。消費を続けることで逓減してきた限界効用が，消費されるパンの価格ないし限界費用よりも小さい「非合理的領域」の中に入るまで，合理的個人がパンの消費を続けることはないはずである。別の言葉でいえば，合理的消費者が無限にパンを買い続けるという選択は行わないと考えられる。そんなことをしたら厚生を自ら悪化させてしまうことになるからである。

　経済学的なモデルや理論として有用であるためには，予測された現象は現実のデータとつき合わせてテストされなければならず，逆に言えば，予測された現象が起こらない可能性がなければならない。言い換えると，反証不能な経済学のモデルや理論は有用ではない。なお，経済学のモデルや理論が実証的に反証されなかったからといって，つまり，観察された行動が経済学の

モデルや理論の予測に従っているように見えたとしても，そのことは合理性についての観察できない行動仮説が真実であると証明するものではないことも，肝に銘じておく必要がある。考えたり推論したりする頭の中のプロセスは直接観察することができないので，個人が経済学の理論やモデルの予測に従った選択を行っていても，それは合理的に行動しているようにみえると言う以上のことはできないのである(1)。

(a) 総効用と限界効用

消費者行動の経済モデルは，消費者行動を正確に予測したりうまく説明したりすることができる。なぜなら合理性と首尾一貫した選好という一般的に適用可能な仮定，および，効用極大化という広く適用可能な目的とに基礎を置いているからである。目的関数（効用関数）が広く適用可能であるのは，個人がなんらかの特定の行動選択肢から得る便益ないし満足を意味する以上のものではないからである。経済学において，行動選択肢の例として典型的なものは，消費または生産であるが，犯罪を実行するという行動選択肢も効用を生じさせる。

現実には，効用は，主観的に評価されるものであり，個々人に固有のものである。しかしながら，主として非常に抽象的な講学上の経済学モデル(2)においては，効用は測定可能なものと措定される。可測効用（measurable utility）は，基数的効用（cardinal utility）と呼ばれ，簡単化のためのさらなる仮定として使われる。以下では，ハンバーガーを食べることとジェットコースターに乗ることを例に，可測効用ないし基数的効用を分かりやすく説明する。まず，消費者は，消費することにより得られる効用を「ユーティル」という単位で記録するユーティル・メーター（効用計量器）を身につけることができると仮定しよう。例えば，消費者は，ハンバーガーを食べることによって可測効用10ユーティルを獲得し，ジェットコースターに乗ることでも可測効用10ユーティルを獲得すると仮定する。さらに，消費者は，一定期間内に同じ財貨やサーヴィスを繰返し消費する場合，それぞれから得られる効用の量が逓減すると仮定する。換言すれば，ジェットコースターに乗ったりハンバーガーを食べたりするとき，2回目の消費から得られる効用は10ユーティル以下にしかならないとする。これは限界効用逓減と呼ばれる。限界効用逓減

とは，財貨やサーヴィスの消費の繰返しによって総効用は増加するが，その増加分はだんだん小さくなってゆくということである。「マージナル」ないし「限界」とは，「次の単位分の増加」ないし「微分」の意味である。限界効用の逓減が急速に生じる財もある。このことから，例えば，1家に2本以上のクリスマス・ツリーがないのはなぜかを説明することができる。

　第2に，消費者は，自分の効用増加のために使うことのできる資源を持っているとする。この設例においては，時間や労力という限られた資源を，4ドルという消費者の予算で表すことにする(3)。その4ドルの予算（budget）を，B＝4と書くことにしよう。そして，消費者が選ぶことができるのは，ハンバーガーを買うという選択肢（H）と，ジェットコースターに乗るという選択肢（R）の2つしかないという意味で，ここがいわば「2つの財の世界」であると仮定する。この設例で目的とするのは，ハンバーガー（H）とジェットコースター（R）に向けられた消費者の需要を示す曲線が，いったいどういったものなのかを明らかにすることである。言い換えるならば，需要に関して私たちが仮定した特定の条件の下で，HとRという現実のものに対して，消費者がどのように行動し関わろうとするのかを予想するのが狙いである。需要曲線を見出すには，ハンバーガー（H）とジェットコースター（R）の当初の価格と，2つの財，つまり，HかRかどちらか一方の価格がもう1つ必要であり，その他の要素はすべて固定されていると仮定する。これによって，HとRの相対価格を得ることができよう。ハンバーガーの価格を1ドルとし，$P_h＝1$と書くことにする。この設例において，ハンバーガーの名目価格は終始$P_h＝1$である。ジェットコースターに乗るための当初の名目価格は2ドルであるとし，$P_r＝2$と書くことにする。ジェットコースターの料金は，後に下落して$P_r＝1$となった場合についても分析をする。

　表1.1aと1.1bが示すのは，消費者にとっての総効用，限界効用，1ドルあたりの限界効用である。また，ジェットコースターの料金（R）が1ドル（$P_r＝1$）に下落した場合の，1ドルあたりの限界効用も示してある。

　完全情報は，状況を単純化するためのもう1つの仮定であり，この設例においても，消費者は完全情報を有しているとする。完全情報とは，価格（費用），可測効用（便益），および他の選びうるすべての代替的選択肢について，消費者が知り尽くしていることを意味する。言い換えれば，消費者が知悉し

表1.1a　ジェットコースターの基数的効用（ユーティル）

総効用 (ユーティル)	限界 効用	限界効用÷ドル ($P_r = 2$のとき)	限界効用÷ドル ($P_r = 1$のとき)
1回＝10	10	5	10
2回＝15	5	2.5	5
3回＝18	3	1.5	3
4回＝20	2	1	2

表1.1b　ハンバーガーの基数的効用（ユーティル）

総効用 (ユーティル)	限界 効用	限界効用÷ドル ($P_r = 1$のとき)
1個＝10	10	10
2個＝15	5	5
3個＝17	2	2
4個＝17	0	0

ているということである。

完全情報を消費者の意思決定の観点から見れば、消費者は予算の配分ごとの帰結について確実に分かっているということである。したがって、消費者は最適な選択を行うことができる。つまり、消費者は利用可能で稀少な資源を使って効用を極大化することができる。現実の世界において、消費者が自分の買う財貨やサーヴィスについて消費するほど、その財について（疎くなるのではなく）より多くの知識を有するようになるのであるから、完全情報の仮定は消費者の行動のモデルを空理空論にしてしまうものではない。

この設例では、貯蓄という選択肢は除外されていることに注意して欲しい。すなわち（0R, 0H）という消費の組合せは選ぶことができず、予算の全部または一部を貯蓄に回すことはできないとする。B＝4という予算は、効用を生み出す財（すなわちHとR）のみに使われなければならない。さらに、効用の極大化という仮定された目標により、HとRが「財」（つまり、消費をすると正の限界効用が得られるもの）である限り、消費者は予算が尽きるまで使い続ける。

ジェットコースターとハンバーガーの初期価格がそれぞれ $P_r = 2$ と $P_h = 1$ で、表1.1a, 1.1bのような効用になっているとすると、消費者が4.00ドルで選択できる全ての可能な選択肢は次のようになる。

選択肢	量	費用の合計(ドル)	効用の合計(ユーティル)
C_1:	2R, 0H	4.00	15＋0＝15
C_2:	1R, 2H	4.00	10＋15＝25
C_3:	0R, 4H	4.00	0＋17＝17

明らかに，予算 B＝4 ドルという稀少な資源から得られる最大の効用は選択肢 C_2 の25ユーティルである。完全情報の仮定により，選択肢 C_2 は前もって分かっている。よって，選択肢 C_2 は最適な選択として必ず選ばれる。完全情報の仮定がないと，あるいは同じことだが意思決定における確実性がないと，採りうる他の選択肢で消費者が知らないままのものが出てくるかもしれない。さらに，消費者は価格（費用）や，財貨やサービスから得られるユーティル（便益）の正確な値について，完全な知識を持っていないかもしれない。完全情報（つまり漏れのない徹底的な情報処理）の仮定がないと，消費者は最適でない選択をして，稀少な資源からの満足を極大化できない可能性が高くなる。

　ジェットコースターの価格が $P_r＝2$ で，ハンバーガーの価格が $P_h＝1$，そして予算がすべて使い尽くされた場合には，表1.1aおよび表1.1bによると，最適選択肢（C_2: 1R, 2H）における 1 ドルあたりの限界効用または「見返り」が，どちらの財についても 1 ドルあたり 5 ユーティルと等しくなっていることが分かる。採り得る選択肢の結果を示すことによって，最適な選択肢が C_2 であることは示されるが，他に 1 ドルあたりの限界効用の分析によっても消費者にとっての最適な資源配分を示すことができる。例えば，選択肢 C_1 つまり（2R, 0H）は，ジェットコースター（R）に予算を過剰に配分し，ハンバーガー（H）に対して予算を過少に配分しているため，最適な選択ではない。より正確に言えば，選択肢 C_1（2R, 0H）では R の 1 ドルあたりの限界効用は，たったの2.5ユーティルでしかない。選択を変えて，予算をよりハンバーガーの消費に配分しジェットコースターの乗車に配分しないようにすれば，1 つ目のハンバーガーの 1 ドルあたりの限界効用は10ユーティルになる。したがって，消費し過ぎていて 1 ドルあたりの見返りのより小さい財（H）から，過少にしか消費されていない 1 ドルあたりの見返りのより大きい財（R）へとお金を再配分するだけで，消費者は 1 ドルあたりのより大きな効用ないし見返りが得られるのである。採り得る選択肢の中でそのような再配分をすることにより，消費者は総効用を選択肢 C_1（2R, 0H）で得られる15ユーティルから選択肢 C_2（1R, 2H）で得られる25ユーティルへと増すことができるのである。

　選択肢 C_3（0R, 4H）は，2 つの財のうちの 1 つを全く消費しないというもう一方の極をなす選択肢である。選択肢 C_3（0R, 4H）はすべての予算を使い切っ

てはいるが，ハンバーガーに対して過剰に配分しており，費やした金額に対して低い見返りしか得ておらず，ジェットコースターの消費により多くの資源を再配分すれば多くの見返りが得られる状態である。1ドルあたりの限界効用または費やした金額に対する見返りが等しくなるように資源を再配分すれば，効用の合計を $C_3(0R, 4H)$ の17ユーティルから $C_2(1R, 2H)$ の25ユーティルへと増すことができる。

効用極大化の原則とは，1単位あたりのお金に対して最も大きい限界効用または見返りを得ることができる選択肢へとお金を常に配分する原則である。そして，限界効用逓減の仮定により，消費者は稀少な資源・予算の制約条件下で，再配分の結果，効用を極大化する選択肢に必ず落ち着くことになる。数学的条件としては，すべての所得が完全に使い尽くされ，消費される財のそれぞれの1ドルあたりの限界効用が全て等しくなったときに，総効用は極大となる。つまり，すべての財貨やサーヴィス（1からnとする）において，

$\dfrac{MU_1}{P_1}=\dfrac{MU_2}{P_2}=\cdots=\dfrac{MU_n}{P_n}$ のときに極大となるのである（MU_i は i 番目の財の限界効用）。

現実の世界では，効用極大化条件と最適でない選択とが，価値においてどれほど異なるのかという評価を消費者はするが，それは消費者によりよい情報を得ようとする実質的なインセンティヴを与える。株式市場における直接投資は情報の価値を示す好例である。株式市場に投資するほとんどの人がどれほどよりよい情報を常に得ようとしているかに注意すべきである。もしそれぞれの選択の結果を正確に知っていたなら，株式でどれほどより多く儲けることができるか考えてみればよい。

他の全てが不変である（*ceteris paribus*）という仮定は，当該の財に対する消費者の行動に影響しうる他の全ての要因が不変である，と想定することである。これらの要因とは，消費者の資源あるいは予算（B＝4），他の財の価格（ここでは1種類しかないが……），そして消費者の選好（嗜好）といったものである。ここで，ジェットコースターの価格を1ドルに設定しなおそう。すると $P_r=1$ となる。$P_r=2$ である時とちょうど同じように，消費者行動に影響を与えうる他の全ての要因が不変に保たれるという仮定の下で，ジェッ

トコースターという当該の財に対して，消費者がどのように行動するかを消費者行動のモデルを通して予測することができる。この設例の場合，ハンバーガーというもう一方の財Hの価格は$P_h = 1$で不変に保たれ，予算は$B = 4$で固定されている。消費者の選好（嗜好）（これは安定しているものと通常仮定される）も，このように比較的短い期間で変化してしまうということはまずないだろう。

ジェットコースターの価格が$P_r = 1$のときも，消費者は最適な消費選択を行うものと考えられる。前と同様に，貯蓄が選択可能ではなく，かつ，2つの財RとHが正の限界効用を生み出す間は，消費者は予算をすべて消費に使い続ける。このとき，$P_r = P_h = 1$という条件の下でのハンバーガー（H）とジェットコースター（R）の組合せによる可能な選択肢は5つとなる。これらの選択肢を次のように表で示そう。

選択肢	数量	総費用（ドル）	総効用（ユーティル）
C_1	4R, 0H	4.00	20＋0＝20
C_2	3R, 1H	4.00	18＋10＝28
C_3	2R, 2H	4.00	15＋15＝30
C_4	1R, 3H	4.00	10＋17＝27
C_5	0R, 4H	4.00	0＋17＝17

この場合，消費者が最大レヴェルの効用ないし満足を得るのは，選択肢C_3，つまり（2R, 2H）である。というのは，予算がすべて使い尽くされたとき，C_3におけるそれぞれの財に対する1ドルあたりの限界効用が5ユーティルで等しくなるからである。

ある条件下で消費者が当該の財であるジェットコースター（R）に対していかなる行動を採るかは財Rに対する需要曲線によって記述される。ここで，Rに対する2つの価格比$\frac{P_r}{P_h} = \frac{2}{1} = 2$と$\frac{P_r}{P_h} = \frac{1}{1} = 1$および2つの需要量$Q_r = 1$と$Q_r = 2$とが与えられているので，ジェットコースターに対する需要曲線を導くことができる。この$Q_r = 1$と$Q_r = 2$は最適選択肢となる財の2通りの

組合せから得られるものである。最適選択肢は、$P_r = 2$ の時には C_2 つまり（1R, 2H）であり、$P_r = 1$ の時には C_3 つまり（2R, 2H）である。こうして、ジェットコースターの相対価格が $P_r = 2$ から $P_r = 1$ に低下することで、他の条件が等しければ、ジェットコースターの消費量は1Rから2Rに増加するという結果になる。需要曲線は負の、つまり右下がりの傾きを持っていると仮定されており、これは価格と数量の逆関係を示している。図1.1においてジェットコースター（R）の需要曲線は D_1 である。完全情報の下では、需要曲線 D_1 上の点で表される価格と量の組合せは、他の条件が等しいときの最適な消費選択肢を表している。

図1.1 ジェットコースターに対する消費者需要

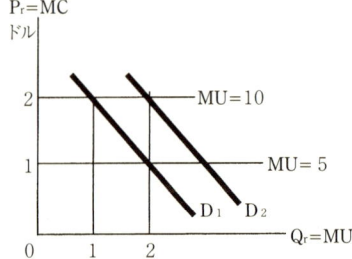

D_1 における P_r が2ドルから1ドルに低下すると、他の要素が同じままであれば、消費者はジェットコースターの消費を1回から2回に増加させる。右下がりの需要曲線 D_1 は仮定された限界効用（便益）逓減を反映しており、$Q = 1$ での $MU = 10$ から $Q = 2$ での $MU = 5$ となっている。ここで D_1 より右上の需要曲線 D_2 上では、$Q = 2$ において $MU = 10$ となっていることに注意してほしい。どちらの需要曲線においても、$D \geq P_r$、ないし、$MU \geq MC$ のときにだけ消費の機会が生ずるのである。

右下がりの需要曲線 D_1 に沿って、限界効用（MU）は逓減してゆくと仮定される。言い換えれば、消費を続けてゆけば次第に得られる便益が小さくなると仮定されている。表1.1aの限界効用の欄を参照してみると、ジェットコースターに1回乗る限界効用は10ユーティルで、2回乗る限界効用は5ユーティルである。したがって、右下がりの需要曲線もまた逓減する限界効用ないし逓減する便益を示しており、消費行動を通してネットの便益を得ようとする消費者のインセンティヴまたは機会を反映したものとなっている。需要曲線ないし限界効用（便益）の水準が P_r の価格以上である限り、消費が続けられることを、需要曲線 D_1 が含意している点に注意してほしい。

D_1 から D_2 へのように，需要曲線が右へシフトする場合には，ジェットコースター（R）に対する需要が増加したことになる。需要の変化は，本来ならば一定であるはずの他の要素が変化することによってのみ引き起こされうる。したがって，ハンバーガーの価格（P_h），消費者の予算（B），または消費者の選好（嗜好）が変化することによって，需要曲線は新たな位置へと変わりうる。これに対し，ジェットコースターの価格（P_r）の変化によって，ジェットコースターに対する需要曲線が移動することはない。なぜなら P_r の価格の変化は，自動的に「他の全てが不変」という仮定に戻ってしまう。そのため，P_r の価格の変化は与えられた需要曲線上の需要量の変化を引き起こすにとどまるのである。

ジェットコースターの消費量がどんな値をとっても，需要曲線 D_2 における限界効用が，需要曲線 D_1 における対応する限界効用よりも大きいということに注目してほしい。このことから，消費者の予算が増加すれば，ジェットコースターへの需要は D_1 から D_2 に増加するので，どのような価格においても消費者の効用の総量は増加することになるということが示される。言い換えれば，消費者モデルは金を持っていればいるほど楽しみもまた多くなるということを示していることになる。

先述のように，需要曲線 D_1 はジェットコースターに乗る回数（Q_r）とその相対価格（P_r）の間に逆関係が存在していることを示している。しかしながら，もし他の要素が不変であるという仮定をはずせば，つまりもし消費者の状況が特定されていない場合には，この Q_r と P_r の間の逆関係はそれほど明らかではなくなる。例えば，消費者の予算の低下と需要曲線の左方向へのシフトが同時に起こった場合，価格と量の逆関係は観察されにくくなるだろう。予算が少なくなると全ての価格帯において消費量が減り，他方，価格が低下すると需要が増えるだろう。この２つの効果がちょうど相殺しあうものだったなら，価格が低下しても消費量は増えないという結論を導きかねない。そうであればこそ，「他の要素は不変である」という仮定が非常に重要になってくるのである。しばしば，現実の世界において需要曲線を正確に観察する唯一の方法は，現実世界のデータと適切な統計的手法を組み合せることである。適切な統計的ないし実証的手法によってはじめて，他の要素が不変であるという仮定のもとでの考察が可能になるのである。

一定期間内に，ハンバーガーの価格（P_h）に対するジェットコースターの価格（P_r）が低下すると，ジェットコースターの消費量は増加することになる。こうしてジェットコースターの消費量が増加すればそれに従って同じ期間に消費されるハンバーガーの量は減少する。これはジェットコースターに対するハンバーガーの価格が上昇することにもなるからである。すなわち，$P_r=2$, $P_h=1$ の時点での両者の価格比は $\frac{P_h}{P_r}=\frac{1}{2}$ であるが，ジェットコースターの価格が $P_r=1$ まで低下すると両者の価格比は $\frac{P_h}{P_r}=\frac{1}{1}$ まで上昇することになる。したがって，ハンバーガーの需要曲線の傾きは小さくなる。これはジェットコースターに対するハンバーガーの価格が上昇すればハンバーガーの消費量は減少するということである。

図1.1は合理的選択という重要な概念を説明するためにも用いることができる。すでに説明したように，行動が合理的であるというのは便益（効用）が費用を上回る選択肢のみ選ばれうることを意味する。定義から当然に，選択のもたらす便益あるいは「よい」結果によって，消費者は効用極大化という仮定されている目的に近づくことができる。逆に費用はこの目的を達成する上での制約となる。図1.1では効用を生み出す選択肢の連続した組合せが，右下がりに傾斜した滑らかな消費者需要曲線として描かれている。需要曲線が右下がり，すなわち負の傾きであるのは，限界便益（効用）の逓減が仮定されているからである。ここでは価格（P_r）は各選択肢の限界費用と等しいから，P_r よりも大きい便益をもたらす選択肢のみが合理的な選択とみなされる。所与の需要曲線に沿って P_r を 2 から 1 に減少させると，合理的に採ることのできる選択肢が広がることになる。ここで，ハンバーガーについての合理的選択の諸要因は一定に保たれているので（すなわち，P_h, B, および消費者の選好が不変であると仮定されているので），ジェットコースター（R）の消費量が増えると予測される。

ここで，完全情報を得ている消費者はどのような消費曲線においても，非合理的となる領域では消費行動をとらないということに注意する必要がある。需要曲線 D_1 についていえば，非合理的な領域は $P_r > D_1$（すなわち，需要曲線 D_1

よりも上の点）である場合である。$P_r > D_1$となるときには，消費者は消費の限界費用が限界便益よりも大きい（すなわち，MC>MU）と判断することになる。すなわち，「非合理的な領域」での消費は効用の純減をもたらすだけなので，消費者の厚生を悪化させることになるのである。

　ジェットコースター（R）と総効用（TU）との関係は，図1.2の効用関数（U）によって示される。選びうる選択肢がジェットコースター（R）に限られている場合には，効用関数は単にU＝U(R)と書くことができる。これが意味しているのは，総効用（TUまたはU）はジェットコースター（R）の消費量のみによって決まるということである。図1.2における右上がりの効用関数（U）は，ジェットコースター（R）の増加が総効用あるいは総便益を増加させることを示す。また効用関数(U)が右上がりの傾きを持っているのは，消費者の効用関数のこの範囲においては，ジェットコースターへの乗車（R）が「財」であり「負財」ではないということを表すものである。なお，費用は効用関数によっては決まらないので，図1.2には描かれていない。

図1.2　ジェットコースターの効用関数（可測効用）

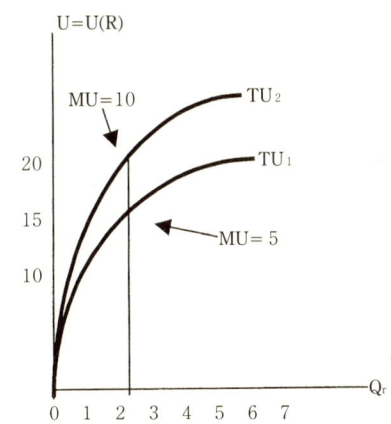

図1.1におけるD_1とD_2に対応する効用関数U=U(R)は2つの曲線TU_1とTU_2によって表現される．一定期間内に消費されるRに応じて総効用（TU）が増加することを，U=U(R)は示している．消費における限界効用逓減はTU_1とTU_2の傾きが逓減していることによって示されている．任意のRの消費量において，効用関数TU_1の傾き（ちょうどその点における傾き）は，図1.1の需要曲線D_1における限界効用とちょうど同じ値である．この点はTU_2とD_2についても同様である．効用関数TU_2は任意のRの消費量(Q_r)において効用関数TU_1より大きな傾きと限界効用を持っている．

図1.2は, 表1.1aにおける「ユーティル」の値で示される効用関数U＝U(R)と, 図1.1における2つの需要曲線D_1とD_2に対応している。表1.1aにおいては, 総効用は, ジェットコースター (R) の消費量から得られた総効用 (ユーティル) によって与えられる。図1.2においては, 総効用 (TUないしU) はジェットコースターの総消費量 (Q_r) における効用関数の高さである。任意のジェットコースターの消費量 (R) において, 効用関数 (U) の傾きが, 限界効用 (MU) の値である。限界効用逓減の仮定により, 効用関数の傾きが正で, かつ, 減少する。数学的に説明すると, 限界効用逓減とは, 任意の点において, 効用関数 (U) の1次導関数の値が正 (すなわち, U'>0) であり, Uの2次導関数によって与えられるUの傾きの変化がマイナスである (すなわち, U''<0) ということである。

図1.2においては, 効用関数TU_1が, 図1.1における需要曲線D_1に対応しており, 効用関数TU_2は図1.1における需要曲線D_2に対応している。任意のジェットコースターの消費量における効用関数の傾き, すなわち, 限界効用はTU_2の方がTU_1より高いことに注意してほしい。予算 (B) が増加して, ジェットコースター (R) に対する需要が図1.1のD_1からD_2へと増加すれば, 図1.2および2つの効用曲線TU_1とTU_2は, 予算 (B) の増加によって, 消費者がより高い総効用ないし総便益を獲得することを示す。

(b) **順序としての効用**

以下では, 前の設例とは違って, 消費のような行動から得られる満足のレヴェル, つまり効用は測定可能でない。その代わりに, 効用は主観的に決定される値であり, 個別の財貨やサーヴィスに対する個人の選好に依存するものとしよう。効用が測定可能でなく, 選好や好みは個人間で多様なので, ある特定の財の消費から得られる効用は個人間比較ができない。しかし, もし消費者がRとHの種々の可能な組合せを自身の個別の選好に従って順位づけることができるならば, 図1.1と同じ需要曲線を得ることができる。言い換えれば, 他の条件が不変であるとすれば, 消費者はジェットコースターの価格 (P_r) の変化に応じ, ジェットコースターという財に対して, これまでの可測効用の場合と全く同様の選択をするのである。

例えば, ある消費者にとっては, (2R, 2H) という組合せの消費の方が

(1R, 2H) という組合せの消費よりも高い効用（満足）をもたらす，ということができるとしてみよう。この場合，この消費者は（2R, 2H）という組合せの選択肢を（1R, 2H）よりも選好しているといえる。ジェットコースターに乗ることが正の限界効用を持ち続けるかぎり，この選好順序は合理的である。消費者は，(2R, 2H) または (1R, 2H) という組合せのどちらかと同じレヴェルの効用（満足）をもたらす別の消費選択肢を見つけることもできるかもしれない。言い換えれば，RとHの別の組合せで選択肢 (1R, 2H) と等しくこの消費者に選好されるものがあり，あるいはRとHの組合せで選択肢 (2R, 2H) と同等にこの消費者に選好されるものがあるかもしれない。

同じ効用レヴェルを生み出す財の組合せは，原点に対して凸の「無差別」曲線の上に位置する。一方の財と，それを無差別曲線に沿ってちょうど埋め合わせるだけの他方の財との交換であれば，消費者は一方の財を他方の財のために手放すことを嫌がらないものと仮定される。このように，消費者は無差別曲線にそってであれば，ある財をより多く消費することを厭わないと仮定される。無差別曲線が負の傾きを持っているのでなければ，同一の無差別曲線上での財の間のトレード・オフはそもそも必要でない。また，いかなる財についても，より多く消費されるにつれて限界価値が逓減するならば，それを反映する無差別曲線は原点に対して凸となり直線部分を持たない。言い換えれば，どんな財についても「多い方が少ないよりは好ましい」のだとしても，消費者が同一無差別曲線上で一方の財を他方の財と自発的に交換する際の交換率は逓減していくのである。

以上のような，逓減する限界（自発的）交換率によって「所得制約下の効用極大化」問題を説明することができる。しかもここでの「所得制約下の効用極大化」問題には，図1.3のジェットコースターの2つの価格（$P_r=2, P_r=1$）のそれぞれに応じた一意の最適解が存在する。消費者は一貫した選好を有していると仮定され，したがって，異なる無差別曲線は互いに交わることはないものと仮定される。選好が一貫しているということは，次のことを意味する。任意の等しい効用を生み出す財の組合せの集合，すなわち，等しく選好される財の組合せの集合を，等しい効用を生み出す別のある財の組合せの集合，すなわち，等しく選好される財の別の組合せの集合に対して順位付けることが無差別曲線の位置の比較によって常にできるということを意味し

図1.3　制約条件下における2財RとHの場合の効用極大化

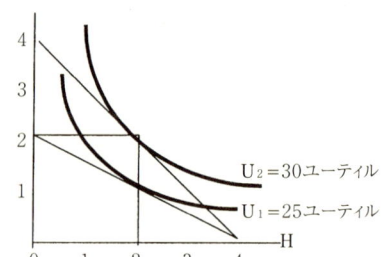

無差別曲線Uは総効用つまり満足の合計の度合いを表している．すなわち，U_2上のどんな消費の組合せ（R, H）もU_1上の消費の組合せ（R, H）よりも総効用が高いレヴェルにあるというぐあいである．表1.1a, bの基数的効用（ユーティル）は図1.3に示された序数的効用と対応しているとする．つまり，高い方のU_2の満足の度合いが30ユーティルに相当しており，低い方のU_1の満足の度合いは25ユーティルに相当しているとしよう．$P_r = 2$および$P_r = 1$それぞれに対応する予算制約線が与えられると，最適な選択肢は，予算制約線と達成しうる最大の無差別曲線との接点で示される．

ている。言い換えれば，同一の無差別曲線上の財の組合せの集合を，別の無差別曲線上の財の組合せの集合に対して順位づけることが，無差別曲線の位置を比較することによって常にできるのである。

　予算，つまり収入のレヴェルが常に一定であるにもかかわらず，図1.3には2つの予算制約線が描かれている。その理由は，ジェットコースターの価格が変化し，2つの予算制約線は2つの価格の下で選択し得る量（組合せ（R, H））を反映しているからである。例えば，$B = 4, P_h = 1$，および$P_r = 2$のときは選択し得る組は低い方の予算制約線上にある3つの選択肢（2R, 0H），(1R, 2H)，および（0R, 4H）である。$B = 4, P_h = 1$はそのままでジェットコースターの価格が$P_r = 1$に下がったときは，5つの選択しうる組合せ（4R, 0H），(3R, 1H)，(2R, 2H)，(1R, 3H)，および（0R, 4H）を反映するように，予算制約線が時計回りに回転する。それぞれの予算制約線上の全ての選択肢においては，使える予算を完全に使い尽くしていることに注意してほしい。B, P_h，およびP_rを所与としたとき，予算「制約」線の外側の組は選択することができないのは明らかであろう。さらに，定義により貯蓄は財に含まれない。したがって，与えられた予算制約線の内側にある組合せでは，さらなる効用（便益）を得るために使うことが可能な予算がまだ余っていることになり，その結果使われないまま予算が無駄にされているということになる。

全ての予算を使い切った上で，採ることが可能な選択肢の集合を計算する方法は，以下のような予算方程式ないし支出方程式（a budget or expenditure equation）を使う手法である。

$$B = P_r \times R + P_h \times H \qquad (1.1)$$

すなわち，B, P_r, および P_h のそれぞれの値が与えられれば，支出方程式 (1.1) から，消費することの可能な R と H の組合せが導かれる。例えば，$B = 4$, $P_r = 2$, および $P_h = 1$ のとき，R が 1 ならば H は 2 にならなければならないということが支出方程式 (1.1) から分かる。

$$4 = 2 \times R + 1 \times H$$
$$4 = 2 \times 1 + 1 \times H$$
$$H = 2$$

同様に，R が 2 のとき H は 0 に，R が 0 のとき H は 4 にならなければならない。

$$4 = 2 \times 2 + 1 \times H \qquad 4 = 2 \times 0 + 1 \times H$$
$$H = 0 \qquad\qquad\qquad H = 4$$

以上から，$P_r = 2$ のときには，R と H の取りうる選択肢の組が 3 つあることが分かる。P_r を 2 から 1 に変え，その他の条件を不変に保てば，R と H の組合せの取りうる 2 つ目の選択肢集合を決定することができる。そこには 5 つの選択肢の組合せが存在する。

また，式 (1.1) を変形することによって，以下のように予算制約線を線型方程式の形に書き換えることができる。

$$R = \frac{B}{P_r} - \frac{P_h}{P_r} \times H \qquad (1.2)$$

このとき，$\frac{B}{P_r}$ が R 軸上の切片で $-\frac{P_h}{P_r}$ が傾きとなる。例えば，直線の式 (1.2)

にB＝4，P_r＝2，P_r＝1を代入すると，

$$R = \frac{4}{2} - \frac{1}{2}H = 2 - \frac{1}{2}H$$

となり，R軸上の切片は2単位となり（つまり，ジェットコースターへの乗車2回），予算制約線の傾きは$-\frac{1}{2}$となる。傾きが$-\frac{1}{2}$のように負の値となっているのは，1回のジェットコースターへの乗車が2つのハンバーガーを諦めることによって買うことが可能になるからである。予算を完全に使い切った上で消費者が取りうるRとHの選択肢は，この直線上に必ず位置する。

同じように，P_r＝1のときには式（1.2）より，次のような新たな予算制約線が与えられる。

$$R = \frac{4}{1} - \frac{1}{1}H = 4 - H$$

Rの価格がP_r＝2からP_r＝1へと下落することによって，予算制約線は時計回りに回転し，R切片は2から4に増加して，負の傾きはより急になる。より急な負の傾きになることにより，ジェットコースター1回の乗車のためには，ハンバーガー1個を諦めるだけで済むようになる。B＝4，P_h＝1，およびP_r＝1が与えられたとき，すべての取りうるRとHの選択肢は，Q_h＝0のとき（Q_hは財Hの消費量），すなわちR軸上の切片を4とする予算制約線上に位置する。

図1.3における無差別曲線は，基数的効用ないし可測効用のときの最適な選択肢が，序数的効用を仮定したときの最適な選択肢と一致するように描いてある。ジェットコースターの乗車価格（P_r）以外の，所得，他の財の価格，選好(嗜好)といったすべての要素は不変に保たれていると仮定している。したがって，最適な選択肢は従前同様（2,1）と（2,2）なのであるから，2つの価格P_r＝2，P_r＝1に対する最適な選択肢でのジェットコースターの乗車量を座標に取ってみると，図1.1に描かれたD_1とD_2のように，右下がりの需要曲線が2つ作られる。つまり，P_r＝2に対してはQ_r＝1，P_r＝1に対してQ_r

＝2となる2つの最適選択肢を通る2つの需要曲線である。

　基数的効用および序数的効用は消費者需要を説明する上で異なった利点を有する。可測効用ないし基数的効用を仮定することによる最も大きな利点の1つは，それらを用いることによって需要曲線上を逓減する限界効用を観察できるようになるということである。限界効用が可視的になることにより，選択結果（便益および費用）によって合理的選択の概念を説明することが容易になる。ジェットコースター（R）のような1つの財についての合理的選択は，さらに1単位のRを消費する場合の価格（限界費用）と需要（限界効用あるいは限界便益）とを比較することにより決定される（目的は効用極大化であると仮定する）。もし需要曲線が価格よりも高い位置にあれば，さらに財（R）を消費することによって厚生を向上させる機会を有するということであり，消費追加という行動は合理的選択である。限界効用逓減という概念は，合理的選択を説明したり，公共部門の需要を測る際にとりわけ重要である。

　一方，序数的効用は価格変化に結びついた所得効果や代替効果を説明する上で有益である。消費者行動に影響を与えうる異なる幾つかの力が所得効果および代替効果によって説明される（合理的行動や合理的選択に影響を与える要素が複数ありうるという事実は，合理的計算による殺人を分析する上で極めて重要である）。P_rの変化による所得効果および代替効果は図1.4で説明されている。P_rが2から1に動くような価格変化によって起きる消費者の反応は，実際には2つの要素，すなわち所得効果と代替効果の2つに分解できる。1つ目の要素は，P_rの減少により消費者は，よりたくさんジェットコースターに乗り（Rが増加し）ハンバーガーを以前より食べなくなる（Hが減少する）ということである。ただしこれは所得効果も含めて他の全ての条件が不変の場合に限られる。この変化がΔP_rの代替効果である（Δは「〜の変化」という意味である）。代替効果は財Rおよび財Hの新たな最適の組合せを表し，それは2つの財の価格比の変化に応じて起こる無差別曲線上の移動によって表される。さて，代替効果の発生を前提として，消費者の行動に生じる変化のもう1つの要素は，P_rの減少により消費者はより多くの財Rおよび財Hを買うだろうということである。これがΔP_rの所得効果で，それにより消費される総効用と総便益が増大する（すなわち，より効用レヴェルの高い無

図1.4 代替効果と所得効果

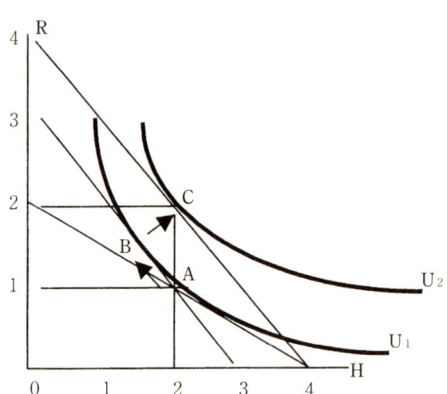

代替効果とは，価格比が変化するに従って，消費者が価格の相対的に低い方の財を多く買うようになるという傾向を指す．これは，価格比 $-\frac{P_h}{P_r}$（つまり，予算制約線の傾き）の変化が，はじめの無差別曲線に接したまま予算制約線が新たな価格比 $-\frac{P_h}{P_r}$ を傾きとするように回転することによって示される．具体的には，$P_r=2$ から $P_r=1$ に価格が下がることによって，価格比が $-\frac{1}{2}$ から $-\frac{1}{1}$ にその絶対値が大きくなるということである．Rという財がHという財と比べて相対的に安価になり，消費者は買うHを減らしRを増やすというように，自分が買う財を置き換える．そのとき同じ無差別曲線 U_1 上で，AからBへと移動する．さらに，価格が下がったことによる所得効果によって，消費者はより大きな総効用を得ることができる．同じ価格の低下のもたらす所得効果は，図1.4では，もともとの無差別曲線 U_1 上の点Bから無差別曲線 U_2 上の点Cへの移動が示している．この新たな価格比の下では，予算制約線は原点から外側へシフトすることになる．そのときのR軸上の切片は，$\frac{B}{P_r}=\frac{4}{1}=4$ というように求められる．

差別曲線への移動）。

　以上を要約すると，他の変数を不変とした場合に，P_r の変化による代替効果によって Q_r が減少する一方で，所得効果によって Q_r が増加するということである．このように ΔP_r への反応として起こる行動は2つの要素から構成される．その1つが代替効果あるいは「価格比」効果で，もう1つが所得効果あるいは「総効用」効果である．

　この所得効果と代替効果は，消費者がまず $P_r=2$ のときに（1R, 2H）を選び，$P_r=1$ になると（2R, 2H）を選ぶようになるという基数的効用の設例においては，明確に描写することはできない．これは一見したところ，消費者はジェットコースターに乗る（R）回数を増やし食べるハンバーガー（H）の

個数を減らすという，代替効果しか発生していないかのようである。しかしながら，観察された効用の増加（ユーティルの増加）は，所得効果の存在を推測させるものに他ならない。これに対し，図1.4における無差別曲線と予算制約線は，所得効果と代替効果とを別個に観察することを可能にしている。図1.4は，図1.3と同じ無差別曲線と予算制約線を用いて，$P_r = 2$ から $P_r = 1$ に価格が下がる結果としての所得効果と代替効果を明示しているのである。

　代替効果は，実際のところ，（所得効果を含めて）その他のすべての条件を一定に保った状態で起こる価格比効果に他ならない。ここまで見てきたように，消費者が同じ無差別曲線 U_1 上で同一の効用を得ているとき，価格比が

$-\dfrac{P_h}{P_r} = -\dfrac{1}{2}$ から $-\dfrac{P_h}{P_r} = -\dfrac{1}{1}$ へとその絶対値が大きくなると，消費者は相対的

に高価となった財（H）を相対的に安価となった財（R）で代替する。図1.4においてこの代替効果は，H 軸から R 軸方向への移動，あるいはより具体的には，無差別曲線 U_1 上の最適選択肢 A から最適選択肢 B への移動によって表現される。

　図1.4において，価格変化の所得効果によってのみ，U_1 から U_2 へ総効用は増加する。総効用の増加は，（新たな価格比における）予算制約線の，原点から見て外向きのシフトによって表されており，そこでは消費者の最適選択肢 B が最適選択肢 C へ移動している。$P_r = 2$ から $P_r = 1$ に価格が低下することによって，（代替効果を含めて）他の条件が同じであれば，消費者は R と H の両財ともにより多くを買うことができるようになり，同じことであるが，同一の予算からより多くの総効用または総便益を得ることができるようになるのである。もしも消費者が R と H の両財の消費によって正の限界効用を得るのであれば，総効用の増加は一般的に原点から遠ざかることによって表される。

　所得効果と代替効果は，簡単にいえば，消費者行動に予測可能な変化をもたらす2つの異なる作用のことである。2つの価格と R の最適消費量から導かれる需要曲線において，財 R の需要量の増加の一部は代替効果（S）によるものであり，他の部分は所得効果（I）によるものだということが図1.5から分かる。

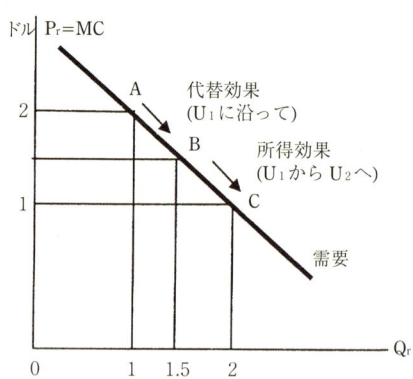

図1.5 ジェットコースターに対する需要

代替効果SはAからBまでの需要曲線上の移動を説明し，図1.4の無差別曲線上の移動に対応する．所得効果(I)は，BからCまでの需要曲線上の移動を説明し，無差別曲線U_1から無差別曲線U_2までの移動に対応する．上記のそれぞれの効果が合理的選択に影響を及ぼす程度によって，消費者はその行動を変えるのである（例えば，需要量の変更など）．なお，実際のところは，2つの効果（SとI）が消費者行動に影響を及ぼす程度は同一であるとは限らない（図からはそう見えるかもしれないが）．

　代替効果と所得効果は，消費者行動または需要量に同じ程度の影響を及ぼすとは限らない。なぜなら，財の特性に応じて，消費者は価格変化に対して異なった反応を示すからである。例えば，よく似た代替品が多くある，相対的に安価な商品（例えば，チキン・スープ）の場合には，ごく小さな価格変化であっても相対的に大きな代替効果が起こると考えられる。消費者の予算支出の多くの部分を占めるようなものではない低価格商品の場合には，価格変化が相対的に緩やかな所得効果もしくは総効用効果を引き起こすだろう。その一方で，消費者の予算支出の大部分を占める高額商品（例えば，車や家）の場合には，価格が変化したときに，より大きな所得効果ないし総効用効果を示す傾向がある。一般的に，高額商品に対する消費者行動（すなわち，消費者需要）の変化の多くは，所得効果によって説明されるだろう。これに対し，利用可能な代替品が少ない場合には，価格比効果ないし代替効果はそれほど重要ではないであろう。

1.2. 弾力性

　弾力性とは，対象とされている財の価格，消費者の所得，あるいは他の関

連する財の価格などの特定のパラメータに生じた変化に対する消費者行動の相対的感度，すなわち需要変化の鋭敏度を，定量的に測るための尺度である。この弾力性の概念は合理的計算による殺人の分析においても重要な役割を演じる。なぜなら，特定のパラメータに対する殺人犯の反応もまた同様に測ることができるからである。

　弾力性尺度の中で最も一般的なものは価格弾力性である。価格弾力性とは，他の条件を全て同一のままに保って，ある財貨やサーヴィスの価格のみが変化したとき，消費者の当該財への需要量が変化する程度を測るための尺度である。価格弾力性は，需要量変化の割合（$\frac{\Delta Q}{Q^*}$）を価格変化の割合（$\frac{\Delta P}{P^*}$）で割った値である。需要の価格弾力性を求めるために通常使われる計算式は，需要関数が線型である場合，すなわち需要関数が $Q = a - b \times P$ の形となっている場合には，その需要曲線上の点 (P^*, Q^*) として，下記のようにその定義から直接的に導出することができる。すなわち，価格 P のときの需要量 Q の価格弾力性を $e(Q, P)$ と表せば，

$$e(Q, P) = \frac{需要量 Q^* の変化の割合（パーセント）}{価格 P^* の変化の割合（パーセント）} \qquad (1.3)$$

$$= \frac{\frac{\Delta Q}{Q^*}}{\frac{\Delta P}{P^*}} = \frac{\Delta Q}{\Delta P} \times \frac{P^*}{Q^*}$$

となる。こうして得られる価格弾力性 $e(Q, P)$ はマイナスの値をとると予想される。なぜなら，価格 P と需要 Q とは需要曲線上で，逆関係にあると想定されるからである。

　線型の需要曲線の傾きは $-b = \frac{\Delta Q}{\Delta P}$ で計算されるので，式 (1.3) は次のように書き換えることができる。

$$e(Q, P) = \frac{\Delta Q}{\Delta P} \times \frac{P^*}{Q^*}$$

$$= -b \times \frac{P^*}{Q^*} \qquad (1.4)$$

式 (1.4) から，e(Q, P) は線型の需要曲線上では一定とならないことが分かる。すなわち，比の値 $\frac{P^*}{Q^*}$ が増加するに連れて，需要の価格弾力性の値も絶対値として増加する。この点は，需要曲線が水平線の場合（完全に弾力的）や垂直線の場合（完全に非弾力的）という極端な場合を除いて常に成り立つ。需要の価格弾力性を意思決定者にとってできるだけ役に立つようにするために，P* と Q* とは通常は価格と供給量の市場観察値の平均が用いられることを指摘しておく。

場合によって需要曲線は，需要 Q の対数と価格 P の対数の間で線型の関係にあることを仮定したものとされる。この場合に需要方程式は，

$$\log Q = a - b \times \log P$$

のようになる。このとき，需要の価格弾力性は $-b$ となり，非線型，すなわちこの場合対数線型 (log linear) の需要曲線上の全ての点で同じ値となる。

消費者の意思決定上の他のパラメータ（要因），例えば消費者の所得の変化や他の財の価格の変化の影響は，他の種類の弾力性によって測ることができる。全ての弾力性の尺度は，価格の変化割合 $\left(\frac{\Delta P}{P}\right)$ などのように原因となる要素を分母とし，需要量の変化割合 $\left(\frac{\Delta Q}{Q}\right)$ などのような結果である行動の変化を分子とする形で定義されている。弾力性概念は比の値として定義されるので，弾力性の絶対値が 1 を超える場合は「弾力的」，すなわち，意思決定パラメータの変化に対して非常に敏感に反応が生じることを意味する。反

対に，弾力性の値の絶対値が1よりも小さい場合は「非弾力的」，すなわち，反応が鈍感であることを意味する。測定された弾力性の絶対値がちょうど1の場合，「弾力性1」と呼ばれる。

既に述べたように，価格弾力性の値は常にマイナスである。そのため，弾力性の値はしばしばその絶対値が使われる。所得弾力性や交差価格弾力性（cross-price elasticity）の場合，効果の働く方向性の方が程度の大きさより重要なので，絶対値が使われることはない。需要曲線のグラフで考えた場合，価格弾力性は，所与の需要曲線を固定して概念規定されるものであるといえる（つまり，他の全ての要因を固定して概念規定される）。これに対し，所得弾力性や他の財の価格変化による弾力性の概念においては，需要曲線が右方向や左方向に水平シフトするものとして概念規定される（つまり，需要が変化する）。

所得弾力性とは，消費者の所得の変化と，特定の財貨やサーヴィスに対する需要との間の関係を測定するものである。所得弾力性がプラス，すなわち，所得が増えるほど需要される財で，値が1以下の財は正常財（normal goods）の中の必需品と呼ばれる。例えばピザのような財がこれに該当する。所得弾力性がプラスで，値が1より大きい財は，正常財の中の奢侈品と呼ばれる。例えば私立学校のような財がこれに該当する。所得弾力性がマイナスの場合，すなわち所得が増えると需要されなくなる財は，下級財（inferior goods）と呼ばれる。例えば粗悪な密造酒（moonshine）のような財がこれに該当する。

交差価格弾力性は，ある財貨やサーヴィスの需要と，他の財の価格の変化との間の関係を測る概念である。交差価格弾力性がプラスの場合，そのような2財は，例えば紅茶とコーヒーのように相互に代替的であると呼ばれる（代替財）。交差価格弾力性がマイナスの場合，そのような2財は，例えばパンとバターのようにお互いに補完的であると呼ばれる（補完財）。

(1) たとえ消費者が何らかの意味で非合理的であるとしても，ニュー・ヨーク州の精神病院の慢性精神疾患の患者が示すように，精神疾患の患者も需要の法則に従い，例えば値段が上がれば，より少ない量しか買わなくなったりする。R. C. Battalio et al., "A Test of Consumer Demand Theory Using Observations of Individual Purchases," *Western Economic Journal* (December 1973): 411-

428 参照。

（2） 抽象的な経済学モデルは，単純化のための仮定を置くことによって，現実性が薄れ（そして複雑でなくした）ものである。しかし，分析される問題の文脈において最も重要な現実の側面はモデルの中に残されている。「経済的合理人」はそのような抽象的な概念の例である。「経済的合理人」は，人間行動のある側面（合理性）に光を当てることにより，経済学モデルで予測を可能とするための単純化である。現実は言うまでもなくもっと複雑であり，言い換えれば抽象性のより低いものである。例えば，感情（および，それが選択に影響する仕方）は予測可能ではない。

（3） 現実には，金銭は資源でない。例えば労働や資本設備のように，資源は生産に現実的で物理的に貢献するものでなければならない。この例で，金銭は単に，競争的市場のような制度的構造において，消費者の労働（現実の資源）の価値の代理変数でしかない。

《参考文献》

1. Battalio, et al., "A Test of Consumer Demand Theory Using Observations of Individual Purchases," *Western Economic Journal* (December 1973): 411-428.

第2章　生産者選択の理論

（編集責任：米村幸太郎）

　本章では，最適生産（output）を決定するための短期の生産プロセスについて考察する。生産の概念，あるいは同じことだがコスト効率性（cost efficiency）について，短期と長期の両方の生産プロセスの観点から考察し議論する。生産者の選択と消費者の選択の分析には多くの共通点があり，これらの共通点を強調する。確率統計についても本章の終わりで短く触れる。基本的な統計の知識は，後ほど分析するいくつかのテーマで重要になってくる。

2.1.　生産と消費の共通点

　第1章の消費者のモデルでは，価格は次の1単位を消費するための限界費用となっていたことを思い出してほしい。完全情報の仮定の下で，逆関係にあるP（価格）とQ（消費量）の組の集合である消費者の需要曲線が，効用を極大化する消費者の最適選択を表していた。したがって，消費者の需要曲線と合理的な消費者の選択との関係では，価格（限界費用）が限界効用（限界便益）を超え始める点において，価格は消費という行動選択に対する現実の抑止（deterrent）ないしディスインセンティヴ（disincentive）となり始めるのであり，その分岐点の集合こそ，右下がりの傾きを持つ消費者の需要曲線であった。消費者の予算を所与としたとき，価格変化のもたらす所得効果は，消費行動を通じて達成されうる効用の最大限をも決定するのであった。逆に言えば，価格が上昇したとき，消費量が減少するに伴って総効用（総便益）も減少する。

　生産者選択モデルは消費者選択モデルととても良く似ている。ただし，消

費者選択モデルでは価格が抑止ないしディスインセンティヴの役割を演じたのとは反対に，生産者の行動にとって価格はインセンティヴの役割を果たしていることが異なっている。生産者の観点から見れば，価格は生産行動の限界便益となっている。生産物の価格の上昇は生産量の増加をもたらす。生産量を価格に対してプロットして供給曲線を描けば，価格のインセンティヴ効果によって供給曲線は右上がりの傾きを持つことになる。価格の上昇とそれに伴う供給量の増加により，生産者の総収入ないし総便益もまた増加する。

供給曲線の傾きが右上がりであることにはもう1つの理由がある。それは以下のようなものである。少なくとも1つの生産要素（例えば工場の規模）が固定される短期においては，当該固定の生産要素に投入する可変の生産要素（例えば労働）のもたらす限界生産量は逓減する。このために，生産の限界費用は逓増する。供給曲線はこの限界費用の逓増（つまり，同じことだが，可変の生産要素の逓減する限界生産）を反映して右上がりの曲線となる。消費者需要における限界効用逓減は，供給における限界生産逓減に対応している。

利潤極大化は生産者の仮定された目的であり，消費者の仮定された目的である効用極大化と概念的に類似のものである。実際，両方の目的は本当に同じものであると主張することが可能であろう。両方の目的ともその意味する内容は，それぞれの資源の所有者が自分の稀少な資源からの収穫を極大化しようとしている，ということにすぎないからである。効用極大化と同じように，利潤極大化という目的は適用可能範囲の広い仮定である。

合理的であると仮定される消費者が，MB ≥ MC（つまり，MU ≥ 価格）の場合にのみ購入量（よって総効用）を増大させる消費者モデルと同様に，合理的であると仮定される生産者はMB ≥ MC（つまり，価格 ≥ MC）の場合にのみ生産（よって総利潤）を増大させる（MB ＝ 限界便益，MC ＝ 限界費用，MU ＝ 限界効用）。完全情報が仮定されていれば，正の関係を持つ P, Q の組合せの集合が，右上がりの傾きを持つ供給曲線を構成する。このような供給曲線は利潤極大化を追求する生産者の最適な選択の結果である。

消費者選択のモデルと生産者選択のモデルには，その他にもパラレルな点が見られる。すなわち，制約条件下の効用極大化消費者モデルにおける無差別曲線は，生産者モデルにおける生産等量曲線に相当する。無差別曲線も生

産等量曲線もそれぞれの指標の同一水準を表している。無差別曲線は同程度に選好されている財の組合せのもたらす効用の指標であり，生産等量曲線は同一生産量の指標である。消費者モデルにおける予算制約条件は生産者モデルにおける費用制約条件である。消費者モデルと生産者モデルのどちらにおいても，制約条件（予算や費用）は達成可能な効用ないし産出量の極大レヴェルを条件付けるものである。しかし，総費用制約曲線は直線ではなく外側にふくらんでいる場合もある。

2.2. 短期の生産プロセス

　短期とは，少なくとも1つの生産要素（例えば工場の規模や土地）の量が不変であるような期間であり，どのような長さの期間でもよい。これに対し，長期とは，全ての生産要素の量が可変であるような期間であり，客観的な期間の長さとは無関係である。より資本集約的な生産プロセスであればあるほど，短期はより長い期間となるだろう。資本集約的な生産プロセスは，容易には変化させられないような機械や生産設備を多く用いるものだからである。その具体例として原子力発電所を挙げることができよう。他方，労働集約的な生産プロセスはより容易に変化させられる生産要素（例えば労働者）を使用する。具体例としては警察組織が挙げられるだろう。労働集約的な生産プロセスにおいて使用される資本設備が，容易に変化させられるものであるとすれば，労働集約的生産における短期とは比較的短い期間となるだろう。

　ごみ収集サーヴィスが短期の生産プロセスのよい例であろう。ここでの設例においては，ごみ収集車は1台だけであり，様々な人数の等しい能力を持つ労働者が当該ごみ収集車に割り当てられると仮定する。ごみ収集車は1台しかないので，ごみ収集車は短期における固定生産要素となっている。その結果，ごみ収集車はここでの唯一の資本設備とみなされる。変数 K_c は資本設備（つまりごみ収集車）の単位数を表すとする（c は constant に由来し，K が固定生産要素であることを表す）。ごみ収集車に割り当てられる，等しい能力を持った労働者の1時間あたりの人数は L で表す（L は労働（labor）の単位数を表す）。L が1時間あたりの労働者の人数を表しているとき，L は1時間あたりに使用される人時（マン・アワー（man-hour），すなわち1人1時間の仕事量）の数に相当する。よって，L の1単位は1人時ないし1時間

あたりの1労働者と等しい。現実世界のほとんどの生産プロセスと同様に、労働（L）は短期における可変投入の中で最も重要なものである。生産量（Q）は1時間に空にされるごみ箱の量だとする。

　Q, L, そしてKcは全て1時間あたりの単位で測られていることを忘れないでほしい。言い換えると、これらの変数は生産の速度を表している。

　固定生産要素Kcに割り当てられた労働（L）が増加すると、生産プロセスにおいて専門化の契機が生まれる。例えば、ごみ収集車に割り当てられている労働者が1人だけだとしたら、その労働者はごみ収集車の運転やごみ箱の中身を収集車に移すことなど全ての仕事を1人でこなさなければならないだろう。しかし、2人の労働者がいれば専門化ができる。1人がごみ収集車を運転し、もう1人がごみ箱を集めてごみを収集車に移すことができる。1人の労働者の場合と比較して、専門化によってごみ収集車の停止、駐車、車の乗り降り、そして車の周りを歩き回ることといった反復作業が省かれるだろう。専門化の効果によって、一定の期間内に生産プロセスによる生産物（Q）は相当に増加する。実際、いくらかの反復作業は削減されるか、全く省かれるので、生産物（Q）の生産の速度ないし数量の増加は労働の増加よりも大きくなるはずである。言い換えると、労働（L）を2倍にすると、専門化の効果によりQは2倍よりもさらに増加するのである。

　ある生産要素の投入量を1単位増加させたときに得られる生産物の増加分を（他の生産要素ないし投入物は全て固定して測っている）、その生産要素の限界生産という[1]。労働（L）の場合、これは労働の限界生産（MPL）と呼ばれる。もし専門化のため、生産（Q）の速度ないし数量の変化が労働（L）のそれよりも大きいならば、MPLは2人目の労働者を追加した際の方が大きくなるはずである。しかし、労働者が固定生産要素であるKc（ごみ収集車）にどんどん割り当てられていけば、専門化によって反復作業を省く契機はどんどん少なくなるだろう。例えば、3人目の労働者はトラックの前を歩いて、ごみ箱を開けたり並べなおしたりしてごみを出しやすくすることができるだろう。しかし、4人目になると、ごみ箱を集めてごみを出すという他の人がすでに担当している作業を直接手伝う二重手間しかできなくなるかもしれない。したがって、Kcのような固定生産要素の存在する生産プロセスに労働者が追加され続けると、可変な生産要素Lの1単位あたりの生産物（Q）の

増加量は逓減するだろう。言い換えれば，ある点を超えると，労働における専門化の効果は減少し始め，それと対応して労働の限界生産も減少を始めるだろうということである。

　専門化には限度があるため，労働が増えれば増えるほど，追加された労働者がどれだけ懸命に働いても，生産過程において彼らが寄与して増加させることのできる生産（Q）の量は少なくなってゆく。労働者の意図にかかわらず，可変な生産要素1単位あたりの生産（Q）（すなわち労働の限界生産）がある点を境にマイナスに転じることさえもあり得る。もしごみ収集車に割り当てられる労働者の人数が増え（恐らく4，5人以上）彼らが互いに邪魔になって，結果として生産過程が遅れてしまうなら，ごみ収集の事例においてはMPLが負になってしまうことも起こりうる。一般的に，つまり短期の生産過程においては常に，可変要素の利用を増大させ続ければ最終的には生産の増加は逓減してゆく。

　専門化がMPLを増加させるなら，生産者は常に労働（L）を追加し続けるであろう。また，MPLがマイナスになれば，生産者は労働（L）を追加しなくなるだろう。

　労働の限界費用を考慮すると，固定生産要素 Kc への労働（L）の最適な配分は，MPLが逓減するがなお正である範囲内のどこかで生じる。これは以下のような例によって示される。賃金が w＝10ドルであり，これが1人1時間あたりの労働費用の全てであるとする。この場合労働（L）の限界費用は，MCL＝w＝10ドルである。さらに，生産（Q）は労働（L）に従って変化するので，生産（Q）の限界費用は，wすなわちMCLから直接に計算できる。

したがって，生産（Q）の限界費用は $MC = \dfrac{MCL}{MPL} = \dfrac{w}{MPL}$ と計算される。言い換えれば，生産（Q）の限界費用（MC）は労働の費用 w（wは生産の増加分の費用）を生産の変化すなわちMPLで割ったものである。wが固定されていると仮定しているので，生産（Q）の限界費用 MC は，MPLが逓減するにつれて増加する。生産の限界便益が生産物の限界費用以上である限り，生産過程においては固定要素 Kc に対して労働 L を付け加え続けるだろう。（すなわち，生産（Q）が増加する）。生産物の価格は生産者にとって限界便益（あ

るいは収入）なので，価格（限界収入）が増加し続ける生産の限界費用（MC）と等しくなるまで，短期の生産過程においてはLとQは拡大し続けるだろう。したがって利益は価格P，つまり限界収入MRが限界費用MCと等しくなる点で極大化されるのである。

表2.1はごみ収集の事例における生産Qと可変要素Lとの関係をまとめたものである。限界労働生産MPLと異なった生産量における限界費用（w＝10ドルと仮定した場合）もまた与えられている。生産物の価格Pが0.2ドル＝限界収入（MR）であると設定されているので，最適化，すなわちMR＝MCとなり便益が極大化されるのは，L*＝4で，Q*＝290個が1時間あたりに処理される場合である。表2.1のMPLの欄を参照すると，最適化が起こるのはMPLが逓減している範囲においてであることがはっきり分かる。このことは重要である，なぜならMPLの逓減はMCの増加を引き起こし，MCは短期の供給曲線を表しているからである。

表2.1　ごみ収集車の生産過程

Q	L	K	MPL	MC
0	0	1	—	—
60	1	1	60	0.17
160	2	1	100	0.10
240	3	1	80	0.13
290*	4*	1	50	0.20
310	5	1	20	0.50

Q＝生産（時間あたりに処理されるごみ箱数）
L＝時間あたりの労働
K＝時間あたりのごみ収集車数
MPL＝労働者の限界生産＝$\dfrac{\Delta Q}{\Delta L}$
MC＝限界費用＝$\dfrac{賃金}{MPL}$

注：最適な生産量Q*と最適な労働者の数L*がMR＝MC＝0.2ドルの点で発生する．これが起こるのはMPLが逓減している範囲においてであることに注意すべきである．

2.3. 生産関数と費用関数

完全情報の下では，合理性を仮定されている生産者は最適な，すなわち便益を極大化する生産（Q*）と労働（L*）を選択できる。生産者が完全情報を持っているということは，限界便益（収入）と限界費用それぞれの生産物の選択Qを完全に知りうるということである。ごみ収集サーヴィスにおいては，単位あたりの価格，つまりMRはそれぞれの家庭の1ヶ月のごみ収集代とごみ収集車の数でそれを割った値によって決定される。例えば，各家庭の月額のごみ収集代が1.6ドルであり，各家庭はそれぞれごみ箱1個分のごみを排

出しており，ごみは週に2回（したがって月に8回）集められる場合，単位あたりの価格，限界収入（MR），生産者にとっての平均収入は3つとも等しく0.2ドルとなるだろう。もしこの設例のように生産物（Q）の価格が固定されているならば，限界収入（MR）は常に価格（P）および生産者がそれぞれの生産において受け取る平均収入（AR）と等しい。もし価格すなわち限界収入（MR）が生産者すなわち売り手によって変更可能であるとしたら，平均収入（AR）は常に限界収入（MR）を上回ることになり，他の要素が全て不変ならば，最適な生産（Q）はより少ないものになるだろう。どんな場合でも，限界収入（MR）は総収入（TR）の増加分を生産（Q）の増加分で割ったものと等しい。このことは $MR = \dfrac{\Delta TR}{\Delta Q}$ と表せる。

表2.1の右端の列は，生産者が最適生産量 Q^* を決定するのに必要である限界費用の情報を示している。表2.1では，生産の限界費用（MC）は $MC = \dfrac{w}{MPL}$ で算出される。たとえwが固定されていたとしても，MPLはMCを逆向きに変化させるだろう。したがって，MPLの減少は，MCを増加させることになる。定義により，生産の限界費用MCは総費用の変化分を生産の変化分Qで割ったものである。すなわち，$MC = \dfrac{\Delta TC}{\Delta TQ} = \dfrac{w}{MPL}$ である。これは短期においては ΔTC が $\Delta MCL = w$ によってのみ導かれるからであり，ΔQ は常にMPLと等しいからである。

生産者は，表2.1におけるそれぞれの生産（Q）の限界便益と限界費用（つまり，生産選択の帰結）を完全に知っている。MRが限界費用MC以上である限り，生産者は生産を増加させることによって便益を増大させる。限界費用MCが限界収入MRを超えるところまで生産（Q）を増加させる場合，もはや生産を増加させても生産者の利益にはならない。これは生産の「非合理的領域」である。限界労働生産MPLは依然として正の値を示しているかもしれないが，低い値を示しているので，限界費用MCの方が大きくなる。非合

理的領域においては，生産を増加させたところで，生産者はさらに自分の利益の極大化という仮定された目標から遠ざかることになる。したがって，生産の最適量 Q* は限界収入 MR と限界費用 MC がちょうど等しくなった時点なのである。

図2.1A では，最適生産（Q* =290）は，限界費用（MC）と限界収入（MR）の交点として表されている。同時に，図2.1A と図2.1B は最適生産量（Q*）とそれに関連した最適な労働の投入量（L*）をグラフにしたものである。図2.1A はまた短期の供給曲線すなわち限界費用曲線が右上がりであることを示している。供給曲線は限界費用曲線である，それは最適な生産選択(Q*)が常に MR＝MC の時点で発生するからである。したがって価格すなわち限界収入の変化に伴って，P と，それぞれの P に対応した Q* の組合せの集合がプロットされ，それは限界費用（MC）曲線となる。

図表2.1B における生産関数は生産（Q）と投入（L と K）との関係をグラフにして表現したものである。短期の生産関数は，他の要素が全て固定されている場合の可変投入（L）と生産（Q）との関係を示す。他の要素とは，この例ではゴミ収集車（Kc）1 台という資本財である。最適生産 Q* ＝290は時間あたりの労働者が L* ＝ 4 である場合に実現される。労働の限界生産ないし 1 人時（マン・アワー）あたりの限界生産は，当該の労働者数という投入

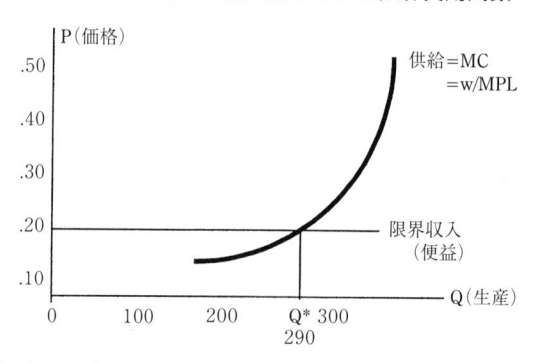

図2.1A　短期の供給曲線すなわち限界費用関数

MR すなわち価格（0.2ドル）が MC を超過した場合，総利潤は生産(Q)に従って増加する．MC が MR を超過した場合は Q の増加は利潤の減少をもたらす．ゆえに，最適な利潤極大化生産(Q*)は MR＝MC＝0.2ドルの場合に発生する．この設例においては最適生産は Q*＝290である．

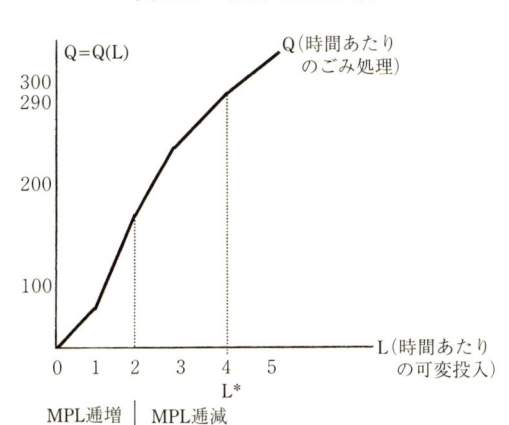

図2.1B 労働の生産関数

```
Q=Q(L)                Q（時間あたり
                       のごみ処理）
300
290

200

100

 0  1  2  3  4  5    L（時間あたり
       L*              の可変投入）

MPL逓増 │ MPL逓減
```

2.1Bの生産関数は2.1Aの限界費用（供給）曲線と数学的に関連しているので，最適生産Q*と可変投入L*は対応している．

における生産関数の傾きに等しい。L＝2の点から始まる生産関数の傾きの減少は，労働の限界生産（MPL）の逓減を表している。MPLは労働量（L）に対応する点（L, Q）での生産関数の傾きによって与えられるから，生産関数と限界費用（あるいは供給曲線）とは数学的に関連していることが分かる。

2.4. 最適生産と生産効率性

図2.1Aと図2.1Bでは，最適生産 Q*＝290の実現はごみ収集車に対して時間あたり L*＝4の労働者の割り当てという最適投入量が選択された場合に対応していることが示されている。すなわち，最適生産を実現させるためには，生産者は固定要素（Kc）に対して最適な量の可変要素（L）を割り当てることも必要となる。最適生産 Q*と最適な可変要素配分 L*との間の数学的な関係は以下のように示される。

$$MR = 最適な生産量 Q* における MC \qquad (2.1a)$$

代入すると，

$$P = \frac{w}{MPL} \qquad (2.1b)$$

$$P \times MPL = w \qquad (2.1c)$$

以下のようになる。

$$MRP = 最適なLの配分L^*におけるMCL \qquad (2.1d)$$

式(2.1d)のMRPとは労働の限界収入である。MRPはP×MPL＝MRPとして算出され，生産者に対して各労働者がもたらす限界便益を表す。したがって，MRPは労働の限界便益，すなわちMBLに等しい。労働の限界便益とは，Lの増加分が生産にもたらす増加分（MPL）に，その増加分の価格（P）すなわち限界収入を掛けたものである。すなわち，MBL＝MRP＝P×MPLである。MPLの逓減により，MRPとMBLも逓減する。そこでMRPは右下がりの曲線となるが，これは生産者にとっての労働の需要（限界便益）曲線である。

このように労働の限界収入（MRP）は生産者にとっての労働の限界便益曲線であり，逓減する。労働の限界収入は，生産者の労働に対する需要に相当する。生産者の労働に対する需要も，財貨やサーヴィスに対する消費者の需要と同じような特徴を持っている。消費者の場合にも限界効用（便益）の逓減という仮定が設けられ，消費者需要曲線は右下がりであったが，労働に対する生産者需要の場合にも，労働の限界便益MRP＝P×MPLは逓減し右下がりの曲線となる。なお，価格（P）が固定されている場合であっても（完全競争市場で生産物価格は所与とされ固定されている），MPLの値の逓減のゆえにMRPは逓減し，右下がりの曲線となる。このような生産者にとっての労働の需要曲線を描いたのが図2.2である。

生産者にとっての限界便益（MRPあるいはMBL）が労働の限界費用（w）以上である場合にしか，労働（L）は利潤極大化の目的に寄与しない。その点を超えると，さらに労働者を雇用するのは——利潤極大化以外が目的であるのでない限り——非合理的である。言い換えれば，合理的に利潤極大化を追求する生産者は，自分を儲けさせてくれる場合に限って労働者を雇うのである。MBL<MCLの場合は雇いすぎであり，余分な労働者のためにお金あるいは利潤を失うことになる。労働の限界費用MCL＝w＝時間あたり10ド

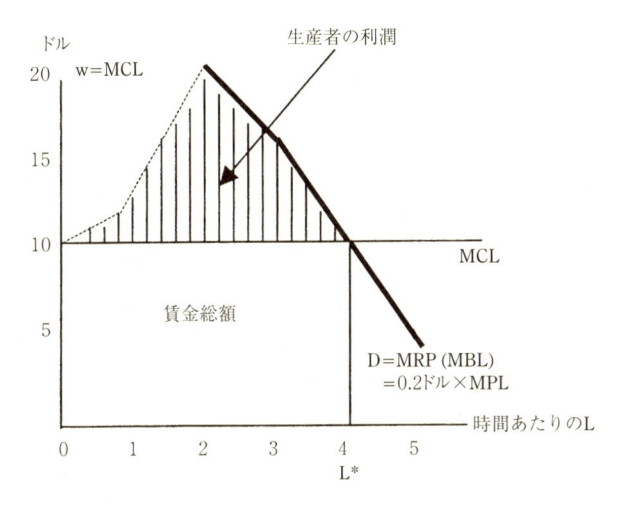

図2.2 労働に対する生産者の需要

(図中ラベル)
ドル
w=MCL
生産者の利潤
MCL
賃金総額
D=MRP (MBL)
=0.2ドル×MPL
時間あたりのL
L*

労働の需要曲線は生産物の価格（20セント）と，Lが2を超えた場合にLの増加分に対応するMPLが逓減するということから導出されている．固定要素Kcに対する可変変数Lの最適水準あるいは最適量はL*＝4であり，仮定されている利潤の極大化という目的からはこの点が合理的な選択である．MRP曲線の下方にある領域は全ての生産要素に対する総収穫を表す．総収穫は使用者の収穫（生産者の利潤）と労働者の収穫（賃金総額）に分けることができる．

ルであるから，利潤極大化にあたって最適な労働量はL*＝4であり，この時MRP＝MCL＝10ドルとなる．

図2.2では，労働の需要曲線のうちMBL≧MCLである部分は，生産者の回収分ないし利潤を表している．しかし，こうした会計上の利潤（会計利潤）は，実質的には資源としての生産者（資本）の回収分に他ならず，営業を続けてゆくためには現実に支払われなければならない．生産者の合理的判断という観点からは，利潤が実際に支払われない場合（あるいはその大部分が税金にとられる場合）には，資本の最適水準（K）はゼロになりかねない．そして，資本（K）がゼロならば，労働（L）の最適水準もゼロになるとみてほとんど間違いないだろう．

短期においては，利潤を極大化する上で最適な生産水準あるいは生産量（Q*）は費用を最小化する水準であるとは限らない．一般的な用語として，経済的効率性とは目的を最小限の費用で達成することをいう．しかし，より限

定された用語である生産効率性は，任意の生産水準（Q）に対して費用を最小化すること，あるいは同じことであるが，任意の費用水準に対して生産量（Q）を極大化することを意味する。

図形的にみれば，所与の生産水準（Q）と資本（K）および労働（L）の投入量の関係は，生産等量曲線によって示される。生産等量曲線上のどの点も，技術効率的なKとLの組合せに対応する。ここで生産における技術効率性とは，最小限の投入を用いて所与の生産物を生産する過程を指す。言い換えれば，そこでは既知の最高技術が用いられる。技術的効率性は右下がりで原点に対して凸の生産等量曲線によって表現される。そこでは，生産者がある特定の投入の量を減らした場合には，1つ以上の他の投入の量を増やさない限り，生産量を保つことはできない。仮定より，最高技術が用いられていない場合には，生産は当該生産等量曲線のレヴェルに達しない。これは，最高技術なしには費用最小生産も生産効率性も決して達成できないということを意味する。言い換えれば，生産効率性が可能となるためには技術的効率性が不可欠なのである。要素の価格と，原点に対して凸な生産等量曲線が与えられれば，生産（費用）効率性あるいは費用極小化をも同時にみたす技術的に効率的な過程は1つしかない。

生産者選択のモデルにおいては，生産物価格の変化が生じれば，MRとMRPという数学的に生産物価格と関連性のある変数も変化する。投入される諸資源の価格と技術とが一定であるとすれば，MRとMRPの変化に応じて生産者は利潤極大化生産水準（Q^*）を増減させる。短期においては，資本（K）が固定されているので，生産量（Q）の変化によって労働（L）が必ず増減する。生産等量曲線上のKとLの全ての組合せが技術的効率性を有すると仮定されてはいるが，所与のQ^*を生むKとLの組合せが全て生産効率性を有するとは限らない。

図2.3は短期の生産効率性ないし費用効率性問題を示したものである。図2.3において生産等量曲線Q_{290}は生産者が生産をQ＝290に保持するために利用することのできるKとLの全ての組合せを示している（利潤極大化生産量）。生産等量曲線が原点に対して凸の形をしていることは，技術的効率性の仮定と，無差別曲線の場合と同様の事情とによる。図2.3の生産等量曲線のいずれの曲線上での移動においても，生産要素の増加によって生産量は増加する

図2.3 最適で効率的な投入選択

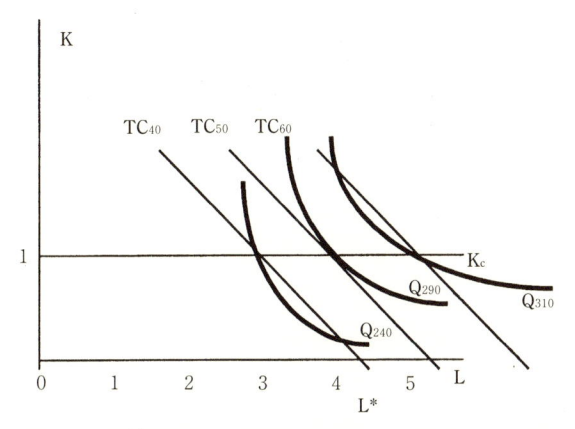

L*＝4，Q*＝290の点で，生産等量曲線Q290は総費用制約線TC50と接する．この接点が，生産効率性を有する最適な投入と生産を与える．すなわち，この接点において，利潤は極大化されるとともに，当該生産は当該費用における極大値となっている．言い換えれば，当該生産に対して費用は極小値となっている．固定生産要素Kcに割り当てる労働(L)が，それより多くても少なくても（たとえそれが技術効率的な生産であっても）生産効率性ないし費用効率性の低下が起こる．そのような組合せは，当該生産レヴェルの生産等量曲線で，費用制約線に接していない部分に対応している．

がその増加量は逓減すると仮定されている。これは，これらの生産等量曲線が直線部分を一切持たないことを意味し，それにより一意の解がもたらされる。図2.3においてある生産を実現する総費用は，消費者の予算制約線に類似した直線によって示されている。総費用曲線は，wを労働の価格とし，vを資本の価格として数式で表すことができる。すなわちLとKの投入によって生産（Q）がなされる場合の総費用は式（2.2）によって与えられる。つまり，

$$TC = wL + vK \qquad (2.2)$$

Kについて解き，移項して整理すると式（2.2）は以下のように変形できる。

$$K = \frac{TC}{v} - \frac{w}{v}L \qquad (2.3)$$

式（2.3）はおなじみの線型の総費用制約式であり，$\frac{TC}{v}$がK軸の切片で，

$-\dfrac{w}{v}$ が傾きである。

便宜のために，ごみ収集車は，ガソリン代も含めて1時間10ドルで借りられると仮定する。先に w ＝10ドルと仮定したのであるから，w ＝ v ＝10ドルということになる。式（2.3）によると，総費用（TC）の制約線は傾きが

$-\dfrac{w}{v}=-\dfrac{10\text{ドル}}{10\text{ドル}}=-1$ で K 軸切片が $\dfrac{TC}{v}=\dfrac{TC}{10\text{ドル}}$ で与えられる右下がりの曲線である。もし MPL と MPK が正のままであれば，総費用（TC）と生産（Q）とは正の関係で変化する。Q* ＝290における最適の投入と生産の組合せのとき，すなわち L* ＝4，Kc ＝ 1のとき，総費用（TC）は TC ＝10ドル×4 ＋10ドル×1 ＝50ドル（TC_{50}）と計算される。最適生産量 Q* における総収入（TR）は，TR ＝ P × Q* ＝0.2ドル×290＝58ドルとなる。最適生産量（Q）において，総収入から総費用を引けば，TR － TC ＝58ドル－50ドル＝ 8 ドルの利潤となることが分かる。よって，8ドルが1時間あたり得られる会計利潤の極大値である。

図2.3において，生産効率性ないし費用効率性は生産等量曲線がちょうど総費用曲線に接する点で達成されることが分かる。すなわち，生産効率性は生産量 Q* ＝290のとき（そして投入が L* ＝4，Kc ＝ 1のとき）であると仮定されており，この場合 TC_{50} が Q_{290} にちょうど接する。言い換えれば，この接点において，所与の資源レヴェル（直線 TC_{50}）に対する生産が極大化される（Q* ＝290）。逆にいえば，所与の生産レヴェル（Q* ＝290）に対する生産費用が極小化される（TC_{50}）。生産等量曲線には技術的効率性が前提されているが，図2.3の他の生産等量曲線やそれに対応する総費用制約線の図においては，生産効率性が達成されていない。なぜなら，生産等量線の一部が総費用曲線の内側にあるからである。もし投入 Kc と投入 L が共に可変的であったら，他のいかなる生産においても総費用制約線に接するようになるまで移動して生産を増加させることができる。このように，技術的効率性と利潤極大化の仮定を常においていても，生産効率性（費用効率性）ないし極小費用生産が短期においては起こらないことがありうる。

図2.3は短期の生産非効率性ないし費用非効率性についての別の見方をも示している。(Q*, L*) の左側においては、固定資本 (Kc) に割り当てられる労働が過少となっているので、生産非効率性が生じる。逆に (Q*, L*) の右側においては、固定資本 (Kc) に割り当てられる労働が過多となっているので、やはり生産非効率性が生じる。長期においては、全ての資源が可変となるので、技術的効率性と生産効率性（費用効率性）は全ての利潤極大化生産 (Q) に対応するはずである。

また、生産効率性を、消費者の効用極大化基準と同じ方法で説明することも有益である。消費される全ての財の限界効用ないし1ドルあたり「見返り」が等しくなるように消費者が予算を使い尽くしたときに、消費者の効用は極大化する。生産効率性や費用効率性について言えば、生産等量曲線 Qn 上の労働 L の財 K への技術的代替率 (RTS) と、両財の価格比（すなわち総費用制約線の傾き）とが、生産等量曲線と総費用制約線との接点において一致しなければならない。定義により、L の K に対する RTS は両財の限界生産 (MPL と MPK) の比の値と一致する。単純化するため、図2.3における Q_{290} と TC_{50} との接点において MPK = MPL = 50 としよう。設例により、w = v = 10 ドルということも分かっている。したがって、接点において

$$-\frac{MPL}{MPK} = -\frac{w}{v} \qquad (2.4)$$

代入して

$$-\frac{50}{50} = -\frac{10}{10}$$

つまり、-1 = -1 となる。

式 (2.4) を整理して、

$$\frac{MPL}{w} = \frac{MPK}{v} \qquad (2.5)$$

代入して、

$$\frac{50}{10} = \frac{50}{10}$$

つまり，5＝5となる。

図2.3と式（2.5）によって示されている接点の条件は，生産者の全ての投入に対する1ドルあたり見返りが所与の生産費用において全て一致しなければならないことを意味する。この条件が満たされれば，所与の支出において，生産者であれ消費者であれ，生産ないし効用が極大化されるということを意味する。

資源所有者として生産者も消費者も，可能な限り最大の収穫が得られるよう自分の資源の配分についての意思決定を行っているだけである。生産者や消費者のこのような行動を数学的に定式化したものが，お互いに同じように見えることはさほど驚くようなことではない。資源所有者によって極大化を追求された対象が，可測なものか（例えば利潤），それとも主観的なものか（例えば効用）にかかわらず，経済合理性を有する行動は効率的行動と一致するのである。

2.5. 長期における生産効率性

長期では，全ての資源ないし生産要素が可変である。すなわち工場，生産設備および資本（K）の量なども可変である。ごみ収集車の設例でいえば，長期においては，生産過程にごみ収集車をもっと投入することもできることを意味する。しかも，資本も可変であるので，工場や生産設備の量を変えられるのみならず，企業が当該産業に参入したり退出したりすることもありうる。長期において全ての生産要素が可変であるということは，さらに多くの問題を提起する。それらの新たな論点としては，規模の経済や技術革新による収穫（return）の問題がある。加えてその他の論点で短期にも関連するものとして，各投入要素の価格変化および経済利潤（economic profit）の変化の問題がある。

「規模の経済（returns to scale）」という用語は，工場規模や資本設備の量などのあらゆる要因の増加に応じて生産量が増加する割合を指す。例えば，生産量の増加する割合が投入量の増加割合より小さければ，規模に関する収穫逓減（decreasing returns to scale），（または規模の不経済）になるのである。

情報損失，作業の重複，経営管理の不徹底，および経営方針の欠如などによって，規模の不経済はもたらされる。生産規模が非常に大きくなると，これらの問題はより悪化する傾向がある。規模の不経済の場合とは対照的に，規模に関する収穫逓増（規模の経済）は，生産量の増加の割合が投入量の増加割合よりも大きいときに起きる。長期において規模の経済が生じるのは，専門化の進展したときであり，また短期の場合と同様に，生産拡大の初期段階においてより著しく現れることになる。全ての投入量を2倍にしたときに生産量も2倍になったとすれば，規模に関する収穫は一定であることになる。規模に関する収穫一定（constant returns to scale）が生じるのは，規模の経済をもたらす力と規模の不経済をもたらす力とが相殺しあっている場合である。

　長期における規模に関する収穫は，図2.4における平均費用 LAC_0 の合成曲線によって示されているとともに，生産等量曲線を表す図2.5の3つの図によっても示されている。長期においては，いかなる産業であれ，それに属する全ての企業は，事業の最小効率規模（MES）のもたらす量を生産する。なぜかというと，収穫が逓減している範囲内で生産している企業，言い換えれば，最小効率規模（MES）以下で生産を行っている企業は全て，競争相手より高い費用を掛けていることになるので，事業規模を拡張しない限り，競争に負けて倒産の憂目にあうからである。

図2.4　規模に関する収穫と長期平均費用曲線

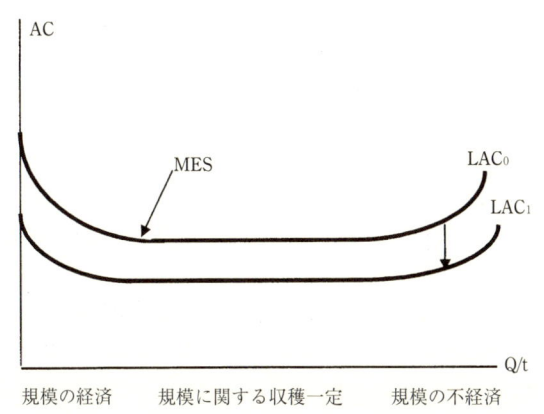

図2.5　規模に関する収穫と生産等量曲線図の関係

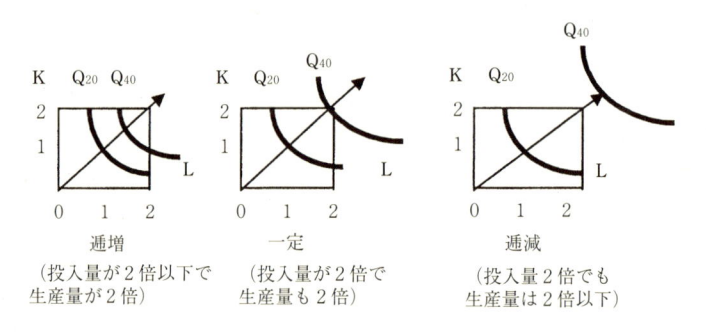

逓増
（投入量が2倍以下で
生産量が2倍）

一定
（投入量が2倍で
生産量も2倍）

逓減
（投入量2倍でも
生産量は2倍以下）

　また，技術革新や投入要素価格の変化も生産費用に影響を及ぼす。例えば，投入要素価格の一方または双方が下がると，生産費用も下がり，そして，図2.4における LAC_0 から LAC_1 へというように，長期平均費用 LAC は下向きにシフトする。投入要素価格を固定すれば，中立的なあるいは偏りのない技術革新（すなわち，労働生産性と資本生産性に等しく影響を与える技術革新）は，どんな事業規模であっても収益を増加させる。この場合，図2.4の LAC_0 から LAC_1 へというように，平均費用曲線および長期平均費用曲線を下向きにシフトさせる。技術革新と投入要素価格の変化は費用関数の全体(LAC など)をシフトさせるので，費用関数が与えられた場合，それに関連する投入要素価格と技術は一定に保たれていると仮定されている。したがって，所与の費用関数における規模に関する収穫の相違を，投入要素価格と技術における変化で説明することはできない。この点は消費者需要曲線の場合と全く同様である。費用曲線や供給曲線上の点の動きを論じるときには，費用関数や供給関数をシフトさせる全ての要素は，一定にしておかなければならない。

　競争は，投入要素費用を削減する強力なインセンティヴと，より良い技術を求めての研究，開発，およびその実装によって要素生産性を高める強力なインセンティヴを提供する。言い換えれば，競争は，最小効率規模 MES の生産量だけでなく，最小の長期平均費用 LAC ももたらす。そのうえ，すべての資源が長期においては可変である以上，生産効率性が必ず確保される。

　経済利潤と会計利潤との区別はもう1つの重要な論点である。会計利潤とは，総収入（TR）から総会計費用（TC）を引いた差であると定義される。会

計費用とは企業所有者以外への支出ないし返済である。生産量（Q）で総収入（TR）と総会計費用（TC）をそれぞれ割れば，平均収入（AR）と平均会計費用（LAC）が得られる。そして平均会計利潤は，平均収入（AR）と平均会計費用（LAC）の差となる。さらに，総収入が価格と生産量の積（TR = P × Q）である以上，平均収入（AR）は価格と等しくなければならない（すなわち，$AR = \dfrac{TR}{Q} = P$）。さらに，生産量や売上量の一定範囲内で生産物の価格（P）が固定されているなら，価格は平均収入（AR）および限界収益と等しいはずである（すなわち，AR = P = MR）。価格（P）が固定されているかどうかにかかわらず，長期と短期の両方における利潤極大化生産(Q*)は，限界収入（MR）が限界費用（MCまたはLMC）と等しい点になる。

もし価格（P）が固定され，それゆえ，当該価格と平均収入（AR）と限界収益（MR）とは等しく，また，長期平均費用（LAC）は平均会計費用と等しくなる状況の下では（すなわち，$\dfrac{TC}{Q} = LAC$），会計利潤は図2.6のグラフのように決定される。

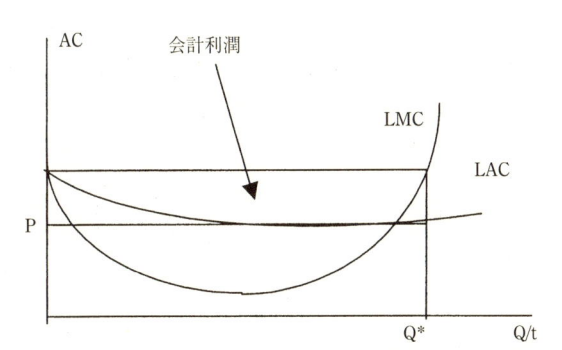

図2.6　長期的利潤極大化

LACは長期平均費用であり，LMCは長期限界費用である。Pが固定され，よってP=MR=LMCであるときに，利潤極大化生産Q*がもたらされる。会計利潤は，平均費用(AR)から長期平均費用(LAC)を引いたものと等しく，Q*で極大化される．

前に示したように，技術革新や投入要素価格の低下がLACを下向きにシフトさせる。LACとLMCは数学的に関係しているので，LAC（$=\frac{TC}{Q}$）の下向きのシフトはLMC（$=\frac{\Delta TC}{\Delta Q}$）を右にシフトさせる。これは利益極大化生産量$Q^*$と会計利潤を増加させる。長期においては，平均資本収益を超える会計利潤は，新規企業の当該産業への参入を促す。会計利潤とは資源への支払い，すなわち資源としての資本の投下に対する回収であるから，会計利潤は経済学においては費用の1つであるとされる。平均を超える会計利潤（すなわち，平均資本収益を超える会計利潤）は経済利潤と定義される。正の経済利潤に反応した企業の産業への新規参入は，生産価格を押し下げ，投入要素価格を押し上げる。これは経済利潤を減少させる。ある産業や市場における会計利潤が平均資本収益と等しくなると，その市場や産業への新規参入は止まり，経済利潤ゼロの状態で長期均衡になる[2]。

長期において経済利潤ゼロで均衡となる傾向への唯一の例外が，企業の参入や競争がブロックされている産業である。産業に参入する上での通常の障壁の主要なものは政府規制である。例えば，合衆国政府は郵便局の郵便事業を競争から保護している。また，ごく最近まで，ケーブルテレビ事業者や公益事業者は政府の保護による独占を享受してきた。保護された産業では競争が欠如しているので，効率的に生産しようとするインセンティヴを削ぎ，経済利潤がプラスで長期的にも存続する可能性を生じさせる。警察が保護された独占を享受していることから，殺人事件の検挙率が減少していることの1つの説明として生産における非効率性を挙げることができるかもしれない。

2.6. 統計と確率の基礎

事象Aの起こる確率P(A)は，

$$P(A) = \frac{a}{a+b}
= \frac{事象Aの場合の数}{起こりうる全ての場合の数} \quad (2.6)$$

と定義される。この定義式 (2.6) における文字 a は，事象 A が発生する場合の数であり，文字 b は，事象 A の発生以外の場合の数である。この定義式 (2.6) がすべての結果について前提としているのは，それらが「同様に確からしい」ということと，「相互に排反である」ということである。この「相互に排反である」というのは，ある事象が発生するとき，他の事象は同時には起こりえないということを意味する。発生する確率を求める「事象」は，起こりうる結果1つないし複数から成っている。例えばさいころを振るとき，事象 A を A = 2, 3, 5 とすると，a = 3，b = 3 であり，事象 A の起こる確率は，

$$P(A) = \frac{3}{6} = \frac{1}{2}$$

となる。あるいは，裏表2面のコインを空中に放り投げたとき，オモテを上にして着地する確率は $P(オモテ) = \frac{1}{1+1} = \frac{1}{2}$ である。

「根元事象」とは，起こりうる単一の結果であり，もうそれ以上他の事象に分解することのできない事象のことをいう。起こりうるすべての結果の総体，つまり全体集合を「標本空間」という。標本空間 S における事象 A の「余事象」というのは，A に含まれない要素の集合である。

標本空間 S における任意の事象 A_1 と A_2 について，事象 A_1 か事象 A_2 かのどちらか一方が起こる確率，または両方が起こる確率は，

$$P(A_1 \text{または} A_2) = P(A_1) + P(A_2) - P(A_1 \text{かつ} A_2) \quad (2.7)$$

と書くことができる。

事象 A_1 と事象 A_2 が「相互に排反である」ならば $P(A_1 \text{かつ} A_2) = 0$ であるから，$P(A_1 \text{または} A_2) = P(A_1) + P(A_2)$ となる。例えばさいころを振るときには，

4か5の目のどちらかが出る確率は，$P(4 \text{または} 5) = \frac{1}{6} + \frac{1}{6} = \frac{1}{3}$ となる。

「条件付確率」は，ある事象が，それと関係性を持つ事象が起こっている状況下で発生する確率を求めるときに用いるものである。条件付確率は，一例

としてP(B_1 | A_1) と書き,「A_1が起きたという条件の下でB_1が起こる確率」というように読む。仮にA_1とB_1が標本空間Sにおける任意の事象であるならば, A_1という条件の下でB_1が起こる確率は,

$$P(B_1 | A_1) = \frac{P(A_1 \text{かつ} B)}{P(A_1)} \qquad (2.8)$$

となる。ただしP(A_1) > 0である。

「積事象」は, 2つ以上の事象がともに起こる確率を求めるときに用いるものである。標本空間Sにおける任意の事象A_1とB_1について, 両方が起こる積事象は,

$$P(A_1 \text{かつ} B_1) = P(A_1) \times P(B_1 | A_1)$$
$$= P(B_1) \times P(A_1 | B_1) \qquad (2.9)$$

と, 2通りに書くことができる。

2つの事象, 例えばA_1とB_1が「統計上独立である」とき, 条件付確率と積事象は, より計算しやすくなる。2つの事象が「統計上独立である」というのは, そのうち1つの事象の発生を知っても, そのことがもう一方の発生する確率に影響を及ぼさない場合である。例えば, A_1とB_1が統計上独立である(A_1が1回目にコインを放り投げたときにオモテが出る事象で, B_1が2回目にコインを放り投げたときにオモテが出る事象というような)場合,

$$P(B_1 | A_1) = P(B_1) = \frac{1}{2}$$

$$P(A_1 | B_1) = P(A_1) = \frac{1}{2}$$

だから,

$$P(A_1 \text{かつ} B_1) = P(A_1) \times P(B_1) = \frac{1}{4}$$

となる。

「標本抽出をした後補充する」(つまり，抽出後に母集団に代替物を置き換える) 場合，それぞれの事象が抽出される確率はずっと変わらない。それゆえ，代替物を補充しつつ標本抽出を行う場合，それぞれの抽出事象は独立事象となる。大きな母集団から抽出される場合，標本の抽出確率は不変であると仮定されるので，それぞれの事象はまた独立であると考えることができる。

離散型ランダム変数 X の値を x とし，各 x の確率が P(x) である場合の変数 X の「期待値」とは，

$$
\begin{aligned}
E(X) &= \Sigma x P(x) \\
&= x_1 P(x_1) + x_2 P(x_2) + \cdots + x_n P(x_n) \\
&= \mu
\end{aligned}
\tag{2.10}
$$

と書くことができる。期待値 $E(X) = \mu$ というのは，確率分布における中心的な傾向を示す尺度であり，文字 μ は，そのような分布の平均値を示している。例えば，さいころを振るときの期待値は，

$$
\begin{aligned}
E(X) &= \mu = \Sigma x P(x) \\
&= 1 \times \frac{1}{6} + 2 \times \frac{1}{6} + 3 \times \frac{1}{6} + 4 \times \frac{1}{6} + 5 \times \frac{1}{6} + 6 \times \frac{1}{6} \\
&= \frac{1}{6} + \frac{2}{6} + \frac{3}{6} + \frac{4}{6} + \frac{5}{6} + \frac{6}{6} \\
&= \frac{21}{6} \\
&= 3\frac{1}{2}
\end{aligned}
$$

と計算することができる。

(1) 労働の限界生産性 (MPL) は，他のすべての投入変数を不変に保つという仮定の下に，生産 (Q) の変化量を投入変数 (L) の変化量で割ったものである。Δ を「変化量」を表すものとすると，$MPL = \frac{\Delta Q}{\Delta L}$ となる。$\Delta Q > 0$ かつ

ΔL>0を仮定すると，ΔQ>ΔL のとき MPL は逓増し，ΔQ<ΔL のとき MPL は正ではあるが逓減する。

（2） 競争的な産業または市場であっても，企業が参入および退出する時間がないと，短期的には経済利潤が存在しうる。

《参考文献》

1. Walters, A. A., "Production and Cost Functions: An Econometric Survey," *Econometrica*, 31 (January-April, 1963): 1-66.
2. Gylys, J., "Application of a Production Function to Police Patrol Activity," *The Police Chief*, July (1974): 70-72.

第3章　選択の理論と犯罪行動

（編集責任：村上裕一）

　本章では，よくあるスピード違反に個人の選択理論をあてはめることを通して，その基本となるツールについて論じる。さらに，刑事司法制度を確立するために投下されるべき資源の適正な程度とはいかなるものなのかという問題についても議論したい。その，資源の適正なレヴェルの問題は，社会が全体として下す決定のみならず，刑事司法制度の各部分単位が，資源をいかに分配するよう決定を下すかという問題も含むことになる。本章での議論においては，刑事司法制度のアウトプットを，犯罪抑止のみに限定して論じる。

　なお，犯罪と犯罪行為についての経済学以外の理論についてもここで考慮しようとは思うが，スピード違反に関して，それらの理論からは，経済学理論以上のものは大して得られないということが分かるであろう。

3.1. 消費者選択の理論と犯罪

　人は自らの効用を極大化するという目的をもって行動するという理論は幅広く応用可能であるが，このことは，消費者というのは，合理的な選択を通して，稀少な予算資源から最大の満足を得ようとするものだということを示唆している。前述したように，消費者のする選択は，効用を得るために採りうる行動のうちの部分集合でしかない。人の選好によっては，犯罪を構成する行動や選択肢を採ることによって効用や満足が得られる場合もある。人は効用極大化の目的を持っているものだとの理論が，個々人の犯罪を実行するか否かの選択にも応用可能だとすれば，主として合理的行動に基づいて実行される犯罪を説明し，予測するために，消費者選択理論を用いることができ

るのではないかという期待を持つことは，必ずしも的はずれではなかろう。

(a) 最適選択肢としてのスピード違反

　以下の設例では，消費者選択理論のモデルを用いて，犯罪実行の意思決定について予測し，説明することができるということを示したいと思う。例えばあなたが，期末試験を受けるために自動車で大学へ向かっている学生であると仮定しよう。まずいことに，試験勉強で寝過ごしてしまい，大遅刻してしまったとする。大学の規則では，遅刻等で受験できなかった期末試験科目についての追試験はしないことになっていることも，あなたは重々承知していることとする。あなたは，大学へ向かっている最中，自分が法定の制限速度を大きく上回っていることに気づく。

　スピード違反のような違法行為を，消費者選択理論を用いて説明することはできるだろうか？　答えは明らかに「できる」である。第1に，目的が明確に定まっていなければならない。これは簡単であろう。学生は，遅れをできるだけ取り戻さなければならないということばかり考えるはずだから。さらに言えば，この目的を達成すれば，自分がよりよい状態になるということを，あなたは理解している。経済学的に「よりよい状態になる」というのは，効用が上がるということと同義である。それゆえ，効用の極大化（すなわち，できるだけ大きな効用を得る）という目的を達成するには，できるだけ早く教室に着かなければならないのである。合理的な学生ならば，実行しうるすべての行動のうち，そのコストを上回る効用をもたらすと思われるものがどれなのかを考えるはずである。ここでは，どの程度のスピードで自動車を運転するのかというのが選択肢となる。

　この設例において，この学生の行動を正しく予測するためには，リスクを採ることに対する態度が分かっていることが重要である。リスクへの態度は，リスク愛好，リスク中立，リスク回避に類型化することができる。この設例においては，ほとんどの個人がそうであるように，リスクの大きな行動を回避することを望むと仮定しよう。より具体的には，効用を得る手段として，スピード違反をするというリスクの回避を選好するということである。法定速度制限を超過してスピード違反をするという，リスクを伴う選択肢を回避することをあなたは望むのだから，スピード違反の速度を増やしても，追加

して得られる効用はだんだん少なくなることになる。言い換えれば、あなたがリスク回避的ならば、スピード違反の限界効用は逓減するということである。図3.1において、スピード違反をする際に逓減する限界効用は、右下がりの傾きを持つスピード違反に関する需要曲線によって表現される。

図3.1において、需要曲線D_Aは、授業に遅刻しないであろう場合に、スピード違反をすることによって得られる限界効用ないし限界便益を表している。需要曲線D_Aを見れば、超過速度が時速０マイルから時速２マイルの間、各超過速度それぞれの限界便益は正であるが、逓減していることが分かる。そして、超過速度が時速２マイル以上になると、スピード違反による限界便益は負となることが需要曲線D_Aから分かる。

需要曲線D_Bは、授業に遅刻しそうな場合の需要曲線である。需要曲線D_Bから、授業に遅刻しそうな場合にはスピード違反への需要が増加することが分かる。需要曲線D_Bは需要曲線D_Aを右方向にシフトしたものである。需要曲線D_Bからはまた、全ての超過速度の値において、より高い限界効用ないし限界便益が得られることが分かる。

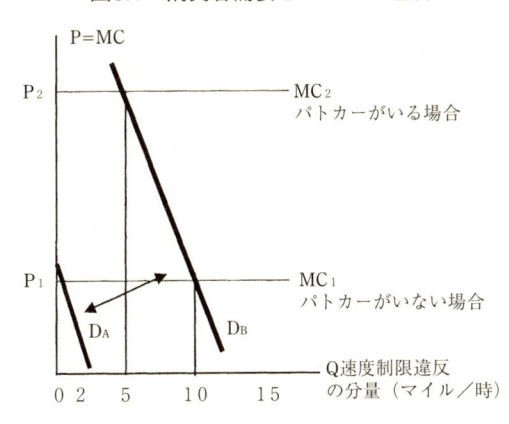

図3.1 消費者需要とスピード違反

需要曲線D_Aは遅刻していないときであり、需要曲線D_Bは遅刻してしまっているときのものである。需要曲線D_AおよびD_B上で、スピード違反分（制限速度超過分）を示す任意の値（Q）において、D＝MB＝MUである。もうすでに遅刻していて、できるだけ早く教室に着きたいという目的を持っているので、学生はD_AからD_Bへ、より大きくスピード違反をしようとすることになる。一方で、ひと目パトカーが視野に入ると、最適選択肢は10マイルから５マイルへと超過分が減り、その分効用の総増加分も減ることになるのである。

学生が熟練ドライバーで，かつ，以前にも授業に遅刻したことがある場合を仮定してみよう。より多くの経験を積み，結果についてのより詳しい情報を持っているので，図3.1における需要曲線が，スピード違反に対する遅刻常習学生の最適選択に（そのものとまで言えなくても）少なくとも近似することになろう。つまり，遅刻か間に合うかという2つの状況のそれぞれで，超過速度から得られる便益がどの程度かにつき，この学生には比較的高い精度で分かるということである。たとえ周りにパトカーが見当たらないときでも，違反切符を切られる可能性が低いとはいえゼロではないことが経験から分かる。違反切符を切られる可能性の増加分が，超過速度の大小によらず一定であると仮定すれば，超過速度の限界費用は図3.1の $P_1 = MC_1$ のようになる[1]。需要曲線ないし限界便益曲線の場合と同様，限界費用は分かっているものと仮定されている。以上の仮定から，授業に遅刻しそうで（需要曲線 D_B），かつ，辺りにパトカーがいない場合には（限界費用曲線 MC_1），D_B と MC_1 の交点である10マイルの超過速度でスピード違反をすることが最適選択であることが分かる。

ここで，突然，道路脇にパトカーが止まっていることに気づいたとしよう。そしてまた，パトカーの中には警官がいて，スピードガンでこちらを狙っていることに気づいたとしよう。おっと，ブレーキ，ブレーキ！図3.1から，パトカーを見つけたことによって超過速度の限界費用が，$P_2 = MC_2$ にまで増加したことが分かる。パトカーを見つけると，超過速度がちょうど5マイルのときに，スピード違反の限界便益と上昇した限界費用とがちょうど等しくなる。5マイル以上の速度超過は，限界便益 D_B が限界費用よりも低くなってしまうので，パトカーが存在する場合に，これは非合理的な選択となる。

ここでの非合理性とは，現状より悪化する結果にいたる選択をすること，ないし，当初の目的から遠ざかる結果へと導く選択をすることを意味している。例えば，スピードをいくぶん落とすという最適選択に比べ，ブレーキを踏まないという選択は，違反切符を切られてしまい，もっと大幅に遅刻してしまうという結果をもたらす。

スピード違反の設例は，犯罪の抑止モデルを示している。犯罪という選択肢のもたらす費用の上昇や便益の減少を惹起すれば，他のすべての要素が不変のとき，犯罪を減少させることができるというのが，抑止モデルの示すと

ころである。図3.1から分かるように，スピード違反の費用が$P_1 = MC_1$から$P_2 = MC_2$まで増加すると分かれば，最適な超過速度は5マイルまで減少する。つまり，費用の上昇がなければ実行していたであろう犯罪の総量（ここでは超過速度の大きさ）が小さくなっている。需要曲線D_Bを遡ることとなり，スピード違反から得られる効用の総量もまた減ることになる。言い換えれば，パトカーがいなかった場合よりも遅く到着することになるのである。ここではまた，パトカーによってスピード違反が完全に抑止されるわけではないことに注意して欲しい。もし$P_2 = MC_2$が，パトカーがいたときの限界費用であるならば，5マイルのスピード違反がなお最適選択なのである。

　図3.1は，スピード違反を犯すという意思決定に対して，消費者選択理論を適用したものであるが，スピード違反以外の多くの犯罪選択にも消費者選択理論を適用することは簡単にできる。そのときに必要となるのは，犯罪が手段の選択肢となるような目的を犯罪者が抱いているということだけである。その上，もし犯罪者（つまり，犯罪を実行するという選択肢を選んだ者）が，ある目的を意識的に実現しようとしているように振る舞っているのであれば，その犯罪者は諸選択肢とそれらの結果とを認識し比較衡量していると推測してよいことになる。熟練犯罪者である場合や，犯罪を選択した場合の結果が比較的厳しい処罰である場合には，犯罪者が（もちろん，その犯罪者が情報処理にある種の限界を持つ場合を除いてであるが）選択肢や結果についての完全または完全に近い情報を有していると仮定するのも理に適っている。

　後に本章では，犯罪行動についての競合する諸理論についても，スピード違反の設例を用いて議論する。そこでの結論を先取りすれば，経済学を用いない他の全ての犯罪理論は，視野が狭いということである。その結果として，経済学を用いない犯罪理論はその適用の幅がより狭いのである。これに対し，経済分析は非常に幅広い適用可能性をもっている。実際，合理的計算による殺人という犯罪について，適切に説明し予測することのできる犯罪理論は，経済学理論以外には存在しないといえる。経済学で説明しきれないのは，その基本的な前提である合理性の仮定が成り立たないような犯罪についての場合だけである。

(b) 制約条件下の選択と犯罪抑止

スピード違反の仮想設例において,大学生はパトカーを目撃したので,5マイル分の超過速度を思いとどまった。犯罪抑止においては,犯罪を思い止まらせるインセンティヴを個人に与える多くの異なった要素(例えばパトカーなど)が関係している。犯罪を思い止まらせるインセンティヴには,正負の両方がありうる。犯罪の費用を上げたり便益を下げたりする要素は,負のインセンティヴの分類に入る。スピード違反の例の場合,パトカーを目撃したことによって,スピード違反の費用が上がったので,それは負のインセンティヴである。犯罪の費用を上昇させる抑止の諸要素は,主として刑事司法制度の影響の下にある。その結果として,刑事司法制度という抑止の要素は,個人選択理論の中には費用として組み込むことができる。刑事司法制度が影響を与える費用の諸要素としては,逮捕され,有罪判決が下され,刑罰を受ける確率などの要素を,処罰の重さとともに挙げることができる。消費者モデルにおける価格のように,確率的要素のいずれかの増加や処罰の重さの上昇は,他のすべてが一定のとき,犯罪選択を抑止すると期待される。

刑事司法制度の影響下にない費用要素としては,私的な警備員や,監視カメラのような装置が挙げられる。これらの要素を配備ないし設置することを,経済学以外では「対象の防犯力強化(target hardening)」と呼ぶ。

犯罪の便益を減少させることによる負のインセンティヴもまたありうる。例えば,定期的に現金をレジから回収し,従業員が開けることのできない金庫へ移すという店の方針が挙げられる。そのような方針が採られていることを掲示しておけば,潜在的犯罪者にもこの情報を確実に与えることができよう。

他方,正のインセンティヴとは,犯罪に関連する選択肢の中から合法的な選択をすることの便益を増やすことである。言い換えれば,正のインセンティヴは,犯罪実行の機会費用を増加させるのである。機会費用が存在するためには2つの事柄が必要である。まず1つ目として,意思決定者にとって(富の増加のような)欲求を満たす選択肢が,(例えば,ある罪を犯すという選択肢と違法でないある行為をするという選択肢のように)少なくとも2つなければならない。もう1つとしては,一定期間内に1つの選択肢しか選択しえないといったように,意思決定者の資源が制約されていなければならな

い。これは逆から言えば，1つの選択によって諦められる選択肢は必ず1つのみであることになる。したがって考慮すべき選択肢が2つ以上あったとしても，機会費用は常に2番目に最適な選択肢の価値を表すのである。

犯罪を抑止する正のインセンティヴとしては，正規の労働市場での雇用機会や，家族的価値や共同体的価値のような要素を挙げることができる。犯罪を選択することで達成されうる目的（例えば富の増加）の多くは，合法的な選択肢を採ることによっても達成されうるものなので，正規の労働市場における選択肢の価値がより大きくなれば，行為者の富を増加させるような犯罪を選択することの機会費用がより大きくなる。最適選択が合法的な選択肢となるとき，行為者の富を増加させるような犯罪は正のインセンティヴ効果によって抑止されうる。

家族的価値や共同体的価値もまた，正のインセンティヴ効果を通じて犯罪を抑止しうる。良い行動によってもたらされる価値が大きくなれば，犯罪の機会費用が増加する。例えば，教会の信徒の割合が高いコミュニティほど，犯罪率が低い傾向にある[2]。

制約条件下の効用極大化モデルは，スピード違反の設例の文脈において，抑止ないし費用の要素について説明するために使うことができる。制約条件下の効用極大化には2つの軸がある。それは消費者が選択しうる2つの財の量である。つまり，スピード違反者には選択できる財が2つなければならない。「負財（欲しくないもの）」の減少が「財（欲しいもの）」と呼べるならば，2つの負財の逆数をとるだけで2つの財を作り出すことができる。例えば，刑事司法制度によってコントロールされる費用ないし抑止の要素を2つ考えることができる。そこで変数（p）はスピード違反切符を切られる可能性ないし逮捕確率を表し，変数（f）はスピード違反に対する罰金や刑罰の重さを表すことにしよう。このとき明らかに，逮捕確率（p）および処罰の重さ（f）は欲しくないものであり，「負財」である。スピード違反の切符を切られる確率がゼロより大きければ，「欲しくない」逮捕確率（p）の逆数は $\left(\frac{1}{p}\right)$ であり，逮捕確率（p）が減ると $\left(\frac{1}{p}\right)$ が増えるので，それは「財」を表すこと

になる。同様に,「負財」である処罰の重さ (f) の減少は $(\frac{1}{f})$ を増加させるので, $(\frac{1}{f})$ が「消費者」にとって選択可能なもう1つの「財」と定義される。

図3.1に見られるように,逮捕確率 (p) の減少はスピード違反の費用を減らし,違反者の総効用を増加させる。制約条件下の効用極大化モデルにおいて,逮捕確率 (p) の減少は財 $(\frac{1}{p})$ の量の増加および「消費者」にとっての総効用の増加をもたらす。

図3.2は,制約条件下の効用極大化モデルを用いて, 2つの財が $(\frac{1}{p})$ と $(\frac{1}{f})$ であるときのスピード違反の設例を示したものである。こうして, 2つの抑止要素 (p および f) はこのモデルの中に取り込まれている。また,犯罪意思決定に影響を与えるその他の要素は,有罪となる確率を含めて全て不変と仮定されている。

図3.2では,逮捕確率が,パトカーを目にした結果として p_1 から p_2 へ上昇することによって,違反速度の最適選択が無差別曲線 $U_3=10$ マイル上の点Aからより下位の無差別曲線 $U_2=5$ マイル上の点Bへと移動している。これは,図3.1で $P_1=MC_1$ から $P_2=MC_2$ へと上昇し,需要曲線 DB 上の線分 $(5, P_2) - (10, P_1)$ に対応する部分の限界便益が得られなくなっているのと同じ結果である。図3.2における効用の減少は,逮捕確率 (p) が増大し,よって財 $(\frac{1}{p})$ の利用可能量が減少したことによるものである。これは $(\frac{1}{p})$ 軸上の切片の下への変化として表される。ここで財 $(\frac{1}{p})$ の価格を $P_{\frac{1}{p}}$, 財 $(\frac{1}{f})$ の価格

第3章 選択の理論と犯罪行動　69

図3.2 スピード違反における制約条件下での効用極大化

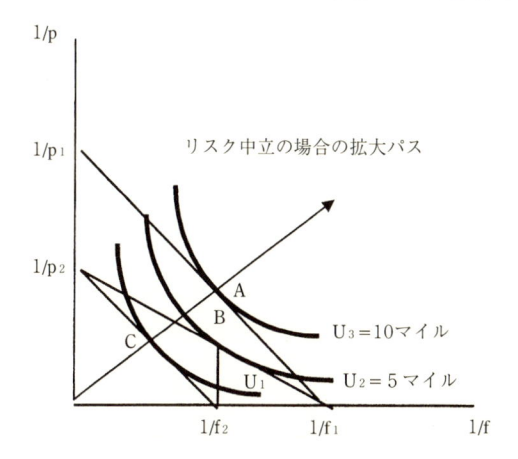

スピード違反で捕まる確率が増加すると（パトカーに気付いた場合など），予算制約線の傾きが変わり，予算制約線の切片が $\frac{1}{p_1}$ から $\frac{1}{p_2}$ に減少する．これによってスピード違反の効用は U_3 から U_2 に減少することになる．これはつまり，パトカーを目にしなかった場合よりも遅れて授業に到着することになる，ということだ．もし処罰の重さ(f)が逮捕確率と同量だけ増加するならば予算制約線は内側の線分 $(\frac{1}{p_2}, \frac{1}{f_2})$ にシフトし，効用は U_1 上の点Cで極大化されることになる．図では傾き45度の矢印で示した，リスク中立の場合の無差別曲線の「拡大パス（expansion path）」（Uと予算制約線の接点の軌跡）からは，スピード違反者が逮捕確率(p)と処罰の重さ(f)の変化に対して等しく敏感であることが示されている．

を $P_{(\frac{1}{f})}$ とすると，予算制約線の傾きは $-\dfrac{P_{(\frac{1}{p})}}{P_{(\frac{1}{f})}}$ となり，財 $(\frac{1}{p})$ の「価格」が財 $(\frac{1}{f})$ の価格に対して相対的に上昇したことになるので，より緩やかなものになる。

また図3.2によって，逮捕確率（p）や罰金（f）のどちらか一方でも増加すれば，スピード違反をする大学生の総効用が低下することも明らかである。例えばスピード違反の罰金の額が上がることが完全情報仮定の通りに道路沿いに標識で示されていれば，罰金（f）が増大する，ということもあろう。逮捕確率と罰金が同割合で上昇すれば，予算制約線は原点に向かってシフトす

ることになる。このシフトは元の予算制約線と平行な線分 $(0, \frac{1}{p_2}) - (\frac{1}{f_2}, 0)$,

および，総効用が無差別曲線 U_1 上の点 C に減少していることで示されている。

　図3.2ではスピード違反に関するリスク中立的な選好が仮定されている。しかし，違反者の選好が中立でない場合には，逮捕確率（p）と処罰の重さ（f）が同割合で変化し，よって予算制約線が平行移動したときでもその接点である最適選択点の軌跡（拡大パス）の方向が，スピード違反者の選好構造に対応して，$(\frac{1}{p})$ 軸または $(\frac{1}{f})$ 軸のどちらか一方により大きく反応するだろう。というのは，リスク愛好やリスク回避の場合は，どちらかの軸に沿ったシフトの方が他方の軸に沿ったシフトより大きくなるからである。このズレによって，予算制約線の平行移動がどのようなものであるかにかかわらず，無差別曲線と予算制約線の接点（すなわち，最適選択）も，やはり無差別曲線のシフトがより大きい財の軸の方向にずれてゆくからである。

　図3.1ではスピード違反に対する需要曲線が右下がりで，違反速度 mph の上昇につれて逓減していく限界効用は，違反者がよりリスキーな運転を避ける選好を持っていることを表している[3]。リスク回避的な意思決定者には，逮捕確率（p）の変化よりも罰金（f）の変化に対してより敏感に反応する傾向がある，ということについては後の章でもっと明確に示すことにしよう。リスク回避的な違反者の無差別曲線が逮捕確率（p）と処罰の重さ（f）の同割合での変化に対して $(\frac{1}{f})$ の軸に沿って相対的により大きくシフトすることで，財 $(\frac{1}{f})$ へのリスク回避的な選好を表すことができる。言い換えれば，リスク回避的な運転者に関しては，逮捕確率（p）と処罰の重さ（f）が同割合で変化したときの最適選択が，財 $(\frac{1}{p})$ より財 $(\frac{1}{f})$ の消費がより大きな割合で変化するのである。

3.2. 生産者選択と犯罪抑止

　刑事司法制度における人材や予算をまとめて抽象的な単一の資源投入と見れば，逮捕確率（p）と罰金ないし刑罰の重さ（f）は，犯罪抑止という最終生産に対する2つの中間生産ということになる。よって他の条件が不変に保たれているならば，これら2つの生産はスピード違反に対するある量の犯罪抑止を生産することになる。スピード違反のみが抑止されるべき唯一の犯罪だというかなり単純化された仮定をおくならば，刑事司法制度の総費用曲線は図3.3に描かれたようなものになるだろう。外側に向かって張り出した弓なりの総費用曲線（すなわち原点に対して凹の総費用曲線）は，さまざまのpとfの組合せによって得られる最大の抑止レヴェルを示す生産可能性フロンティア（PPF）を表現している。所与の資源の下での効率的抑止生産は，総費用曲線すなわちPPF上で達成される。総費用曲線（PPF）が弓なりなのは，ある生産（p）の増産へと他方の生産（f）から資源を移転するときの，機会費用の逓増を表している。資源はpやfの生産に特化されているものなので，生産における機会費用逓増は相対的に大きいものとなる（それゆえ総費用曲線は弓なりになるのである）。例えば，資源が処罰の重さ（f）の生産

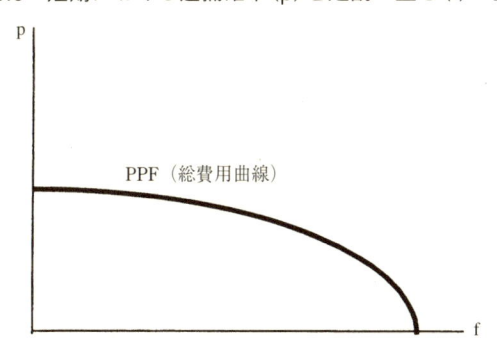

図3.3　短期における逮捕確率(p)と処罰の重さ(f)の生産

有罪判決となる確率が不変だとすれば，刑事司法制度の資源の総体によって生産される2種類の生産は，逮捕確率(p)と罰金ないし刑罰の重さ(f)である．生産された逮捕確率(p)と処罰の重さ(f)の組合せに対する総費用曲線(PPF)は，短期においては資源が特化されているので，より弓型がきついものになる．この図の場合，刑事司法制度の資源の総量を所与とすると，処罰の重さ(f)の方が逮捕確率(p)よりも相対的に多く生産されることになる．

から逮捕確率（p）の生産に再配分されるとすると，真っ先に逮捕確率（p）に移転されるのは処罰の重さ（f）の生産に特化されていない財からということになろう。このような再配分が続けられれば，処罰の重さ（f）の生産によりよく特化された，判事や裁判所書記官といった資源までも最終的には逮捕確率（p）を生産するために再配分されることになろう。これは逮捕確率（p）の生産の各増加分ごとに，それとひきかえにますます多くの処罰の重さ（f）の生産を諦めなければならない，ということである。こうして，資源の再配分は短期的には収穫の逓減とより高い機会費用とをもたらすものである。というのも，これらの資源を再訓練することが，短期では定義によりできないからである。

長期においては，資源の特化と収穫の逓減がより緩やかなものになるので，生産可能性フロンティア（ないし総費用曲線）はより緩やかな弓型になる（凹が浅くなる）。収穫の逓減が小さなものとなるのは，長期においては全ての資源が可変になり，そのおかげで例えば専門化された人材資源に再訓練を施すことができるようになるからである。

総費用曲線が直線である場合と同様に，生産可能性フロンティアの外側に位置する生産（p）と生産（f）の組合せは，刑事司法制度の所与の資源では達成できない。加えて，総費用曲線ないしPPFの内側にある点は，利用可能な資源の同じ総量によって，より大きな犯罪抑止（つまりpとf）を生産できるのだから非効率的である。

図3.3にある生産可能性フロンティアは傾き45度の直線に対して対称ではないが，このことは，刑事司法制度の資源が等量ならば，逮捕確率（p）よりも処罰の重さ（f）の方がより多く生産できることを表している。ここでは，処罰の重さ（f）が罰金だけからなっていると仮定されているので，この差異は納得できることであろう。別の見方をすれば，スピード違反に対する逮捕確率（p）の生産は，処罰の重さ（f）の場合よりもはるかに速やかに刑事司法資源を使い尽くしていくと考えられる。

図3.4は，刑事司法制度の資源を増加させれば，より多くのpとfが生産されるので（総費用曲線ないしPPFの原点からみて外側へのシフト），抑止効果等量曲線 Qd_1 から抑止効果等量曲線 Qd_2 へのシフトによって表されているように，犯罪抑止レヴェルも増大することを示している。犯罪抑止の生産は

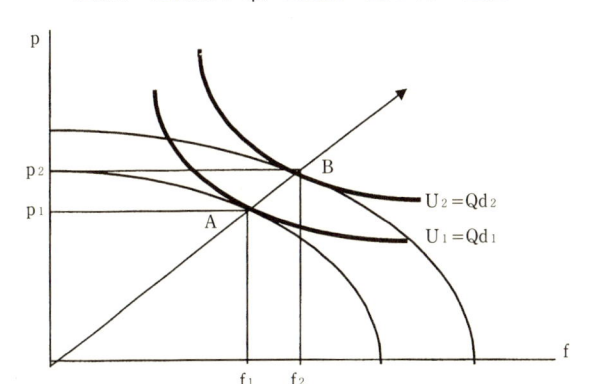

図3.4 逮捕確率(p)と処罰の重さ(f)の生産

1資源投入2財産出の生産モデルは，刑事司法制度の資源が増大すれば，pとf（したがって犯罪抑止）も増大することを，原点から外側に向かってシフトする総費用曲線（ないしPPF）によって表している．総費用曲線と，抑止効果等量曲線Qd（ないし社会効用曲線U）との接点は刑事司法制度の資源の，犯罪抑止生産に対する最適配分を表している．

財であるから，犯罪抑止（Qd）と社会的効用（U）とが等しいものとする。社会的観点からは，逮捕の確率（p）と処罰の重さ（f）の生産の最適かつ効率的な組合せ（ないし，同じことだが，刑事司法制度の資源の最適かつ効率的な配分）は，総費用曲線（PPF）と，最も高い位置にある抑止効果等量曲線（Qd）つまり獲得可能な最も高い社会効用曲線（U）との接点で達成される。

図3.4中の抑止効果等量曲線（Qd）ないし社会的効用曲線（U）は，他のすべての要素が不変であるという仮定の下，逮捕確率（p）と罰金や刑罰の重さ（f）の様々な組合せが生産する同量の抑止効果に対応している。ここまで社会的効用を，抑止効果と同一視してきたのには2つの理由がある。1つは抑止効果自体が財であるということ，もう1つは社会的効用曲線がリスクへの選好を表しているということである。もし運転者集団（ないしスピード違反者集団）をリスクへの態度によってグループ分けできるならば，抑止効果等量曲線（Qd）とそれに対応する社会的効用曲線（U）における逮捕確率（p）と処罰の重さ（f）の間の技術的代替率（RTS）は，両グループで異なってくるはずである。大半の運転者はリスク回避的であると言えよう。しかし，もし仮に運転者集団を，リスク中立型運転者とリスク回避型運転者の2つの

グループに分割できるとすれば、同量の抑止効果をもたらす逮捕確率（p）と処罰の重さ（f）の組合せの集合（抑止効果等量線）は、リスク選好の相違に対応して両グループ間で異なるものとなるだろう。例えばリスク中立型の運転者のリスク選好を表現する抑止効果等量曲線（Qd）ないし社会的効用曲線（U）は、生産可能性フロンティア（PPF）との接点において逮捕確率（p）と処罰の重さ（f）とが互いにほぼ対等に代替可能となっており、完全に対等ならば、接点での傾きは－1である。リスク中立型の運転者は、逮捕確率（p）と処罰の重さ（f）のどちらの変化に対しても同様の影響を受けるのであり、つまり同程度に違反行為が抑止される。図3.5において、リスク中立型の運転者の抑止効果等量曲線は$U_1 = Qd_1$として書き込まれている。リスク中立型のスピード違反者に対する最適かつ効率的な資源配分が、罰金や刑罰の重さ（f_1）と逮捕確率（p_1）の組合せ（f_1, p_1）をもたらす資源配分であることを、この図3.5は指し示している。

リスクの大きい運転を回避しようとする運転者（ないし違反者）ほど、社会的効用曲線（U）すなわち抑止効果等量曲線（Qd）が生産可能性フロンティアの上を時計回りに転がり、接点での傾きがより急になる。これは以下の理由による。まず、リスク回避の意味として、逮捕確率（p）が小さくなる

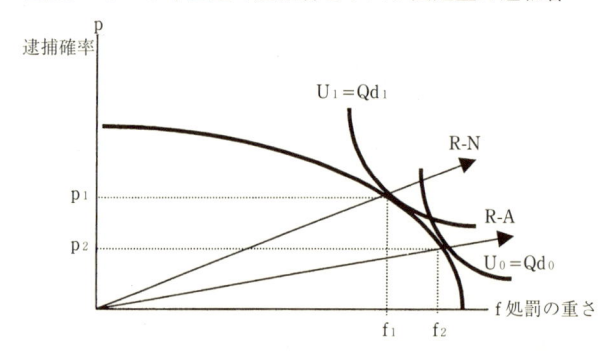

図3.5　リスク中立型の運転者とリスク回避型の運転者

リスク中立型(R-N)の運転者は社会的効用曲線U_1すなわち抑止効果等量曲線Qd_1に示されており、リスク回避型(R-A)の運転者は社会的効用曲線U_0すなわち抑止効果等量曲線Qd_0に示されている。運転者（ないし違反者）がよりリスク回避的になればなるほど、最適な中間生産の組合せとそれに対応した生産資源配分は、罰金や刑罰の重さ(f)をより増大させ、逮捕確率(p)をより減少させた点になる。

ほど，リスク中立型運転者に比べて，リスク回避型運転者の方が抑止の効果を強く受けると仮定している（すなわち，期待値 p×f が同じであればリスク中立型運転者なら同じ抑止効果を受けるであろうが，リスク回避型運転者は期待値が同じでも，逮捕確率が大きく処罰の重さが小さい場合よりも，逮捕確率が小さく処罰の重さが大きいほど抑止効果を強く受ける）。この仮定から，リスク回避型のスピード違反者が，逮捕確率（p）の変化に比べて罰金や刑罰の重さ（f）の変化に対してより敏感に反応する。このことから，抑止効果を一定に保つためには，違反者がそれほど重大でない逮捕確率（p）を，より重大な処罰の重さ（f）に置き換えるはずであるということ，すなわち，リスク回避型運転者がより高い技術的代替率（つまり，－1よりも急な傾き）を持つことが導かれる（すなわち，リスク回避型運転者の抑止効果等量曲線がリスク中立型運転者のそれよりも垂れ下がるようになる）。この，より高い技術的代替率（RTS）をもって逮捕確率（p）を処罰の重さ（f）に置き換えるということを，図3.5においては，社会的効用曲線 U_0 ないし抑止効果等量曲線 Qd_0 が表している。社会的効用曲線とそれに対応する抑止効果等量曲線もまた，異なるリスク選好をそれぞれ反映した「拡大パス」（U＝Qd と PPF の接点の軌跡）をもっている。

　ここまでの分析は，理論的には魅力的である。しかしながら，刑事司法制度から生産されるべき抑止効果を正確に予測するにはまだ抽象的に過ぎ，また視野が狭すぎるともいえよう。考慮すべき要素がまだある。

　現実の世界では，抑止されるべき犯罪が多様にあるが，警察の抑止効果生産を種々の犯罪類型ごとに分けて考えることはできないという点は，これまで考慮に入れてこなかった1つ目の要素である[4]。換言すると，スピード違反への抑止効果生産は，財産犯への抑止効果生産，さらに詳しく言うと，スピード違反とはまったく異なる他の犯罪行為への対策といった生産から分離して考えることができないだろう。他方では，数々の資源についての専門化が進んでいるより大きな警察組織においては，抑止効果生産について独立に考えることができるかもしれない。ともかく，警察のサイズの大小にかかわらず，すべての犯罪を総合的に考えた場合（犯罪類型や警察の部門間の相互作用が生じるので），刑事司法制度の部分単位それぞれが生産する犯罪者の逮捕確率（p）と処罰の重さ（f）についての最適かつ効率的な資源の配分は，

図3.5が示唆しているものとは違ってくるかもしれない。

これまで考慮してこなかった点の2つ目として，警察が逮捕確率（p）を生産するために用いることのできる手段と，裁判所が犯罪者に科すことになる処罰の重さ（f）の軽重には，法的な制限がかかっているという点がある。そういった法的な制約があることによって，抑止効果の生産が非効率なものになったり，最適解を実現できなかったりすることもありうる。言い換えればこの場合，抑止効果生産が総費用曲線ないし生産可能性フロンティア（PPF）の内側で起きてしまいうるのである。

3つ目に挙げるべき点は，一般的な犯罪抑止を行えば犯罪率が下がるということが，経済学研究において証明されていることと関係がある。政府内での資源の獲得競争と，誤った情報に基づいているかもしれない社会的選好のために，犯罪率が下がると，そのことのために逆に警察に配分される資源が減らされる傾向が生じてしまう[5]。誤った情報に基づく社会的選好に警察が迎合しようとすると，自己に配分される資源の増加を警察が第一目標にしている場合には，抑止効果の効率的生産ができなくなってしまうだろう。

4つ目に，警察官の研修においては，抑止効果の生産性を支える経済学的な論拠をそれほど強調しない場合が多い点を挙げることができよう。実際，犯罪学者（警察官の研修に関わっている場合もある）の中には，抑止効果仮説に異議を唱えている人さえいる。それゆえ刑事司法制度の関係者の中には，抑止効果の生産に懐疑的な立場の人がいる可能性がある。こういったことによっても，実現できるはずの社会的効用や抑止効果が引き下げられることになり，抑止効果生産が非効率的となる刑事司法制度も生じてしまうのである。

5つ目に，スピード違反者のネズミ捕りによって罰金収入を増加させようとする警察も現れるかもしれない。収入を極大化するという目的を警察が追求し，しかもネズミ捕りによるスピード違反検挙でその目的を実現しようとする場合には，逮捕確率（p）と罰金（f）の生産に向けられる警察の資源配分が社会的に最適なものではなくなってしまうであろう。

スピード違反のネズミ捕りをめぐる経済学は，消費者と生産者の理論を用いて説明することができる。ちょっとした価格の低下にも消費者が敏感に反応するのであれば，価格を下げることによって生産者は総収入を増やすことができる。これは，このような消費者の下では，売上量の増加分が価格の低

下分を上回ることになるからである。これと同様の、しかしより複雑な議論を、ネズミ捕りにおいても適用できる。すなわち、有罪判決が下る確率が一定であるとすると、逮捕されるスピード違反者の数、すなわちネズミ捕りにおける「実際の販売数」は、罰金 (f) の額と逆関係にあり、また逮捕確率 (p) とは正の関係にある。逮捕確率より罰金 (つまりスピード違反の「価格」) の低下に敏感に反応して超過速度を選択するリスク回避型の大抵のスピード違反者は、罰金 (f) を引き下げることによってスピード違反を誘発され、その件数 (つまり「潜在的な販売数」) が増加する。「現実の販売数」(逮捕されるスピード違反者数) の増加分が「価格」の低下分より大きいと、ネズミ捕りによって得られる総収入は増えることになる。しかしあいにく、違反者がリスク回避的であると仮定したとしても、罰金 (f) を下げることが総収入の増加に必ずつながるとは限らない。したがって、こうして収入を増やすやり方は、現実世界ではあまり見かけない。ネズミ捕りで検挙できる違反者の数、すなわち「現実の販売数」を最も増やすことができるのは、罰金 (f) の引き下げではなく、逮捕確率 (p) を高めることによってである。こうして「価格」や「限界収入」と同じ意味を持つ罰金 (f) は一定に保ちながら、逮捕確率 (p) を高めることによって、「現実の販売数」を増やし、よって総収入を増やすことができるのである。当然のことではあるが、逮捕確率 (p) を高めることには、「現実の販売数」の増加を相殺するような副作用がある。スピード違反者がリスク回避的であっても、逮捕確率の上昇で抑止されるスピード違反は存在するのであり、それにより「現実の販売数」の母体たるスピード違反者の総数は小さくなるからである。スピード違反者がリスク回避型であると仮定すると、逮捕確率 (p) を高めることの副作用たる抑止効果は、「価格」つまり罰金 (f) の引き下げによって相殺することができる。もちろん、これが起こると予測されるのは、処罰の重さ (f) が低下したときの違反者の母数増加、およびそれに伴う「現実の販売数」が、罰金の低下分以上に増加する場合のみである。

　ネズミ捕りによって罰金収入を極大化させようとする警察が、罰金 (f) を場合により引き下げ、かつ、逮捕確率 (p) を必ず高めることは、図3.5が示唆する（高い罰金と低い逮捕確率の組合せという）最適生産配分とは一致しえない選択である。これはとりわけ、逮捕確率と罰金額の最適生産が p_2 と f_2

であったリスク回避型の運転者について当てはまる。現に市民の間に蔓延するネズミ捕りに対する不満は，彼らがリスク回避型の運転者であることを示しているのである。

3.3. 資源の最適レヴェル

刑事司法制度のそれぞれの部分単位における効率的生産の分析をしても，資源配分問題には部分的にしか答えることができない。刑事司法制度のそれぞれの部分単位が（効率的に行われるか否かにかかわらず）抑止効果を生産できるためには，その前に社会全体として刑事司法制度自体にどの程度の資源を回すのかについて，まず意思決定をしなければならない。言い換えれば，社会はまずはじめに，刑事司法制度の総費用曲線や生産可能性フロンティア（PPF）の位置を決定しなければならない。社会がスピード違反を減らしたいと考えるのならば，そのために十分な資源をつぎ込むことが必要である。例えば大学生のスピード違反の設例で言えば，パトカーがいなければ10マイル分のスピード違反だったはずのところ，パトカーがいても抑止されたのは5マイル分の超過でしかなかった。スピード違反だけが犯罪であって，かつ，刑事司法制度はスピード違反に対してのみ抑止効果を生産するという仮定を置くならば，スピード違反者に向けられた刑事司法制度の資源が増えることによって，図3.4で示したように，生産可能性フロンティアは外側へシフトすることになる。刑事司法制度が効率的に運用され，逮捕確率（p）と処罰の重さ（f）の生産が高まれば高まるほど，件の大学生のスピード違反速度は小さくなってゆくのである。

刑事司法制度の資源を増やしてスピード違反を抑止するには，警察官，パトカー，裁判官，裁判所書記官，およびその他の資源を増やさなければならない。それ以上に大きな問題は，それによって，刑事司法制度以外の公共部門に投入される資源が減ることである。抑止効果の生産増大を賄うための増税が行われるとすれば，所得のうち市民が個人的に使える分は少なくなるばかりである。このように，スピード違反を減らすためには，いくつか他の選択肢への支出を諦めなければならなくなるのであり，こうして機会費用が必ず発生してしまう。この機会費用の存在から導かれる結論は，社会的観点からすれば，最適な状態における超過速度はゼロではないだろうということで

ある。

　図3.6にはスピード違反の最適超過速度を示してあるが、社会的観点からすれば、スピード違反の超過速度を足し合わせた総違反速度を減少させると、社会的便益は増大するがその増大分たる限界便益は逓減する。このように図3.6の限界便益（MB）曲線が逓減していることは、最も悪質なスピード違反者からまず逮捕されてゆき、刑罰（罰金）を科されるという仮定を前提としている。スピード違反抑止のために多くの資源をどんどんつぎ込むことは、結果として、他の選択肢たる財貨やサーヴィスの生産や消費を減少させて機会費用を増加させるということも、図3.6は表している。機会費用が逓増するのは、より重要でない要素への支出から削減していって刑事司法制度へ再配分するためである。スピード違反抑止のために刑事司法制度に配分されるべき資源の最適社会選択は、スピード違反のために刑事司法制度に配分される資源の限界便益が、そのために諦めた代替的要素にその同じ資源を投入し

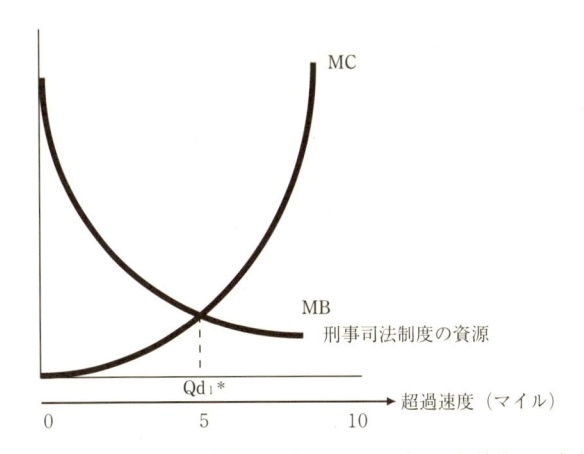

図3.6　刑事司法制度の資源の最適配分

　スピード違反の抑止に割り当てられる資源の最適量はQd_1^*である。最適量Qd_1^*となるのはパトカーが1台のときで、これはMB＝MCとなる点である。Qd_1^*よりも少ない資源が割り当てられる場合には、社会はより悪い状態となっている。というのも、その場合には抑止のための資源を増やせば機会費用以上に社会の便益が増加するからである。逆にQd_1^*よりも多い資源が割り当てられる場合には、抑止がもたらす限界便益よりも限界機会費用の方が大きくなる。犯罪抑止を生産するためには、社会は他の支出を諦めなくてはならないから、Qd_1^*における刑事司法制度の資源配分はスピード違反の超過速度をゼロにすることができるような逮捕確率（p）と罰金（f）とはならないであろう。

ていたら得られていたはずの便益たる機会費用の限界量である限界機会費用（MC）と等しくなる点である。

3.4. 犯罪行動についての経済分析以外の理論

これまで見てきたように，犯罪行動の経済理論は機会の変化に対応して採られる個人の選択の重要性を強調する。効用を増やす（純便益を得る）機会は採りうる選択肢の便益と費用が変化することによって起きる。例えばスピード違反の設例では，大学生がパトカーを見つけたことによって，見つけなかったら出したはずのスピードで運転するという機会は失われた。これについて経済学者であれば，大学生は少なくとも結果として合理的な行動をしている，というだろう。なぜならば，（合理的な行動を仮定している）経済学のモデルでは，行為者にとっての費用が増加し，（嗜好およびリスク選好も含めて）他の条件が不変ならば，超過速度の減少がもたらされると予測されるからである。

個人の選択についての経済学理論の1つの特徴としては，犯罪にあたる選択肢ないし行動と，犯罪にあたらないものとの間で質的な差異を設けないという点がある。全ての選択や行動は仮定されている目的との関係で便益と費用（つまり，機会費用）の観点から分析されるだけで，それが犯罪にあたるか否かは問題とならない。これに対し，経済学以外の理論においては犯罪にあたる選択ないし行動と，犯罪にあたらないものとの間には質的な差異があるものとされる。また，経済学以外の理論では，犯罪選択肢を選ぶことの説明となるような嗜好や選好を個人がなぜ有しているのかを探ろうとする傾向にある。しかし，経済学理論ではこうした嗜好や選好は機会が検討される時点において所与のものであると単に仮定される。

経済学的な選択理論のもう1つの特徴として，広く適用可能であるという点がある。これに対して，経済学以外の理論は一定の特徴（通常は，人格，集団，環境，あるいは何らかの社会過程に関係したものが用いられる）に基づいて人々を区分して論じようとするので，犯罪行動を説明し予測する上で適用可能な範囲が狭くなる傾向にある。

経済学以外の犯罪理論としては，生理学理論，心理学理論，社会学理論の3つを挙げることができる。それらの犯罪行動に関する理論として最も適用

可能な範囲が狭いのは生理学理論と社会学理論のようである。犯罪行動に関する「生理学理論」とは，人を犯罪行動に駆り立てる可能性のある生理的特徴に着目するものである。そうした特徴としては，生物化学物質や染色体の異常などがある。例えば染色体異常の理論は，XYYという異常染色体を持つ男性は通常のXY染色体を持つ男性に比べて，相対的により攻撃的でより反社会的な行動を示す傾向にあるという仮説に基づくものである。これが仮に本当であるとすれば，その限度でXYY染色体を持つ男性の犯罪率が高いという現象を説明することができるかもしれない。

「心理学理論」は，人格障碍によって犯罪行動を説明しようとする。人格障碍は幼児期における出来事や，社会化の失敗，あるいは生理学的な特徴に起因する場合もある。しかし，犯罪の心理学理論が同時に指摘するのは，犯罪行動は何らかの目標を追求してなされる目的的行動という点である。例えばギルト・コンプレックス（あるいは劣等感）に悩む人たちは，処罰されたいために，あるいは目立ちたいために犯罪を行うことがあるとされる。心理学理論は，行動は目的的ないし目標志向的なもの（すなわち，個人は選好を有する）と理解する点で，経済学理論と非常に整合的である。目的的ないし目標志向的に選択を行っているのだとすれば，人格障碍（ギルト・コンプレックス，劣等感）を有する個人であっても効用を極大化するための合理的な選択を行っているということになる。「蓼喰う虫も好き好き」なのだからと，こうした行動を合理的なものだとみなす経済学者さえ出てくるかもしれない。犯罪行動の理解にとっての心理学理論の主要な貢献は，しばしば「心理学的な動機」と呼ばれる個人の選好を明確にし，説明する上で手助けとなることにあるかもしれない。

しかしながら，路上生活者のように人格障碍を有していると一般的には考えられている人々には，それほど高い効用を達成することができない者が多いようだという点からは，精神障碍の中には情報処理力に悪影響を与えるものがあると推測される。情報を効率的に処理できないことによって，他の（異常でない）目的を設定したり，選択肢の生成や評価を効果的に実施するのを妨げているのかもしれない。こうした「精神の技術的非効率性」がありうることは，一定の人々にとっての合理性はより限定されたものである可能性を示唆する(6)。

多くの場合，特異な嗜好や選好の原因となっている生理学的ないし心理学的な異常性を矯正あるいは修正することは困難かもしれない。例えば，不安定で暴力的な家族環境で育てられた子は，より大きな刺戟と危険を選好し続ける可能性が高いといわれる。選好を矯正しようとする試みから満足のゆく結果がこれまでも得られていないことに鑑みれば，嗜好や選好を矯正しようとするよりも，犯罪にあたる選択肢の便益と費用を変化させる方が実際的で，かつ費用効率的であろう。

犯罪の生理学理論と心理学理論は，大学生のスピード違反の事例を説明し予測する上で，十分に一般的な基礎を提供するものとは思えない。確かに，仮に大学生の行動が経済学モデルから予測される平均的な行動から大きく逸脱するようであれば，その説明として人格障碍を疑ってみることはできるだろう。しかし，予測されなかった結果が，その行動がとられた状況要因によって説明できることもよくある。状況が異なれば機会（すなわち，便益と費用）も変わる。例えば，大学生は，パトカーの中の警察官が配偶者や親友であるとか，飲酒運転のみを取り締まっていると知っているかもしれない。警察官が配偶者や親友であるなら，スピード違反で捕まるリスクはより小さく，最適なスピードはより大きくなるであろう。また警察官が飲酒運転のみを取り締まっていると知っている場合には，大学生の運転が（酔っ払いのように）ふらふらしたものでない限り最適なスピードはより大きくなるだろう。いずれにせよ，犯罪と犯罪行動の多様さを考えるならば，生理学理論と心理学理論はそのごく限られた側面を説明するものにすぎないといえるだろう。

犯罪行動の「社会学理論」は，主に社会構造論と社会過程論からなる。一般的に言って，「社会構造論」は個人の選択よりも環境の方が犯罪に与える影響が大きいと主張する。「社会過程論」は，様々なタイプの社会的相互作用を通じてどのように犯罪行動が学習されるのかに焦点をあてる。例えば，仲間集団などについてである。

犯罪の社会学理論は，経済学理論と一定程度の共通性を有している。例えば，銃が簡単に手に入り，多数が狭い中に混み合って住んでおり，学校が荒れており，失業中のティーンエイジ男性が多くいるような地域は，そうではない地域よりも犯罪率が高いと社会学者は考えるであろう。これに対し経済学者は，こうした状況ないし環境の要因の相違も，効用極大化のための選択

を個人が行う上での機会（便益と費用）に影響を与えるものと考える。例えば，住居が混み合っているという状況は窃盗を容易にし，その機会が起きる頻度を高めるとともに，犯人が身を隠すのに役立つ。このように犯罪を選択することによる便益や費用を増減させる環境要因は社会構造の一面であると理解できる。

経済学理論と社会過程論の共通性としては，選択肢とその結果について個人が有している情報のレヴェルは，多くの社会過程の有する学習過程としての側面を反映したものであると考える点である。例えば，犯罪経験によって得られた犯罪に関する情報が仲間内で流通する場合がある。このように，社会過程論は実は経済学モデルで用いられている完全情報の仮定を裏付けるものとなっているのである。

社会学理論については，個人が合理的選択を行うより広い社会的文脈を提供するものと考えるのが最も適切であろう。心理学理論や生理学理論は特異な嗜好や選好を説明するのに役立つ。こうして，両者の中間に残された大部分の行動（犯罪であるか否かを問わず）を説明するのは，経済学理論に残された役割であるということになるのである。

合理的計算による殺人を説明する上で経済学理論が相対的に重要であることを理解しておくのは，特に重要である。合理的計算による殺人の場合には，経済学以外の理論はいずれも十分な分析を提供することができない。ビジネスライクな殺人者の選好は富という要素で比較的特定して定義できるので，心理学理論がそれ以上に詳しい議論をする余地はほとんどない。また，プロの犯罪者は法を犯すことなく富を手に入れる選択肢がどの程度あるかといった社会経済的な要素には比較的無反応であるとされる。したがって，より広いソーシャル・コンテクスト論も適用される余地が小さいということになろう。こうして，合理的計算としての殺人の分析に経済学を用いることがまさに「最適選択」ということになるのである。

（1）　制限速度を超えた速度の増加ごとにスピード違反切符を切られる確率が増加するとすれば，限界費用曲線は，実際には右上がりの直線ないし曲線になるだろう。もしそうであるならば，最適選択である超過速度は小さくなる。
（2）　B. B. Hull and F. Bold, "Preaching Matters: Replication and Extension,"

Journal of Economic Behavior and Organization 27 (June 1995): 143-149 参照。

（3） これに対し，違反速度の増加に対して限界効用が一定の場合，それはスピード違反運転に対してリスク中立的であることを示し，違反速度の増加に対して限界効用が増加する場合，それはスピード違反運転においてリスク愛好的であることを示す。

（4） 例えば，Darrough, M. N. and J. M. Heineke, *The Multi-Output Translog Production Cost Function: The Case of Law Enforcement Agencies*（in *Economic Models of Criminal Behavior*, ed. J. M. Heineke, 259-302. Amsterdam: North Holland, 1978）参照。

（5） 違法薬物に対する取締りを強化させることは警察資源の再分配を意味するので，財産犯に対する犯罪抑止が減少し，財産犯の増加をもたらすかもしれない。その上，違法薬物の検挙数の増加および財産犯の発生数は，警察資源と正の相関を有している。Sollars, Benson, and Rasmussen, "Drug Enforcement and the Deterrence of Property Crime Among Local Jurisdictions," *Public Finance Quarterly* 22 (January 1994): 22-45 参照。

（6） 限定合理性とは，より狭い範囲の選択肢しか考慮されないことを意味する。言い換えれば，選択肢とその結果について，より少ない情報しか検討されないことを意味する。不完全情報の下においては，人々は最適化行動を選択することができない。その代わり，単にほどほどに満足する行動でよしとするか（満足化），所与の限定的な状況または精神的状態において可能である限度で最善を尽くすだけとなる。

《参考文献》

1. Solllars et al., "Drug Enforcement and the Deterrence of Property Crime Among Local Jurisdictions," *Public Finance Quarterly* (January 1994): 22-45.
2. Hull, B. B. & F. Bold, "Preaching Matters: Replication and Extension," *Journal of Economic Behavior and Organization*, 27 (June 1995): 143-149.
3. Darrough & Heineke, *The Multi-Output Translog Production-Cost Function: The Case of Law Enforcement Agencies*, in *Economic Models of Criminal Behavior*, ed. J. M. Heineke, Amsterdam: North Holland, 1978, 259-302.
4. Cloninger, D. O., "Enforcement Risk and Deterrence: A Reexamination," *Journal of Socio-Economics* 3 (Fall 1994): 273-85.
5. Tauchen, H., et al., "Criminal Deterrence: Revisiting the Issue With a Birth Cohort," *Review of Economics and Statistics* 76 (August 1994): 399-412.

第2部　合理的計算による殺人

第4章　理論上の分析枠組み

（編集責任：西本健太郎）

　本章は，合理的計算による殺人への経済分析の応用を説明する。合理的計算による殺人をめぐる状況として適切な情報レヴェルは，端的に表現すれば不確実性下の意思決定となる。不確実性下の意思決定の状況を想定する主観的期待効用理論（SEU）を説明し，それを仮想設例に適用する。主観的効用理論SEUを見れば，その説明力と予測力の点で経済学理論が非常に妥当な理論であることが分かる。主観的効用理論SEUは，単純化すれば3つの方程式からなる数学モデルとすることができる。重要な点は，殺人を犯すという意思決定が合理的計算によるものであるとき，情報レヴェルが重要な役割を演じるということである。

4.1. 情報の適切なレヴェル

　消費者および生産者の選択理論においては，意思決定主体に利用可能な情報レヴェルとして，完全情報が仮定されている。意思決定者は目的を達成する上で考えうる全ての選択肢を知っており，かつ，それぞれの選択肢のもたらす帰結についても知悉していると仮定されている。意思決定理論の用語で言えば，完全情報とは，確実性下の意思決定ということになる。言い換えれば，特定の結果ないし帰結が生じる確率は1.0である。全ての選択肢とそれらの結果が分かっている以上，最適選択肢を選ぶことは可能である。つまり，消費者は効用を極大化することができ，かつ生産者は費用を極小化することができ，利益を極大化することができる。

　完全情報は，講学上の目的のために説明する際には単純化のための仮説と

してのみ使われる。完全情報の仮定を緩和してゆくと，モデルの抽象度が下がるが，より現実妥当性のあるモデルとなる。しかし，そこでは最適化はなかなか達成できないことになる。意思決定の際に不完全な情報しかない場合，リスクないし不確実性の条件下での意思決定となる。

　不確実性下の意思決定の場合，情報のレヴェルが不完全過ぎて，結果の生起の主観的確率さえ割り振れないこともありうる。よく知られている意思決定戦略であるマキシマックス，マキシミン，あるいはミニマックスは，リスク下の意思決定で用いられるものである。リスク下の意思決定は，合理的計算による殺人の分析に対して一般的に適用することができそうにない。というのも，望ましくない結果ないし帰結が非常に重大なものだからである。非常に重大な帰結をもたらしうるような非常に重要な意思決定をする場合，ほとんどの犯罪者は（合理的計算によって動機付けられていようと，圧倒的な感情に流されていようと）より多くの情報を蒐集しようとするであろうと思われる。このように，重要な意思決定に直面した際にはより多くの情報を蒐集すると予想されるのであるから，情報を完全なレヴェルまで蒐集することを仮定するモデルの方がより適切であることになる。

　不確実性下の意思決定においては，意思決定者は選択の結果ないし帰結について確実には知りえない。むしろ，意思決定者は主観的確率を選択肢の帰結に付与するに足る情報しか有していないとされる。

　意思決定者が利用可能な情報のレヴェルには制約があるとすることによって，不確実性下の意思決定は，はるかに現実的となり，広く適用できるものとなる。合理的計算による殺人にとって最も適切なレヴェルは，まさに不確実性下の意思決定であるように見える。意思決定者が利用できる情報のレヴェルに関して，不確実性下の意思決定は，完全な情報と全くの不確実性との中間に位置する。さらに完全情報は，1.0あるいは0.0の確率を結果に割り当てることによって，不確実性下の意思決定モデルに簡単に取り込むことができる。

4.2. 合理的計算による殺人の主観的期待効用モデル

　完全情報という制限的な仮定を緩和し，不確実性下の意思決定を仮定するためには，意思決定モデルは高階の複雑性を許容しなければならなくなる。

不確実性の条件を仮定しているよく知られて広く適用されている意思決定モデルは,「主観的期待効用（SEU）モデル」である。SEU モデルでは,意思決定者が,それぞれの結果ないし状態の確率を主観的に割り当てることができると仮定される（確率は確実性,すなわち確率1.0や0.0を反映しないと仮定されている）。帰結を考慮すること（主観的に割り当てられた確率としての帰結の考慮）は,SEU モデルで合理的行動が仮定されていることを意味する。また,SEU モデルは,帰結の確率を1.0か0.0の近くに設定することによって,完全情報ないし確実性を反映するように拡張することができる。合理的行動の仮定と,不確実性下の意思決定をカヴァーできること,また同じことではあるが,様々なレヴェルの情報下での意思決定をカヴァーできることで,SEU モデルは合理的計算による殺人についての分析に非常に有用となる。

しかし,有用性は必要であるけれども十分ではない。例えば,犯罪者の目的が富の増加ではなかったり,あるいは,犯罪者が殺人を選択肢として考慮していなかったりするならば,SEU モデルは,合理的計算による殺人に関する分析に適切でないであろう。したがって,合理的計算による殺人に及ぶとき,犯罪者の目的が富を含んでいると仮定することを正式に言明することは重要である。しかしながら,非常に物質至上主義的な富の追求者にとっても,殺人は質的に劣った選択肢であると考えられている可能性が高い。他方,道徳性に欠けていて（ないし偏った価値を持っていて）,少なくとも被害者に対しては冷血になることができる富の追求者にとっては,犯罪である殺人は他の如何なる選択肢とも同質であろう。富を追求するという犯罪者の目的と冷血性が明らかになれば,合理的計算による殺人のSEUモデルに基づく経済分析は完全に適切になる。

犯罪者が個人的な富の増加を選好し追求する場合である合理的計算による殺人のモデルは以下の仮想設例で説明される。この設例は純粋に仮想的な事例であるが,実際の概ね類似のケースに該当させる意図もある。例えば,X 夫妻は結婚してもう何十年も経ったと仮定してほしい。X 夫人にはショックなことに,X 氏には愛人 Y 嬢がおり,だんだんと X 夫人より Y 嬢の方に入れ込むようになっている。実際のところ,若くて未婚である Y 嬢との関係は深まる一方で,X 氏は X 夫人との婚姻関係を解消したくなってしまっている。そして,X 氏は,若い Y 嬢との結婚を望むようになっているとする。X 氏に

とって都合が悪いことは，X夫人との婚姻中に，相当な財産が蓄積しているという事実である。しかも，X夫妻の間には，数人の幼い子どももいる。離婚すれば，X氏は，子どもの監護権とできるだけ多くの財産を保持したいと望んでいるとしよう。

X氏が妻のX夫人に対して十二分に冷血非情になったとすれば，X夫人の厚生など全く顧慮しなくなるかもしれない。X夫人の厚生など歯牙にもかけなくなったのは，若いY嬢と深い関係になったためでもあり，またX夫人への愛が冷めてしまったためでもあろう。少なくともX氏の観点からいえば，このことは，X夫妻の間には，もはや効用の相互依存関係がなくなったことを意味する。効用の相互依存関係の欠如は，X氏が妻のX夫人に対してさらに冷酷で冷血になることを示唆する。もちろんX夫妻の間で感情的対立がこじれて憎悪へと発展してくれば，X氏は妻を殺害することに精神的効用を見出すようになるだろう。この設例のX氏の選好は，富のようなただ1つの要素に帰属させうるものではなく，複数の要素に帰属させられるべき構造を持っているはずである。とはいえ，（この設例のように）合法的行為であれ違法行為であれそれらの行為と同等な金銭的価値が存在すると仮定できる限り，SEUモデルの適用にとって何らの問題も生じない(1)。したがって，X氏はその目的を達成するために，彼の観点から見て質的に同等な次の3つの選択肢を比較検討することになるであろう。すなわちその3つの選択肢とは，選択肢(1)：X夫人と離婚する，選択肢(2)：X夫人を殺害する，および，選択肢(3)何もしない，である。

もしX氏がX夫人の厚生への配慮の気持ちを失わず，かつ，行動についての通常の倫理的基準を遵守し続ける場合には，殺人という選択肢が他の選択肢と同質であると考えられることはまずないであろう。またX氏は，X夫人の方が子どもの監護権と財産とを保有することを望むということもありえよう。そして，これらの場合には，殺人という選択肢は問題外となろう。

SEUモデルのように，意思決定が不確実性の下で行われる場合，それぞれの選択肢のもたらす結果は「状態」または「帰結」と呼ばれる。状態（帰結）には，意思決定者にとって好ましいものと好ましくないものとがある。意思決定者はそれぞれの選択肢の帰結が生起する確率を主観的に決定できるとされる。この設例においては，X氏にとっての3つの選択肢の帰結（状態）は

以下のように定義される。例えばX氏が，X夫人と離婚するという選択肢を選んだ場合，彼は思ったほど財産を失わないかもしれないし（好ましい帰結），全ての財産を失ってしまうかもしれない（好ましくない帰結）。ここでは単純化のために，若くて独身のY嬢と結婚することと，子どもの監護権がX夫人に移ってしまうこととは，離婚の選択に伴って発生する帰結であるとし，これらの2つの帰結のX氏にとっての価値はちょうど相殺できるとしよう。これで，離婚によって起こる帰結は単純化され，財産（つまり富）のみが問題となったわけである。殺人という選択肢の場合，好ましい帰結はX氏が逮捕されないこと（つまり彼が逃げおおせること）であり，望ましくない帰結とは，彼が逮捕され，有罪判決を喰らい，処罰されること（つまり彼が逃げ切れないこと）である。X氏が殺人の後に逃げおおせたら，彼は子どもに対する監護権を保持でき，Y嬢と結婚でき，しかも蓄えてきた全ての財産を保持できるだろう。X氏が逃げ切れなかったら，彼は処罰され，犯罪後に逃げおおせた場合に得られたはずの便益全てを失うであろう。X氏が何も行動を起こさなかった場合の好ましい帰結は現状が維持されることである。言い換えれば，物事は全てこれまで通りだということだ。望ましくない帰結は，Y嬢と会うのを止めない限り離婚するとX夫人の方から脅してくることである。

説明の便宜上，これらの選択肢がもたらす全ての結果それぞれに対応する金銭額を決定でき，X氏にとってはそれぞれの帰結とそれに対応する金銭額との間で無差別であると仮定しておく必要がある。これは個人的な財産のように市場価値を持つ結果の場合には容易な仮定である。しかしながら，X夫人を殺害してY嬢と結婚し，そして子どもの監護権を保持することは，さらに精神的な利得をももたらすであろう。精神的な利得も経済学の最も広い定義においては「効用」と位置づけられる。精神的な利得が金額に換算できるならば，「効用」はフォン・ノイマン＝モルゲンシュテルン効用の意味での基数的価値尺度である，ということになる。可測な価値としてのフォン・ノイマン＝モルゲンシュテルン効用概念は，不確実性下の意思決定理論の基礎として広く用いられている。要するに，フォン・ノイマン＝モルゲンシュテルン効用によって，それぞれの選択肢の主観的な期待効用を期待金銭価値へと変換させることができる。そこで，主観的期待効用（SEU）モデルは，犯罪者の選好の対象（選好関数の定義域）が富だけであるものとして構築されて

いる。つまり，X氏にとっての唯一の目的は，個人的な富の増大だけであると仮定されているのである。

表4.1は，X氏の意思決定選択肢を，それに対応する期待金銭価値（EMV）および主観的期待効用（SEU）とで一覧表にまとめたものである（さしあたりEMV＝SEUとしておく）。3つの選択肢それぞれの帰結（状態）の期待金銭価値EMVは説明のために与えた，便宜的数値である。

X氏が，3つの選択肢それぞれの起こりうる帰結に関して平均人と同程度の情報しか持っていないとすれば，彼は完全情報の下にはないことが明らかである。追加的な情報がない限りX氏は，それぞれの選択肢の起こりうる好ましい帰結と好ましくない帰結の確率が同程度だと考えると仮定しよう。言い換えれば，どの選択肢を選ぶかにかかわらず，選択肢の主観的確率はp＝0.5であるとする。以下に述べる仮定は明らかなことであるが，一応言及しておくべきだろう。全ての選択肢において，好ましい帰結と好ましくない帰結は相互に排他的である。したがって，一方の帰結が発生すればもう一方は起こらない。全ての事象は根源事象であるとする。というのも，それらは起こりうる単一の帰結だからである。加えて，選択肢の帰結の全体は，さしあたり，標本空間Sと一致すると仮定する。ゆえに選択肢の事象の確率の合計は，1.0となる。

変数Xがランダム変数で，その値が表4.1における好ましい帰結と好ましくない帰結の金銭的価値をとるとしたら，59頁の期待値算出式（2.10）を用いて選択肢の期待金銭価値（EMV）を計算することができる。すなわち，各選択肢について，

$$E(X) = \Sigma x P(x) = x_1 P(x_1) + x_2 P(x_2) + x_3 P(x_3) = EMV（ないしSEU）$$

表4.1 意思決定に伴う確率と期待金銭価値

選択肢	好ましい帰結(S_1)の金銭価値（ドル）	好ましくない帰結(S_2)の金銭価値（ドル）	期待金銭価値（EMV）ないし主観的期待効用（SEU）（ドル）
1. 離婚	1万	−100万	−49万5千
2. 殺人	500万	−1千万	−250万
3. 何もしない	300万	−200万	50万
確率	$P(S_1)=0.5$	$P(S_2)=0.5$	

である。

(1) X夫人と離婚する＝[P(S$_1$)×S$_1$の金銭価値]＋[P(S$_2$)×S$_2$の金銭価値]
　　　　　　　　　＝0.5×1万ドル＋0.5×－100万ドル
　　　　　　　　　＝－49万5千ドル

(2) X夫人を殺す＝0.5×500万ドル＋0.5×－1000万ドル
　　　　　　　＝250万ドル－500万ドル
　　　　　　　＝－250万ドル

(3) 何もしない＝0.5×300万ドル＋0.5×－200万ドル
　　　　　　　＝150万ドル－100万ドル
　　　　　　　＝50万ドル

　期待金銭価値（EMV）ないし対応する主観的期待効用（SEU）を用いると，3つの選択肢を最善の選択肢から最悪の選択肢まで順位付けることができる。X氏がEMVないしSEUを極大化するためには，X氏はEMVないしSEUを極大化する選択肢を選ばなければならない。この場合，X氏にとっての最善の選択肢は(3)つまり「何もしない」であり，このときEMV＝SEU＝50万ドルである。言い換えれば，これらの選択肢が考慮される際の，現状維持の期待値は50万ドルであるということである。
　表4.1に従えば，X氏の次善の選択肢は(1)，つまり「X夫人と離婚する」である。したがって，離婚は最適選択(3)にとっての機会費用となる。X氏にとっての機会費用の期待金銭価値（EMV）ないしSEUが，－49万5千ドルとなることに注目してほしい。したがって，X氏は選択肢(3)を採用し，「何もしない」方向の強いインセンティヴを持つことになる。そして，X氏は選択肢(2)，すなわち「X夫人を殺す」をさらにより強く避けるであろうことも分かる。なぜならこのときのEMVは－250万ドルだからである。
　この設例で叙述されているような状況においてなら，経済学理論のもたらす予測は概ね現実的なものに見える。さらに，いくつかのことが示唆される。例えば，X氏が最適選択肢である現状維持の選択をしたとすると，好ましく

ない帰結（つまりX夫人が，X氏がY嬢と会うのを止めない限り，離婚の申立をする）が起こるかもしれない。もし，X夫人がY嬢問題を根拠に離婚の申立をすれば，選択肢(1)「X夫人と離婚する」はX氏の選択肢から外れることになる。X氏が他の新しい選択肢を考えつかないとすると，彼には，選択肢(3)「何もしない」と選択肢(2)「X夫人を殺す」という2つの選択肢しか残されていないことになる。さらに，この時点で「何もしない」という選択肢の金銭的価値はなんと－200万ドルにもなってしまう。これは殺人の選択肢のEMVないしSEUに非常に近づくことになる。これは，夫婦のどちらかが相手に離婚を持ち出した場合に，殺人が起こる確率が上昇するであろうことを示唆している。

新しい，まだ明示されていない帰結が生じる可能性もある。言い換えれば，選択肢(1)と選択肢(3)のもたらす好ましい帰結と好ましくない帰結が，標本空間Sにおける起こりうる全ての出来事を尽くしていない可能性がある。例えば，X氏が選択肢(1)「X夫人と離婚する」や選択肢(3)「なにもしない」を選んだとしても，自然死，交通事故や落雷などでいずれにせよX夫人が死ぬということもなきにしもあらずである。このような確率の低いその他の帰結は，冷血なX氏にとって好ましい帰結の数を増やし，好ましくない帰結の可能性を減少させる，といえる。このことは殺人の選択肢(2)と比べて，選択肢(1)や選択肢(3)のEMVないしSEUを増大させることになる。

4.3. 完全情報の効果

さてここで，X氏にはZ氏という名の知人がおり，彼はプロの犯罪組織の一員であるとしよう。さらに，X氏は高名な弁護士であり，たくさんの強力なコネを政界と警察に持っているとしよう。X氏の警察関係のコネと彼の法曹界での高名さのおかげで，X氏は警察庁長官とか州の検事総長とかその他の有力な公職につく可能性があるとする。Z氏は組織に指示されて，X氏と接触し，経験を積んだプロの殺し屋をX氏のために無料で提供しようと持ちかけた。すなわち殺し屋は「無償」でX氏の依頼を引き受ける。なぜなら，X夫人をX氏のために殺害することはその犯罪組織にとっても都合がいいからである。X氏のような警察の「内通者」を自分たちの影響下においておくことで，Z氏の犯罪組織は警察の捜査情報を常に把握できるからである。こ

れによってZ氏の犯罪組織に対して警察は無力化されることになる。このようにして犯罪の費用を削減することは，Z氏の犯罪組織にとって利潤極大化になる。それまでの極秘捜査によってZ氏の組織の誰かが捕まっているならば，このシナリオはよりもっともらしいものとなるだろう。

　究極的には，犯罪組織というものは金儲けが目的である。さらに，犯罪組織のメンバーは，どのようなやり方で金を儲けようと気にしない。X氏と同様，彼らも冷血なのでX夫人を殺害することは全く平気である。したがって，Z氏の犯罪組織はX氏のような「内通者」(「モグラ」)を仕込むことにより大きな関心があるだろう[2]。X氏および警察が賭博や売春，ドラッグなどのケチな犯罪者を逮捕するのを手伝うことで，犯罪組織はX氏と警察の世間的な評判を上げさせておくことができる。そしてまた犯罪組織にとっては，これら全ての犯罪市場におけるほぼ完全な独占を確保できるというわけである。

　これらの犯罪市場に参入し，成功裡に営業活動をするためには，犯罪組織はX氏の政界コネクションをフルに活用できる必要がある。また，自分たちのメンバーを犯罪捜査や法的処罰から守り続けるためにも，X氏が必要である。「内通者」としての，そして組織のさらなる事業拡大のための協力者としてのX氏の完全なる協力は，彼にX夫人殺しを企図させることで保証されることになる。なぜならX氏の犯罪関与はZ氏の組織にとって，X氏を操る上でのテコとなるからである。そのためには，X夫人が殺されるように「お膳立て」しておかなくてはならない。例えば，殺し屋が遠くから来るのなら，指定された場所と時刻にターゲットが必ずいるようにお膳立てしておく必要がある。X夫人の行動について「お膳立て」するのはX氏にとってはよりたやすい仕事であるし，しかも彼を犯罪に直接的に関与させる効果もある。

　犯罪組織の構成員であるZ氏によれば，殺人がプロの犯罪組織により計画実行される場合，熟練したプロの殺し屋を使うので，X夫人の殺害にX氏が関与していると嫌疑をかけられたり，捜査線上にX氏が浮かんだりする可能性はほとんどあるいは全く無い。殺し屋は，組織絡みの殺人であることや，X氏の加担などが察知されることは絶対ないようにうまく仕立て上げる術を心得ている[3]。殺し屋はさらに，犯罪組織やX氏を犯行に結びつけるような証拠を現場に決して残すことなくX夫人を殺害することができる。X氏が殺し屋と接触したり殺害に直接関与することは無いため，X氏は通りいっぺん

の嘘発見器（ポリグラフ検査）はすりぬけることができるとする。それに加えて，Z氏の犯罪組織は秘密を厳守させるシステムを持っているので，殺人実行の前においても後においてもX夫人殺害に関する情報が警察に漏れることは考えられない。その結果として，「X夫人を殺す」という選択肢を選ぶことによって生じうる帰結に関する情報はほとんど確実なものになるとする。言い換えると，X氏は今や殺人という選択肢についてほぼ完全な情報を有している。

もちろん，X氏と彼の政治的コネクションを前にして，その地域を管轄する警察当局が捜査する勇気をなくしてしまうこともあるだろう。「勇気のないライオン」（ヴィクター・フレミング監督，ジュディー・ガーランド主演の映画『オズの魔法使い』から）となってしまった警察当局は，X氏とその共犯者であるプロの犯罪組織の言いなりになって，逮捕や有罪判決の確率をさらに小さくするであろう。

X夫人の殺害によって望ましい帰結（S_1）がもたらされることは今やほぼ確実である。そこでp＝0.99であるとする。そして，帰結は互いに排他的であるので，望ましくない帰結（S_2）がもたらされる確率はp＝0.01となる。ほぼ確実な状況で意思決定を行えることが今や保証されたので，X氏は殺人という選択肢の期待金銭価値EMVないし主観的期待効用SEUを次のように算出する（さしあたりEMV＝SEUとしておく）。

EMVないしSEU ＝0.99×（帰結S1とS2の良い方の価値）
　　　　　　　＝0.99×500万ドル
　　　　　　　＝495万ドル

「X夫人と離婚する」および「何もしない」という他の2つの選択肢の期待金銭価値（EMV）とそれに相当する主観的期待効用（SEU）が不変であると仮定すれば，X氏にとって最適の選択肢は今や「X夫人を殺す」という選択肢である。富の増加分の点からみると，「X夫人を殺す」という選択肢は今やX氏にとって495万ドルに値すると（ほぼ確実に）期待される。この設例でのそれぞれの帰結に割り振られた価値に基づけば，殺人選択肢の帰結は次善の「何もしない」という選択肢の10倍近くの富の増加となる[4]。

X氏が「X夫人を殺す」という選択肢をここで選んだ場合，その機会費用は「何もしない」（現状維持）という選択肢のEMV＝SEU＝50万ドルに値する。今や最も望ましくない選択肢はEMV＝SEU＝−49万5千ドルとなる「X夫人と離婚する」という選択肢である。もしも殺し屋を雇うことができないとしたら，「X夫人と離婚する」という選択肢が次善の選択肢となる。こうして，殺人に先立って離婚訴訟を提起したり，X夫人に離婚を働きかけるかのような素振りを見せることはX氏にとって明らかな間違いであるということが分かる。もしそんなことをしたら，X氏は違法ではない行動をしていることにはなるが，同時に彼は次善の，あるいは最悪の選択肢を選んでいることになる。離婚裁判に本当に出てゆくことになるなどありえないとX氏にははじめから分かっているような場合はもちろん別として，それらのような行動は非合理的である。

完全情報（PI）の期待値を計算することや，また同じことではあるが，プロの殺し屋を雇い犯罪組織と一蓮托生の関係を結ぶことの期待値を計算することも可能である。完全情報（PI）の期待値は「完全情報下での最適選択の期待金銭価値」から「不完全情報下での最適選択のEMV」を引くことで計算できる。すなわち，

完全情報(PI)の価値＝（完全情報下での最適選択肢のEMV）
　　　　　　　　　　−（不完全情報下での最適選択肢のEMV）
　　　　　　　　　＝495万ドル−50万ドル
　　　　　　　　　＝445万ドル

この設例において，445万ドルという完全情報の価値は，完全情報下での最適選択の価値495万ドルとほぼ等しい。これは，不完全情報下での最適選択の価値が著しく低いためである。言い換えると，X氏のようなビジネスライクな殺人者にとって，完全情報の価値が極めて高いことが示されるということである。

4.4. 殺人の帰結という事象

先に示したように，「X夫人と離婚する」ないし「何もしない」という選択

肢のもう1つの起こりうる帰結は，X氏と関係の無いいくつかの原因により，X夫人がいずれにせよ死亡するという結果である。「X夫人を殺す」という選択肢からもたらされうる根源事象にももう1つある。これまでは「逃げ切れない」場合にX氏は逮捕され，有罪判決を受け，処罰される一方で「逃げ切れる」場合には逮捕されないだけであるということが仮定されていた。殺人という選択肢を選んだ場合に生じうる帰結のより綿密な分析が表4.2で与えられている。表4.2におけるいくつかの事象（帰結）の発生が，他の関連した事象の発生に条件付けられていることに注意して欲しい。このような事象には条件付確率を与えなければならない。

表4.2の条件付確率を見れば，合理的計算に動機付けられたビジネスライクな殺人者は，逮捕，有罪判決，および刑罰を受ける確率がほぼ無いに等しい場合にのみ，その目的を果たすことができることが明らかになる。実際は，有罪判決を受ける確率も刑の執行を受ける確率も逮捕という条件付なので，犯罪者は逮捕確率（Pa）を減少させることに注意を傾けることが多いであろう。例えば，（熟練したプロの殺し屋を雇ったりすることなどによる）情報レ

表4.2 殺人の帰結と条件付確率

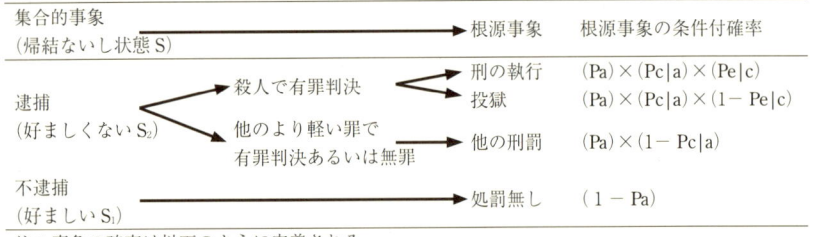

集合的事象 （帰結ないし状態 S）		根源事象	根源事象の条件付確率
逮捕 （好ましくない S_2）	殺人で有罪判決	刑の執行	$(Pa) \times (Pc|a) \times (Pe|c)$
		投獄	$(Pa) \times (Pc|a) \times (1 - Pe|c)$
	他のより軽い罪で 有罪判決あるいは無罪	他の刑罰	$(Pa) \times (1 - Pc|a)$
不逮捕 （好ましい S_1）		処罰無し	$(1 - Pa)$

注：事象の確率は以下のように定義される
Pa ＝逮捕確率
1− Pa ＝逮捕されない確率であり，a の余事象の確率である
Pc|a ＝逮捕されたという条件の下で，殺人の有罪判決を受けるという事象 c|a の条件付確率
1− Pc|a ＝逮捕されたという条件の下で，殺人より軽い罪ないし無罪の判決を受ける条件付確率であり，c|a の余事象の確率である
Pe|c ＝殺人の有罪判決を受けたという条件の下で，刑の執行を受けるという事象 e|c の条件付確率
1− Pe|c ＝殺人の有罪判決を受けたという条件の下で，刑の執行を免れる条件付確率で，e|c の余事象の確率である

出典：I. Ehrlich, "The Deterrent Effect of Capital Punishment: A Question of Life and Death," *American Economic Review* 65 (1975) p. 397.

ヴェルの顕著な上昇によって,逮捕される確率がほぼゼロになる。表4.2を見れば,逮捕確率（Pa）が0.0のとき逮捕されない確率（1 − Pa）が1.0となることが分かる。さらに,逮捕確率（Pa）＝0.0のとき,有罪判決を受ける条件付確率も刑罰を受ける条件付確率もともに0.0となる。言い換えれば,逮捕確率（Pa）をゼロあるいは限りなくゼロに近い値まで減少させた犯罪者にとって,有罪判決や刑罰といった刑事制裁は,犯罪を行うか否かの意思決定にとって無関係になるのである。

4.5. よりシンプルなモデル

関連する選択肢と可能な結果を全て組み込むとすると,かなり複雑な意思決定モデルになってしまう。現実の意思決定のプロセスに関しては,選択肢間の比較を単純化するような SEU モデルを構築する方がより現実的であろう。そのようなモデルとしては以下の3つの方程式系を考えることができる[5]。

$$EU_{hj} = p_j U_j(G_j - f_j) + (1 - p_j) U_j(G_j) \quad (4.1)$$
$$EU_{lj} = U_j(Y_j) \quad (4.2)$$
$$H_j = H_j(EU_{hj} - EU_{lj}). \quad (4.3)$$

式（4.1）は,犯罪者 j が得るであろう殺人の期待効用（EU_h）を定義している。式（4.1）において変数（G_j）は,殺人 h を選択することによる犯罪者（j）の富の増加分を表している。負の効用ないし処罰を受けることの費用は変数（f_j）で表される。変数（p_j）は逮捕される確率であり,$1 - p_j$ は逮捕されない確率である。$1 \geq p_j \geq 0$, $p_j + (1 - p_j) = 1.0$ が仮定されている。さらに,逮捕確率（p_j）がゼロよりも大きいならば,犯罪者（j）は不確実性下で意思決定を行うことになる。もし逮捕されないのであれば犯罪者（j）が到達する効用水準は $U_j(G_j)$ であり,$U_j(G_j - f_j)$ は逮捕されたときの効用水準である。$f_j > 0$ ならば $U_j(G_j) > U_j(G_j - f_j)$ である。EU_{hj} は p_j と f_j に関して逆関係であることも示すことができる[6]。

犯罪者（j）の効用関数（効用関数は殺人に関する犯罪者（j）の選好ないし欲求を表すものである）は U_j で表されている。犯罪者（j）の選好は1つの

要素（富の増加分）にのみ影響を受けると仮定しているので，U_j はただ1つの独立変数（富の増加分 G）のみを持つ関数となっている。

富を追求する犯罪者（j）は十分に冷血で，殺人（h）を選択肢として採りうるもので，かつ，殺人（h）は違法な選択肢の中で最善のものとみなしていると仮定すれば，犯罪者（j）は殺人という選択肢の期待効用（EU_h）と，違法でない選択肢のうち最善のものから得られる期待効用 EU_l とを比較するだろう。そこでの EU_l は次のように表される。

$$EU_{lj} = U_j(Y_j) \qquad (4.2)$$

違法でない選択肢に関しても，U_j は1つの要素のみを変数に持つ効用関数であり，Y は富の増加分を表している。

式（4.1）と式（4.2）が与えられれば，殺人（h）を犯すという犯罪者（j）の意思決定（これを H_j と表す）は以下のような関数になる。

$$H_j = H_j(EU_{hj} - EU_{lj}). \qquad (4.3)$$

式（4.3）は個人（j）が，$EU_{hj} - EU_{lj} > 0$ の場合にのみ殺人を選択するということを表している。言い換えれば，殺人（h）から期待される富の増加分（G）が，次善の違法でない選択肢から期待される富の増加分（Y）よりも大きいときに限り，殺人（H_j）が起こる。このことから，殺人が起こるときには，富の増加分（Y）が犯罪者（j）にとっての機会費用となることが分かる。殺人（H_j）を選択する傾向は，期待効用（G）と正の関係にあり，刑事司法制度の側の変数（p）や（f）や違法でない選択肢である機会費用（Y）とは逆関係にある。

式（4.1），式（4.2），および式（4.3）は，意思決定過程を反映する3方程式のモデルを構成している。その意思決定過程において，犯罪者は選択肢（例えば，X夫人と離婚する，何もしない，X夫人を殺害する）を主観的効用（SEU）の観点から順位付けし，最善の選択をすることができると仮定されている。

主観的効用（SEU）モデルによって仮定されている不確実性という条件は，

価値を測る尺度としてフォン・ノイマン＝モルゲンシュテルン効用という効用概念（例えば，金銭）が使われていることを示しているので，殺人の選択肢および違法でない選択肢の効用関数の値は金額で表される。言い換えれば，富の増加分（GまたはY）が効用関数における唯一の独立変数である。したがって，犯罪者の目的は金銭評価でき，ある測定可能な富の水準に対応すると仮定されている。犯罪者（j）にとっての富の限界便益は負でないと仮定することも必要である。

　殺人犯罪者は一般的に富を追求しているという仮定は，実証的証拠によって強く支持されている。例えば，多くのクロスセクション研究（横断的研究）[7]によれば，違法でない選択肢の金銭的な機会費用（Y）が低いことと，殺人（H）の発生率の増加との間に，一貫した相関があることが示されている。これは富の増加分（G）が，たいていの殺人犯罪者の効用関数における独立変数であることを示している。

　平均的に見れば，学歴や能力のより低い個人は，学歴や能力がより高い個人よりも違法でない選択肢から得られる富の増加分が少ないと予想できる。他の全てが等しければ，低学歴で貧しい個人であるほど殺人を犯しやすいことが式（4.3）から予想される。なぜならば，そのような個人は殺人という選択肢から，より多くの富の増加分を期待している可能性が高いからである。

　他方，低学歴で低収入の個人ほど失うものが少ないので殺人を犯しやすい，というのは正しくない。低収入で低学歴の殺人犯もやはり逮捕されることを避けようとするのが通常である。もし彼らが何も失うものがないならば，逮捕を避ける理由はないことになる。驚くべきことに見えるかもしれないが，低収入で低学歴の殺人犯の方が，高学歴ないし高収入の人よりも（期待価値の点で）失うものが多いかもしれないのである。その理由は，低収入で低学歴の犯罪者ほどあまり打算的でなく，利益を求めての殺人の計画と実行のための資源（組織犯罪やプロの殺し屋など）をあまり持っていないからである。その結果，逮捕の確率（および有罪判決と処罰の条件付確率）は，低収入で低学歴の犯罪者ほど高いものとなるかもしれないのである。

　仮定された目的である富の増加に注目することによって，SEUモデルの適用範囲が合理的計算による殺人に限定されることは指摘しておくべきだろう。合理的計算による殺人こそ，個人の富を増やすことが犯罪者によって実際に

追求されている犯罪だからである。例えば、連続殺人犯や政治的テロリスト（差別感情や偏見に基づく憎悪犯罪（hate crime）を犯す人々も含む）の選好（目的）は、これと著しく異なると考えられる。連続殺人犯や政治的テロリストは精神的利得を主に追求していると思われる。この場合でも、序数的効用による順位付けは可能であろうが、このような精神的利得を表す効用関数は、フォン・ノイマン＝モルゲンシュテルン効用の意味での可測ないし基数的効用によって表すことはできない場合が多い。代わりに、この場合の効用関数は、殺人から得られる満足の犯罪者自身による主観的評価を表しており、そのために、（効用の定義に最低限の条件しか課さない）最広義の経済学的意味における効用としてしか位置づけられない。

(a) 非熟練犯罪者

3方程式モデルは、前述の設例、すなわちX氏が、富の増加を求めて配偶者であるX夫人の殺人を考えるようなタイプの人間である場合を説明するのに使うことができる。まず、X氏にはZ氏の犯罪組織からの専門的助力がなく、X夫人に対して離婚、殺人、何もしないことの3つの選択肢を考えているとする。このままではX氏は3つの選択肢の帰結、とりわけ殺人の帰結について不確実な状態となる。3方程式の数学モデルを適用するために、X氏は逮捕の確率（p）、処罰を受けることの費用（f）、殺人による富の増加分（G）、違法でない選択肢による富の増加分（Y）を決定する必要がある。逮捕確率（p）は、殺人の選択肢がもたらす好ましくない結果の確率に等しく設定することができる。不完全情報下では、これは p＝0.5であろう。よって逮捕されない確率は（1－p）＝0.5である。殺人からの富の増加分（G）は、殺人の選択肢の好ましい結果の価値に等しく設定できるので、G＝500万ドルである。処罰の負の効用（f）は、殺人の好ましくない結果の価値に等しく設定できるので、f＝－1000万ドルである。最後に、違法でない選択肢からの富の増加分（Y）は、違法でない最善の選択肢の期待金銭価値（EMV）に等しく設定できる。違法でない最善の選択肢は「何もしない」（現状維持）という選択肢なので、Y＝50万ドルである。これらの価値を先の数学モデルに代入すると次のような値が得られる。

$$EU_{hj} = p_j U_j(G_j - f_j) + (1 - p_j) U_j(G_j)$$
$$= 0.5 \times (500万ドル - 1000万ドル) + 0.5 \times (500万ドル)$$
$$= 0 ドル$$

$$EU_{lj} = U_j(Y_j)$$
$$= 50万ドル$$

$$H_j = H_j(EU_{hj} - EU_{lj})$$
$$= 0ドル - 50万ドル$$
$$= -50万ドル$$

このように，$EU_{hj} - EU_{lj} = -50$万ドルなので，X氏は殺人の選択肢を選ぶと現状より不利な状態になることが予想できる。したがって，X氏はX夫人の殺害を選択しない。代わりに，X氏は50万ドルの価値を持つ違法でない選択肢を選ぶ。これは先と同じ結果である。

(b) 熟練犯罪者

ここで，X氏の意思決定における情報増加の効果に注目するための2つのシナリオを導入しよう。第1のシナリオでは，ビジネスライクな殺人犯であるX氏は，低収入低学歴で，政界や警察にコネクションは持っていないと仮定する。したがって，X氏はあまり熟練していない「殺し屋」を使わなければならず，組織犯罪とそれによる確実な秘密厳守の便益を受けられない。この場合，情報の水準は向上したが，意思決定は依然として不完全情報の下でなされる。第2のシナリオでは，Z氏の犯罪組織が使うのと同じくらい高度に熟練した「殺し屋」と組織によるアレンジ，および（「口封じ」の制裁による）その確実な秘密厳守の利益をX氏は享受できるとする。第2のシナリオでは，情報の水準が完全に近いので，X氏は最適な選択をすることができる。

(c) 情報状態改善の効果

X氏が低収入低学歴の個人で，自分で自由に使える資源が少ないとしても，X氏は妻X夫人の計画殺人の実行を依然として考えるかもしれない。この場

合にX氏の殺し屋は，X氏にとって手ごろな値段だが，最善の殺し屋ではないと仮定される。それでも，犯罪組織のアレンジでX氏はアリバイを手に入れることができ，それにより犯罪現場と直接に関係付けられないようにできるとする。しかし，完璧な秘密厳守は保証されず，したがってX夫人の殺害の共同謀議に警察が気づく可能性が存在する。とはいえ，X氏は結果についての確実性を増加させており，したがって意思決定の際の情報の水準は高まったと考えられる。

X氏は，逮捕されない見込みが4対1であると計算したとしよう。5つの可能な結果のうち1つだけで逮捕されることになるので，逮捕の主観的確率は$p=0.2$となる。GとYの値は以前と同じであるとして，3方程式モデルを適用すると次のようになる。

$$EU_{hj} = p_j U_j(G_j - f_j) + (1 - p_j)U_j(G_j)$$
$$= 0.2 \times (500万ドル - 1000万ドル) + 0.8 \times 500万ドル$$
$$= -100万ドル + 400万ドル$$
$$= 300万ドル$$

$$EU_{lj} = U_j(Y_j) = 50万ドル$$

$$H_j = H_j(EU_{hj} - EU_{lj})$$
$$= 300万ドル - 50万ドル$$
$$= 250万ドル$$

逮捕確率を$p=0.2$に減少させることによって，殺人という選択（H_j）はX氏にとって250万ドルの期待価値が生じる。こうして，殺人（H_j）は考慮されるべき合理的選択肢の集合に入ることになる。X氏は相変わらず不確実性下で意思決定を行うことに変わりはないが，殺し屋を雇い専門化することで得られる効率性と情報レヴェルの増加は，富の期待増加の観点からは大きな価値のあるものとなる（すなわち250万ドル－50万ドル＝200万ドルの価値）。

「何もしない」という選択肢の場合には期待価値が50万ドルとなり，これは

X氏の違法ではない選択肢で次善のものである。しかしながら，X氏がX夫人と婚姻関係を継続したくなく，かつ，離婚のみが次善の違法ではない選択であると考えるならば，機会費用（Y）は離婚から得られる富の値を取ることになる。表4.1によれば，その時の機会費用（Y）の値は離婚の期待金銭価値に等しく，Y＝－49万5千ドルである。利得（G）と処罰の重さ（f）の価値が従前のままで，主観的逮捕確率も p＝0.2から不変のままであると仮定するならば，数学的モデルによって殺人（Hj）もまた次のように合理的選択である。

$$H_j = H_j(E_{hj} - E_{lj})$$
$$= 250万ドル + 49万5千ドル$$
$$= 299万5千ドル$$

X氏個人の富の期待値の増加分に鑑みるならば，X氏はX夫人の殺害をより一層本気で考えるようになるはずである。したがって，X夫人殺害事件の前に，たとえX氏が離婚という違法でない選択肢を追求していたように見える場合であっても，捜査当局はX氏が自分の配偶者の殺害に関わっていた可能性がとても高い，と疑わなければならない。

(d) 完全情報の効果

X氏が犯罪組織に支配されてインサイダー情報を提供することと引き替えに，絶対秘密を守る保証の下に高度に経験を積んだ殺し屋がX氏に「無償」で提供されるならば，効率性と情報レヴェル（確実性の程度）の期待増加は非常に大きなものとなるので最適化が可能になる。ここで逮捕確率が p＝0.01だとしよう。そうすると以下のようになる。

$$EU_{hj} = p_j \times U_j(G_j - f_j) + (1 - p_j) \times U_j(G_j)$$
$$= 0.01 \times (500万ドル - 1000万ドル) + 0.99 \times (500万ドル)$$
$$= -5万ドル + 495万ドル$$
$$= 490万ドル$$

効率性と情報レヴェルの増加は意思決定プロセスを大幅に簡単化する。殺人という選択肢が合理的か否かはただ H_j のみにしか依存しない。しかも，逮捕確率が p＝0.01と低いので，

$$H_j \fallingdotseq U(G_j) - U(Y_j)$$

である。式1つに簡単化された数学的モデルは，合理的計算による殺人において，実際の意思決定プロセスをより近似するものとなる(8)。「何もしない（現状維持）」という選択肢が次善の違法でない選択肢であるとすれば，X氏にとっての完全情報の価値（ないし，同じことだが，高度に経験を積んだ殺し屋と，組織的犯罪との結託の価値）は，

$$H_j ＝440万ドル－50万ドル＝390万ドル$$

となる。これは経験を積んでいない殺し屋の場合に比べて期待利得が190万ドル（つまり390万ドル－200万ドル）上昇したことになる。だから，Z氏の犯罪組織と取引を行うことも合理的となる。

4.6. 主観的期待効用と犯罪組織

以上の3方程式モデルはZ氏の犯罪組織についてもそのまま適用できる。犯罪組織にとって増加量（G）は殺人から得られる利益の増加を表し，機会費用（Y）は犯罪組織の次善選択肢から得られる利益を表すことになる。もちろん，犯罪組織の機会費用（Y）は，X氏の場合よりも非合法である可能性が高いであろう。犯罪組織には警察のインサイダー情報を知らせてくる内通者がいるだろうし，常に秘密を守らせることができ，利用可能な最善の殺し屋を常に使えるから，犯罪組織の主観的逮捕確率は p＝0.0となる。それゆえ，犯罪組織（C）がX夫人殺害を最善選択肢だと考えるならば，殺人（H_c）の価値について，

$$H_c = U(G) - U(Y) > 0$$

だと評価しているはずである。機会費用（Y）が，X夫人殺害と比べてより良い代替選択肢から得られる利益であるならば，

$$H_c = U(G) - U(Y) \leqq 0$$

ということの方がよりありそうである。もし$H_c \leqq 0$ならば，犯罪組織は殺し屋をX氏に「無償」で提供したりはせず，代替選択肢（Y）によって利益を追求するだろう。

他方で，代替選択肢（Y）からの利益が減少するにつれて，X夫人が助かるチャンスも減少することになる。例えば，代替選択肢（Y）を含む活動に対する重点的な捜査・調査を当局から受けている犯罪組織は，実はU(Y)に負の金銭的価値を割り当てているかも知れない[9]。この場合にはたとえ犯罪組織がU(G)に割り当てた値がゼロであったとしても，

$$H_c = U(G) - U(Y) > 0$$

となる。この例では，もしX夫人の殺害に犯罪組織が関与していると警察に知られれば，U(G)はゼロになるだろう。しかし，こうした情報も逮捕状を発行するに十分なものでないならば，この情報は主観的逮捕確率（p）を上昇させないだろう。

以上をまとめれば，

$$p = 0.0, \quad U(Y) < 0 \quad かつ \quad U(G) \geqq 0$$

であるならば$H_c > 0$となり，犯罪組織がX氏と結託することは，合理的かつ最適な行動ということになる。それゆえ，富の増加（G）を何ももたらさないときでさえ，犯罪組織がX夫人の殺害に関与することが合理的である，ということがありうるのである。よりありそうな場合として，U(G)に正の値が割り当てられるならば，犯罪組織にとっての殺人の金銭的価値（H_c）はそれだけより大きなものとなろう。

（1） M. K. Block and J. Heineke, "A Labor Theoretical Analysis of the Criminal Choice," *American Economic Review* 65 (June 1975): 314-325 参照。

（2） 犯罪組織が「内通者（モグラ）」を仕込むような活動をすることから，彼らが逮捕確率（および有罪判決の確率）の減少を重視していることが明らかとなる。つまり，犯罪組織はリスクに対する高い感受性を示す。「内通者」を仕込む活動はまた，軍事的諜報活動に似ている。しかも，軍事的諜報活動はもっぱら合理的計算に基づいていると考えられている。

（3） 犯罪現場の偽装工作がなされるか否かは，組織犯罪の具体的目的次第である。例えば，第三者への警告が目的の殺人ならば，それはプロによるものであることが明白に分かるようになされるであろう。他方，X氏を「内通者」に仕込もうとする目的のためには，犯罪組織とは無関係の他の種類の殺人であるかのように犯罪現場が偽装されることになろう。

（4） 具体的数値を相当程度変えても，殺人が最適選択肢のままである。

（5） この3つの式は，G. Becker, "Crime and Punishment: An Economic Approach," *Journal of Political Economy* 76 (March-April 1968): 169-217 による。

（6） f>0を仮定した場合，$\frac{\partial EU}{\partial p} = U(G-f) - U(G) < 0$ となる。また，富の限界効用が正のままであるときには，$\frac{\partial EU}{\partial f} = -pU'(G-f) < 0$ となる。合理的計算の結果がp=0のとき，fの大きさは無関係となること（つまり，$\frac{\partial EU}{\partial f} = 0$）もまた重要である。

（7） 例えば，D. A. Hellman and J. L. Naroff, *The Urban Public Sector and Urban Crime: A Simultaneous System Approach* (Washington: U.S. Government Printing Office, 1980), S. F. Messner, "Regional Differences in the Economic Correlates of the Urban Homicide Rate: Some Evidence on the Importance of Cultural Context," *Criminology* 21 (November 1983): 177-188, および G. E. Marché, *The Economics of Law Enforcement: Production Comparisons Between Large and Small Police Unites* (Ann Arbor, Mich.: University Microforms, 1990) 参照。

（8） 1975年7月30日の労働組合「チームスター」の元委員長ジミー・ホッファの失踪は，組織犯罪が関与したビジネスライクな殺人の効率性と確実性の例証となるだろう。トラック運転手の労働組合である「チームスター」は，闇の世界（マフィア）とのつながりも政界（主として共和党）とのつながりも深い組織で，攻撃的で違法合法ぎりぎりの組合戦略で運輸業界に勢力を急拡張していた。チームスターの委員長であったジミー・ホッファは文字通り「清濁併せ呑む」叩き上げの活動家でチームスターの勢力拡張の立役者であっ

たが，1967年に贈賄罪等で15年の有罪判決を受け刑務所収監後，労働運動に戻らないことを条件として1971年にニクソン大統領の特赦で釈放された。チームスター支配への復帰を画策中，ニュー・ジャージ州のチームスターの幹部およびデトロイトのマフィアのボスと会おうとしていた1975年7月30日午後2時半ごろ，ミシガン州のブルームフィールド・ヒルズのレストランの駐車場から失踪した。マフィア（ないし政府関係秘密組織）によって殺され，ニュー・ジャージ州のジャイアンツ・スタジアムの地下に埋められたとの噂で有名な事件である。2004年のチャールズ・ブラントの著書『血塗られた家でお前の声がする』によれば，フランク・シーラン（通称アイリッシュマン）がホッファ殺しの実行犯とされる。シーランはチームスターの幹部になったトラック運転手であるとともにマフィアの殺し屋で，マフィアの指令によって刎頚の友でもあったホッファをある家に誘い出して射ち殺したとブラントに告白したとされる。その後のFBIの調査によれば，当該家屋の床に血痕は発見されたがホッファの血とは一致しなかったとされる。他に，2006年2月には，ガンビーノ一家の幹部だったルーイ・ミリトが実行犯だったと，「マフィアの妻」として著名なミリトの妻リンダが主張している。なお，2006年現在のチームスターの委員長はジミー・ホッファの息子のジェイムズ・ホッファである。

(9) 違法でない選択肢（Y）のもたらす富の増加（すなわち，殺人の機会費用）は，政府の政策変化，法の変化，あるいは技術の変化によっても，ゼロ以下となりうる。また個人にとっては，状況の変化によって機会費用（Y）が負になることもある。例えば，ある若者が家に帰って勉強することの方を，街をぶらついたり悪い仲間とたむろすることよりも好むとしても，家に酔っ払った継父がちょうど帰ってきていて，暴力をふるうだろうと分かっているなら，友達と外出することの方が（たとえその友達が良くない傾向を持っており，彼らと付き合うことが平均してゼロの総効用しかもたらさないとしても）合理的なこととなるだろう。

《参考文献》

1. Becker, G., "Crime and Punishment: An Economic Approach," *Journal of Political Economy* (March-April, 1968): 169-217.
2. Ehrlich, I., "The Deterrent Effect of Capital Punishment: A Question of Life and Death," *Journal of Political Economy* (June, 1975): 397-417.

第5章　逮捕確率に対する感受性

（編集責任：劉　芳伶）

　本章では合理的計算による殺人において仮定されるリスク愛好的行動について分析を行う。殺人の需要曲線は，富に対する犯罪者のリスク愛好的効用関数と予算制約下の効用極大化モデルから導出される。合理的計算による殺人者が示すと仮定される逮捕確率への相対的に大きな感受性に鑑みると，刑事司法制度の資源配分が最適でないであろうことが推測される。加えて，殺人に関する実際のデータもこの結論を支持するものである。

5.1. リスク愛好型の殺人犯

　犯罪者のリスクに対する態度と，リスクの変化に対して犯罪者の行動が示す感受性の程度とが，合理的計算による殺人の理論にとって重要である。リスク状況を主観的期待効用（SEU）モデルにおけるようなものと仮定すれば，犯罪者は小さいが確実な利益と引き替えにより大きな利益のために喜んで賭に出る，ということが示唆される。実のところ，合理的計算による殺人者は殺人という決定に伴うリスクを，競馬で賭をするのと同様に「買う」のである。殺人という選択を通じてリスクを喜んで買うような合理的計算による殺人者は，リスク愛好型と呼ばれる（少なくとも効用関数のこの選択に関する範囲においては）。リスクを愛好する殺人犯が，逮捕確率の変化の認識に対して相対的に大きく反応することを後に示す。

　リスクを買うのとは対照的に，リスク回避的な人は保険を購入することでリスクを回避，ないし「売却」する。保険の購入とは，リスクを購入者から保険者へと移転するものに他ならないからである。しかしながら，リスク回

避的な殺人犯がいたとしても、人を殺すリスクを売却することはできない。これは殺人という選択に関わるいかなるリスクに対しても「保険」など存在しないためである[1]。

これまで仮定してきた不確実性下での、逮捕・有罪判決・処罰のリスクの相対的重要性は、アイザック・アーリック（Ehrlich, 1975）による死刑の抑止効果に関する研究において確定されている[2]。アーリックの研究によれば、表4.2の事象確率それぞれについての、殺人から得られる期待効用の偏弾力性が、重要度の大きい方から、

$$\varepsilon P_a > \varepsilon P_{c|a} > \varepsilon P_{e|c} > 0$$

と順序づけられている[3]。これらの偏弾力性は、主観的確率ないし条件付確率が1％変化した際に、殺人から得られる犯罪者の期待効用が何パーセント変化するかを示すものである。アーリック（Ehrlich, 1975）によれば、偏弾力性の上記の順序の意味するところは、事象ないし帰結がより一般的なものになればなるほど抑止効果も大きくなる、ということである。したがって、逮捕確率（P_a）は他の2つの確率が不変であるという仮定の下で、最大の抑止効果を持つ。有罪判決の効果（$P_{c|a}$）はこれに次いで重要な抑止力を持ち、処罰の効果（$P_{e|c}$）は最小の抑止力しか持たない。これらの抑止効果の統計的有意性と相対的強度は、アーリック（Ehrlich, 1975）の実証的研究成果によって支持されている。

逮捕確率への感受性の相対的重要性は、第4章で展開された3つの方程式からなる主観的期待効用（SEU）モデルによっても導き出すことができる。式4.1について言えば、逮捕確率（p）と処罰の重さ（f）の相殺しあうような同じパーセントの変化は期待処罰（p×f）をほとんど変化させないので、期待効用（EU）もほとんど変化しないであろう。このことは、式4.1における殺人のもたらす増加分（G）の期待値が、

$$E(G) = p \times (G - f) + (1 - p) \times G = G - p \times f$$

となることからすぐ分かる。期待処罰（p×f）のような積算項については、逮

捕確率の正の（負の）変化割合$\frac{\Delta p}{p}$から，処罰の重さの負の（正の）変化割合$\frac{\Delta f}{f}$を差し引くと，両者が等量であるとみなしうる限り，総変化は概ねゼロになる（$\frac{\Delta p \Delta f}{pf} \fallingdotseq 0$とみなせるからである）。これは，

$$\frac{(p - \Delta p)(f + \Delta f)}{pf}$$

$$= \frac{pf - f\Delta p + p\Delta f - \Delta p \Delta f}{pf}$$

$$= 1 - \frac{\Delta p}{p} + \frac{\Delta f}{f} - \frac{\Delta p \Delta f}{pf}$$

$$= 1 - \frac{\Delta p \Delta f}{pf}$$

$$\fallingdotseq 1$$

と計算すれば出てくる。さて，期待効用 EU(p, f) の逮捕確率(p)と処罰の重さ(f)それぞれについての偏微分に－1を掛けて符号を逆にした値と，効用1単位あたりのそれぞれの値との積が，逮捕確率の偏弾力性（$\varepsilon_p \equiv -\frac{\frac{\partial U}{U}}{\frac{\partial p}{p}} = -\frac{p}{U} \times \frac{\partial U}{\partial p}$）と処罰の重さの偏弾力性（$\varepsilon_p \equiv -\frac{\frac{\partial U}{U}}{\frac{\partial f}{f}} = -\frac{f}{U} \times \frac{\partial U}{\partial f}$）となる

のであった。したがって，式4.1をpとfとで偏微分して偏弾力性を計算すれば，逮捕確率と処罰の重さに対する感受性を比較することができる[4]。

$$\frac{-\partial UE}{\partial p}\frac{p}{U} > \frac{-\partial UE}{\partial f}\frac{f}{U} \qquad (5.1)$$

$$U(G) - U(G-f)\frac{p}{U} > pU'(G-f)\frac{f}{U} \qquad (5.2)$$

$$\frac{U(G) - U(G-f)}{f} > U'(G-f) \qquad (5.3)$$

式（5.3）の左辺は G と （G − f）の間での効用の平均変化，すなわち処罰の重さ1単位あたりの効用変化を表し，右辺は（G − f）における処罰の重さ(f)に対する効用の変化率を表している。f>0であり，かつ，リスク愛好型のとき(定義により$U(G)'' > 0$である)，左辺は右辺より大きくなる。したがって，式（5.1）から，逮捕確率（p）の増加は，罰則（f）の同じ割合の増加よりも大きく期待効用を変化させることが分かる。どれだけの差が生じるかはこの式からだけでは分からない。以上に対し，リスク回避的な犯罪者の場合（定義により$U(G)'' < 0$である），右辺の方が大きくなり，処罰の重さ(f)の増加の方が逮捕確率(p)の同じ割合の増加よりも期待効用に大きな変化を与える。ここでもまた，その違いの大きさについては決定し得ない。リスク中立的な犯罪者（定義により$U(G)'' = 0$である）は，逮捕確率(p)および処罰の重さ(f)の変化によって等しい影響を受ける。

　合理的に行動する犯罪者に与える逮捕確率(p)の増加の影響の大きさについて，ここでは2つの設例で説明しよう。1つ目の設例は，1860年代に多くの列車強盗事件を解決した探偵ピンカートンの実話を基にしている。ピンカートンの活躍は，列車強盗の逮捕確率を大きく増加させることになった。逮捕確率の急上昇の結果，多くの列車強盗たち（例えば，ジョージ・ヒル監督，ポール・ニューマンとロバート・レッドフォード主演の映画『明日に向かって撃て！』（1970年）のブッチ・キャシディーとサンダンス・キッドといったアウトローたち）は，相対的に逮捕確率(p)が低いと思われていた南米へ逃げ出して行ったと考えられる。この時期に，列車強盗に対する有罪確率や処罰の重さ(f)が大きく変化したという証拠はない。逮捕確率(p)の増加によるこのような影響の大きさから，逃げ出して行った列車強盗がリスク愛好者であったことが分かる。2つ目の設例はより最近の例で，プロの漁師たちから得られた社会調査結果に基づくものである[5]。この研究では，違法な操業をするかどうかにつき合理的計算に基づいて意思決定すると仮定しうるプロの漁師たちが，処罰の重さ(f)よりも逮捕確率(p)の変化の方により敏感に反応す

る傾向があることが示された。これが殺人の事例ではないことは確かだが，プロの漁師たちが違法操業を選択するときには，大きな利益を得るために賭に出ているのである。つまり，彼らもまたリスク愛好者であることが分かる。

(a) 逮捕確率の重要性を示すその他の要素

第4章で示した合理的計算による殺人の仮想例によって明らかにしたように，計画や情報，秘密の強制，組織的な特化・専門化といったものは，逮捕確率(p)を減少させる要素である。結果として，これらの要素は合理的計算による殺人の場合に，犯罪者の目的（つまり，富の期待金銭価値の増加）に大きく影響を与えることになるだろう。この犯罪者の期待効用への影響は，犯罪者の効用を一般に下げるようなその他の事象の発生をも，逮捕を避けようとすれば減少させるということと矛盾してはいない。

殺人の結果についての合理的計算を，犯罪の時間的経過の流れの中でみることによっても，やはり逮捕確率の方が犯人の意思決定においてより大きなウェイトを占めるであろうことが分かる。というのも，起訴や処罰のような結果は逮捕よりも殺人という行為から時間的に遠く離れたものだからである。このような時間的な差の影響の大きさは，将来の結果の価値を犯罪者がどれほど割り引いて考えるかによって大きく異なってくるものであることは明らかであろう。実際のところ，若い犯罪者は，絶対数においても割合においてもより多くの殺人を犯しているが，これらの若い犯罪者ほど将来の結果を大きく割り引いて考える傾向があるのである[6]。したがって，若く未熟な殺人者であっても，おそらく富の増加を求めて罪を犯すのであり，焦眉の課題たる目前の逮捕確率(p)のみを気にする傾向がある。

合理的計算による殺人者が，逮捕確率(p)の変化に対して最も敏感であると仮定することは納得できるであろう。しかし，その感受性の程度については明らかではない。その上，そのような効果が，個人の行動の変化として，どの程度明確に現れてくるかはよくわからない。これらの点の考慮は重要である。というのも，逮捕確率(p)を上昇させるための費用と，逮捕を前提条件とする有罪判決や刑事処罰などの条件付確率の費用，そして処罰の重さ(f)の費用はそれぞれ大きく異なるであろうからである。例えば，合理的計算による殺人の場合に，逮捕確率(p)の増加が処罰の重さ(f)の増加に比べて

費用が大きくかかるものである場合，純便益を考慮すれば逮捕確率(p)の引き上げよりも処罰の重さ(f)の増加の方が望ましいということにもなりうる。

(b) リスク愛好型の効用関数と殺人需要曲線

　他の要素が一定なら，価格（限界費用）は，その財への各時点での需要量と逆関係にあると仮定されるので，需要曲線は右下がりとなる。また右下がりであることは，所得効果と代替効果によっても，あるいは，限界効用逓減によっても説明されうる。例えば，第3章での図3.1のスピード違反の場合，ある点を超えて以降はスピードを増加させればさせるほどより低い限界効用しか得られなくなると仮定したので，スピード違反への需要曲線は右下がりとなった。違反速度の増加によって逓減はするが正の限界効用が生み出される限り，スピード違反への需要曲線は負の傾きを持つが第1象限にとどまる。さらに言えば，リスク選好の如何にかかわらず，全ての犯罪需要曲線は負の傾きを持つのである。

　仮定された限界効用逓減および負の傾きの需要関数に対応する効用関数は，第1章の図1.2のように下に凹となる。効用関数とは，他の要素を不変に保った場合に，ある時点における行為（消費やスピード違反など）から得られる総効用と，総消費（財の量や超過速度など）との間の関係を表現したものである。限界効用逓減の仮定とは，効用の合計が消費量に伴って増加はするがその増加割合が減少していくことを意味している。言い換えれば，総効用曲線の傾きが正で減少しているということである。そのため下から見ると効用関数は窪んで見える。

　先に指摘したように，合理的計算による殺人の意思決定は，確実に得られる富よりも，潜在的にはより大きな富へとつながる賭を好むような意思決定者によってなされる。テッパン（勝つのが確実な賭）からの利得を受け入れるよりも賭の方を望むことから，そのような意思決定者はリスクを好むということが分かる。リスク愛好型の（フォン・ノイマン＝モルゲンシュテルン）効用関数は，「富」の限界効用の逓増を示す。富に対する限界効用が逓増することにより，意思決定者は確実な利得のある選択肢(C_1)の替わりに，リスクがあるがより大きな利得をもたらす賭である選択肢(C_2)の方を受け容れるインセンティヴを持つ。主として富を得ることが目的であると仮定される，合

表5.1 リスクのある結果と確実な結果の主観的期待効用

選択肢	富の期待増加分			主観的期待効用
C_1（確実な選択肢）	$= p \times (G_0)$	$= 1.0 \times (G_0)$	$= G_0$	$U(C_1)$
C_2（リスクのある選択肢）	$= p \times G_1 + (1-p) \times G_2$	$= 0.5 \times (G_1 + G_2)$	$= G_0$	$U(C_2)$

理的計算をするリスク愛好型の殺人者は，図5.1のように下に凸なフォン・ノイマン＝モルゲンシュテルン効用関数を持つ．図5.1におけるように，2つの選択肢（C_1とC_2）が，第4章での合理的計算による殺人の意思決定と対応するように以下の仮定をおこう．まず，確実な選択肢C_1は意思決定者が配偶者に対して「何もしない」というものであるとし，リスクのある選択肢C_2は配偶者に対する計画的殺人を意味するものとする．逮捕確率（p）によって，「何もしない」選択肢と殺人選択肢のそれぞれにおける利得（G）の得られる確

図5.1　リスク愛好型の選好

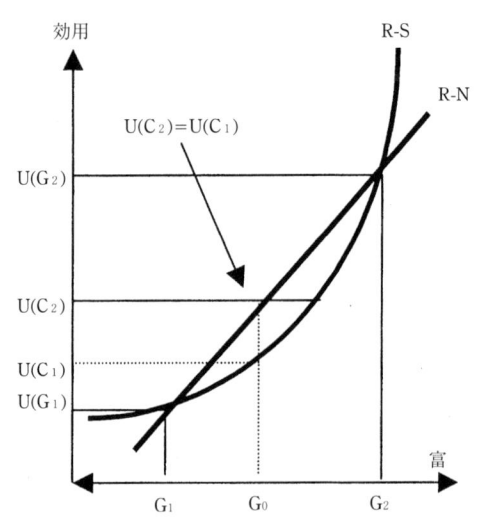

リスクのある選択肢と確実な選択肢の間で無差別ないし中立なリスク選好の場合，効用関数は直線R-Nとなる．このとき，犯罪者はギャンブル性の高い選択肢と確実な選択肢の両方から，$U(C_2) = U(C_1)$という同じ効用を得る．たとえ2つの選択肢（C_1とC_2）の期待価値が同じであっても（表5.1参照），犯罪者が現実に賭に出るインセンティヴを持つためには，リスクのある選択肢C_1からの効用の方が，確実な選択肢C_2の効用よりも大きくなければならない．すなわち，$U(C_2) > U(C_1)$でなければならず，これが起きるのは効用関数がR-Sのように下に凸のときのみであり，このような効用曲線こそリスク愛好を示すものである．

率を表すとする。表5.1を見れば，これら2つの選択肢が同じ期待価値＝G_0を持つという意味で富の同じ期待増加分をもたらすことが分かる。リスクのある殺人という選択肢C_2から得られる望ましい結果と望ましくない結果（G_1およびG_2という利得）のそれぞれにおける逮捕確率(p)を0.5に設定することで，C_1とC_2の2つの選択肢が同じ期待価値G_0を持つようになると仮定されている（EMV＝SEUの仮定を以下では外す）。

　図5.1のように効用曲線がR-Nのような直線となるとき，意思決定者のリスクに対する態度はリスク中立的であり，この場合の選択肢2つの効用は同じとなる（つまり，$U(C_1) = U(C_2) = U(G_0)$）。これら2つの選択肢の主観的期待効用が同じであるということは，リスク中立型の意思決定者にとって，確実な選択肢(C_1)とギャンブル性を含んだリスクのある選択肢(C_2)とが無差別となることを意味する。他方，リスク愛好型の効用関数R-Sが意思決定者のリスクに対する態度を表している場合，リスクのある選択肢の効用は確実な選択肢の効用よりも大きくなる（つまり，$U(C_2) > U(G_0) = U(C_1)$）。すなわち意思決定者は，より大きな富の増加（利得）の可能性がある賭のためには，確実に得られるより小さな利得(G_0)を喜んで諦めるであろうことが，下に凸な効用関数R-Sによって明示されている。表5.1から分かるように，両方の選択肢の期待価値G_0が同じなので，意思決定者はリスクに対する態度のみで主観的期待効用の差を生じさせ，それを基準として賭を選択するか否かを決定する。

　図5.1の効用U(G)はある期間において得られる利得の総効用を反映しており，限界効用は単に総効用曲線上の各点での接線の傾きとなっている。少し不正確ではあるが，限界効用は効用関数U(G)の十分小さな微小区域Δでの

平均限界効用$\dfrac{\Delta 総効用(TU)}{\Delta 富(W)}$として計算される（すなわち，縦方向変化÷横方向変化）。というのも，この微小区域を無限に小さくしていったときの平均限界効用の収斂値が限界効用の値となるので，十分小さな微小区域での平均限界効用の値を限界効用とみなすことができるからである。より正確に表現すれば，効用関数の任意の点での限界効用(MU)は，効用関数の1階の導関数$U'(G)$となる。リスク愛好型の効用関数R-Sは，上に凹な効用関数U(G)

であり，その傾きは明らかに正である。したがって限界効用も正である（すなわち U'(G)>0）。限界効用が逓増すること（上に凹）は，2階の導関数が正であること（U"(G)>0）によって示される。合理的計算による殺人という選択肢はリスクに対する選好を反映していると考えられるので，合理的計算をしているような殺人の需要曲線は，犯罪からの利得(G)が増加するにつれて増加する限界効用を反映することとなる。図5.2は，限界効用と限界期待便益(MEB)とを等置することによって，限界効用と富の増加分（G）との関係を示している。ここでは，2つの限界期待便益が右上がりの曲線となっている点に注意が必要である。

図5.2と，それに対応している図5.3の殺人需要曲線において，限界費用変数として書き込まれているのは，刑事司法制度に関する変数である逮捕確率

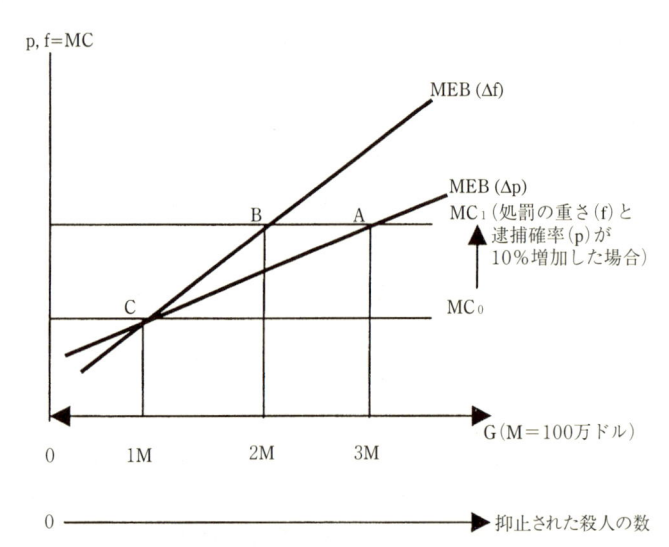

図5.2　合理的計算による殺人における限界期待便益（MEB）曲線

殺人者がリスク愛好型であるとき，限界効用（ないしMEB）の増加が直接的に殺人による富(G)の増加につながる。その意思決定における限界費用には，刑事司法制度によってコントロールされる2つの変数である逮捕確率(p)と処罰の重さ(f)が含まれており，それ以外の条件はすべて不変であると仮定している。処罰の重さ(f)を10％増やすよりも，それと同じ分だけ逮捕確率(p)を高める方が，殺人を抑止する（ないし同じことだが，殺人による富の増加分を減少させる）効果は大きい．

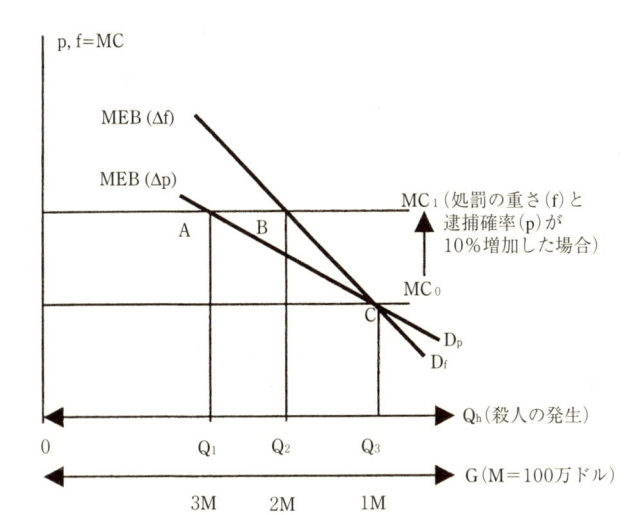

図5.3 合理的計算による殺人の需要曲線

図5.3は，一定期間内に実行されるビジネスライクな殺人の総件数である．逮捕確率(p)と処罰の重さ(f)が増加し，それ以外の条件が不変であれば，殺人は抑止され，殺人需要曲線は下向きに傾斜するようになる．ビジネスライクな殺人に関しては，逮捕確率(p)が高まると，処罰(f)がそれと同程度増える場合よりも大きな抑止効果がもたらされる．一方でMEB＞MCの領域では，殺人はなくならない，すなわちこの領域での殺人には抑止効果が及ばないままになる．

(p)と処罰の重さ(f)のみである。限界費用変数は，殺人とその他の違法でない選択肢の期待効用を $H_j = H_j(EU_h - EU_{lj})$ という式 (4.3) に代入することによって，求めることができる．この結果，

$$H_j = H_j[p_j U_j(G_j - f_j) + (1 - p_j) U_j(G_j) - U_j(Y_j)] > 0 \qquad (5.4)$$

となる．変数は，式 (5.4) において逮捕確率 (p)，処罰の重さ (f)，犯罪からの利得 (G)，機会費用 (Y) とされており，また

$$\frac{\partial H}{\partial p} < 0, \ \frac{\partial H}{\partial p} < 0, \ \frac{\partial H}{\partial p} < 0, \ \frac{\partial H}{\partial p} > 0$$

と仮定されている．殺人が最善選択肢となるためには $H_j > 0$ という条件が必要だとすると，その偏導関数から分かるのは，他の条件を不変として，3つ

の変数，すなわち逮捕確率(p)，処罰の重さ(f)，機会費用(Y)のうちの少なくとも1つが増加すると，殺人(H_j)が最善選択肢（ないし，合理的選択肢）になる可能性が低くなるということである。一方で，富の増加分(G)が増加すると，殺人の主観的期待効用(H_j)は増えることになる。

なお，違法でない選択肢の機会費用変数(Y)は，図5.2と図5.3には組み込まれていない。それは，違法でない選択肢の機会費用変数(Y)の変化が殺人者の行動に与える効果が，殺人者の年齢の関数になっていること，そしてその年齢というパラメータが式(5.4)において考慮されていないことによる。年齢に関してはジェイムズ・Q・ウィルスンの研究が，職業上のスキルや雇用機会を増進する政策（つまり，機会費用Yを増加する政策）は，初犯で犯罪に長けていない者の犯罪を抑止できる可能性が非常に高いが，すでに裏社会に生きるようになっている者の犯罪を抑止する可能性は非常に低いことを明らかにしている[7]。したがって，犯罪組織（つまり，より年長のプロの殺人者）が犯罪を実行する場合，違法でない選択肢の機会費用(Y)というパラメータはおそらく意思決定とは無関係である。

殺人の意思決定式(5.4)の富の増加分(G)による偏導関数が示すことは，富の増加分(G)と正の関係になるように，図5.2中の限界期待便益(MEB)曲線はプロットされるべきだということである。また，逮捕確率(p)や処罰の重さ(f)が増加することによってより多くの殺人が抑止（ないしその富の増加分が抑制）される（すなわち，殺人の発生を減少させる。これは，H_jをGで偏微分すればすぐ分かる）。

図5.3において，限界期待便益曲線はひっくり返され，逓減する限界期待便益（つまり，殺人需要）の曲線として描かれている。抑止変数，すなわち逮捕確率(p)や処罰の重さ(f)は，殺人による富の増加分(G)ないし殺人の発生(H)と逆関係になるようにプロットされている。他の条件が不変であるならば，こうして抑止変数である(p)や(f)によって，「合理的計算による殺人」の需要曲線は下向きに傾斜することになるのである。

刑事司法制度によってコントロールされる2つの限界費用変数は逮捕確率(p)と処罰の重さ(f)である。前述したように，リスク愛好型の殺人者は，処罰の重さ(f)よりも逮捕確率(p)の変化の方に敏感に反応して行動すると予測される。したがって逮捕確率(p)が10％増加することによって抑止できる殺

人は，処罰の重さ(f)を10％増加させる場合よりも多いということになる。例えば図5.2と図5.3が示すのは，逮捕確率(p)を10％増加させれば，合理的計算による殺人のうち300万ドル未満の富の増加分(G)しか得られないものについては完璧に抑止できるということ，および，処罰の重さ(f)を同じく10％増加させて完璧に抑止できるのは，富の増加分(G)が200万ドル未満の殺人に限られるということである。

5.2. 殺人需要と最適選択肢

制約条件下の効用極大化モデルは，リスク愛好型の意思決定者にとっての最適選択肢を説明するために用いることができる。そして，下向きの殺人需要曲線も導くことができる。なお，制約条件下の効用極大化モデルを表す図には，財や行動に関する2つの選択肢がなければならない。合理的計算による殺人者にとっては，2つの「負財」，すなわち逮捕確率(p)と処罰の重さ(f)の逆数をとったものが，2つの「財」（選択肢）となる。当然，その他の条件はすべて不変である。

図5.4において，$(\frac{1}{p})$ と $(\frac{1}{f})$ は2つの財として機能する。図5.4の無差別曲線が表すのは，行為者が効用や富の増加のレヴェルを維持しながら，ある財（選択肢）と引き換えに他の財を諦めてもいいと考える選択肢の組合せの集合である。合理的計算による殺人に関して，殺人者はリスク愛好型であり，処罰の重さ（f）よりも逮捕確率（p）の変化の方に敏感に反応して行動すると仮定されている。したがって，$(\frac{1}{p})$ の変化が殺人者の効用（富の増加分）に与える影響は，$(\frac{1}{f})$ が同じだけ変化した場合よりも大きくなり，対応する無差別曲線もこれを反映することになる。極端な場合，処罰の重さ（f）の変化にまったく鈍感な殺人者は財 $(\frac{1}{f})$ を「中立財」と認識し，この場合，

無差別曲線は $\left(\frac{1}{f}\right)$ 軸に対して水平なものになる。無差別曲線の $\left(\frac{1}{f}\right)$ 軸に対する傾きが緩やかになっているとすれば，それは殺人者がそれまでの効用レヴェル（富の増加分）を維持するために，リスクと連動した財 $\left(\frac{1}{p}\right)$ を，実質的にそれより多量の $\left(\frac{1}{f}\right)$ としか取り替えないということを表している。リスク選好を反映した無差別曲線は，純粋にリスクと連動した財である $\left(\frac{1}{p}\right)$ の軸に沿って膨らんだり縮んだりする無差別曲線をプロットすることができる。こうして，リスク愛好型であると仮定した合理的計算による殺人者の，所得（富の増加分）の変化による拡大パス（接点の軌跡）は，リスクと連動した財 $\left(\frac{1}{p}\right)$ の「購入」への選好を指し示すことになる。

　図5.4中の予算制約線の傾きは $-\frac{1}{2}$ である。これは合理的計算による殺人者にとって，財 $\left(\frac{1}{p}\right)$ が財 $\left(\frac{1}{f}\right)$ の2倍「高価」であるという仮定を反映したものである。この仮定には，リスクに対する感受性や効用の極大化を考える際に，合理的計算によるビジネスライクな殺人者は逮捕確率を下げることの方に多くの資源をつぎ込みがちであるという前提があることによる。図5.4においては，逮捕確率(p)を下げるためにちょうど2倍の資源がつぎ込まれている。高度に熟練したプロのビジネスライクな殺人者は，逮捕確率(p)を下げることにさらに重きを置くであろう。すると予算制約線の傾きは，$-\frac{1}{2}$ よりずっと小さな値をとることになる。

　図5.4には予算制約線が描かれているが，これは，変数(p)と(f)とが同じ割合だけ変化するのに応じて，内側に，あるいは外側に水平にシフトする平

図5.4　合理的計算による殺人者の最適選択肢

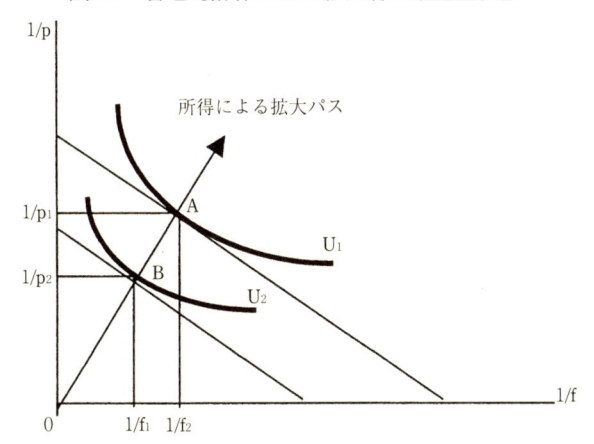

リスク愛好型と仮定されるビジネスライクな殺人者にとっての最適選択肢は，$(\frac{1}{p})$軸寄りに描かれる所得（富の増加）による拡大パス上にある．逮捕確率(p)と処罰の重さ(f)とが同じ分だけ増加しても，図中で$\frac{1}{p_1}-\frac{1}{p_2}>\frac{1}{f_1}-\frac{1}{f_2}$となっていることからも分かるように，$(\frac{1}{p})$財に対して富へのより大きな効果が創出される．

行な線分である。消費者の所得に相当する富の増加分(G)が不変であるという仮定の下では，逮捕確率(p)と処罰の重さ(f)の変化は，消費財としての$(\frac{1}{p})$と$(\frac{1}{f})$の価格が同じ割合だけ変化することに相当する。ここで殺人による富の増加分を不変とすると，逮捕確率（p）と処罰の重さ（f）とが同じ割合だけ増加すれば（予算制約線は左方向へシフトするので），$(\frac{1}{p})$と$(\frac{1}{f})$という（選択された）財をそれまでと同じ量だけ消費することができなくなってゆく。このようにして，「価格」が上昇すれば，殺人という選択は抑止されることになる。一方で，殺人による富の増加分(G)が逮捕確率(p)や処罰の重さ(f)と同時に増加すれば，殺人者は逮捕確率(p)を小さくすること

により多くの資源をつぎ込むことによって，対応する処罰の重さ(f)の重要性をも薄め，同量の $(\frac{1}{p})$ と $(\frac{1}{f})$ という財を買うことも「可能」となるであろう。

　逮捕確率(p)と処罰の重さ(f)とが同じ割合で増加することにより予算線は内側にシフトするが，その傾きは変わらない。そうだとすれば，逮捕確率(p)と処罰の重さ(f)とが同じ分だけ増加することによって，効用（富の増加）は（U_1）から（U_2）へと減少することが図5.4から分かる。したがって，最適選択肢はAからBになり，合理的計算による殺人者にとっては（$\frac{1}{p}$軸に沿っての富に与える効果の方が大きいことが明らかとなる。逮捕確率(p)だけが一定割合増加することによる総効用ないし富の増加分(G)の減少は，図5.3における傾斜の緩やかな（より弾力性のある）殺人需要（ないしMEB）曲線に対応し，また逮捕確率(p)と同割合での処罰の重さ(f)だけの増加は，傾斜の急な殺人需要曲線（ないしMEB曲線）に対応するものであると考えることができる。

　ところで，以上のようにして制約条件下での効用極大化モデルから殺人需要曲線を導き出す上での技術的な問題点は，最適選択肢という概念が完全情報を前提にしているとすれば，そうであるにもかかわらず，図5.3中の殺人需要曲線（ないしMEB曲線）が主観的期待効用を反映しているという点である。主観的期待効用は，意思決定者が有する情報が完全なものではないことを暗に意味する。この問題点を解決するには，図5.4における「最適」選択肢であるAとBが，「最善の選択肢」であるにすぎないと考えればよい。

5.3. 犯罪抑止の生産

　他の条件を一定に保てば，刑事司法制度が生産する逮捕確率(p)と処罰の重さ(f)に関して，最適かつ効率的な選択肢を決定することができる。図5.5では，2財産出（pとf）1財投入（総資源）のモデルが示されている。スピード違反の場合と違って殺人の場合の処罰の重さ(f)は，生産が比較的容易

な単なる罰金ではないのが通常である。そうではなくて，殺人，とりわけ合理的計算による殺人に対する処罰(f)は自由刑（自由を制約する刑罰で懲役，禁錮，および拘留）や死刑である場合が多く，それらは生産コストがはるかに高い。処罰の重さ(f)と同様，合理的計算による殺人者の逮捕確率(p)も生産コストのかかるものである。なぜなら合理的計算による殺人者は逮捕確率に敏感なため，逮捕確率(p)をできるだけゼロに近づけようとするからである。なぜなら，合理的計算による殺人において犯罪者は，その資源を処罰の重さ(f)よりも逮捕確率(p)を下げるために用いるので，あるレヴェルの逮捕確率(p)を生産するには，同じだけの処罰の重さ(f)を生産する場合の2倍もコストがかかると仮定しよう[8]。したがって，図5.5における生産可能性フロンティアでは，所与の資源の下での刑事司法制度の効率的生産は，逮捕確率の約2倍の処罰の重さ(f)を生産できると前提されている。生産可能性フロンティアは外側に向かって大きく張り出した弓型になっている。なぜなら，殺人の場合，逮捕確率(p)と処罰の重さ(f)の生産に使用される資源は高度に専門化されるからである。その結果，これらの資源は大きな機会費用を投入することなしには容易に代替できないことになる。図5.5における生産可能性フロンティアは合理的計算による殺人の場合の，与えられた刑事司法制度の資源（費用）の下での極大ないし効率的な犯罪抑止の生産，すなわち逮捕確率(p)と処罰の重さ(f)の組合せを示している。合理的計算による殺人の場合の，（全ての資源を一方に投入した場合の）逮捕確率(p)の最大レヴェルと殺人の処罰の重さ(f)の最大レベルは便宜上，それぞれ逮捕確率 $p=0.5$，処罰の重さ $f=30$ 年と与えられている（両切片参照）。そしてここでは所与となっている刑事司法制度の資源は社会的に最適であるとする。

図5.5における社会効用曲線は，刑事司法制度の犯罪抑止等量線であり，その傾きは等量の犯罪抑止を与えるような逮捕確率と処罰の重さとの代替率を表している。逮捕確率に敏感な合理的計算による殺人者に対しては，逮捕確率(p)の変化の方が同じ割合の処罰の重さ(f)の変化よりも大きな抑止効果を持つ。したがって，リスク愛好型の殺人者の場合の社会効用曲線は，逮捕確率(p)と処罰の重さ(f)との代替率が小さいことを反映したものとなる。リスク中立型，およびリスク回避型に分類される殺人者の社会効用曲線は，生産可能性フロンティアの上を時計回りに転がり落ちたものとなり，より急峻な

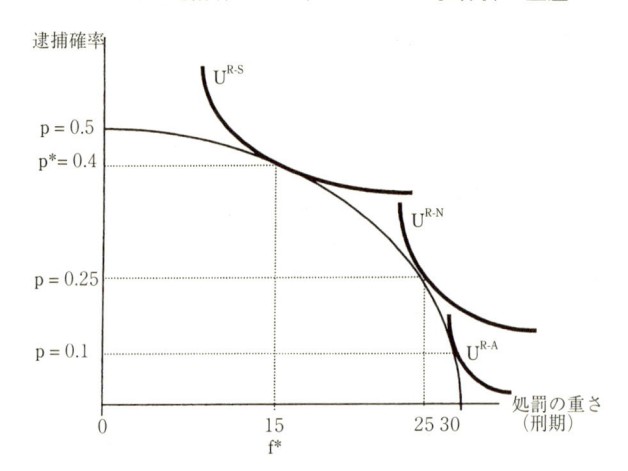

図5.5 合理的計算による殺人における犯罪抑止生産

リスク愛好型(R-S)と仮定される合理的計算による殺人者の場合，社会効用関数U^{R-S}と生産可能性フロンティアとの接点が，社会的に最適な生産組合せであり，それは$p^*=0.4$と$f^*=15$年となる．生産可能性フロンティアと社会効用関数U^{R-N}および社会効用関数U^{R-A}との接点は，それぞれリスク中立型(R-N)の犯人とリスク回避型(R-A)の犯人に対する逮捕確率(p)と処罰の重さ(f)の社会的に最適な組合せである．

曲線を描くことになる。これは逮捕確率(p)より処罰の重さ(f)の変化の方に敏感になってゆくことを反映したものである。刑事司法制度の生産可能性フロンティアと社会効用曲線の接点は，逮捕確率(p)と処罰の重さ(f)の最適かつ効率的な生産の組合せを表している。リスク愛好型と仮定される合理的計算による殺人者にとっての，逮捕確率(p)と処罰の重さ(f)の最適かつ効率的な生産の組合せは$p^*=0.4$と$f^*=15$年であると示されている。

合理的計算による殺人が高度に熟練したプロの犯罪者によって行われる場合，実際の逮捕確率と処罰の重さはそれぞれ$p^*=0.4$, $f^*=15$年を大きく下回るであろう。例えば，1976年6月13日付けの『アリゾナ・リパブリック』紙のA-4頁は「当地では1955年以来，ギャングによる殺人が8件起き，全て未解決のままである」と報じている。プロが行う殺人や合理的計算による殺人の場合，このような事態はむしろ常態である。つまり最も高度に熟練された犯罪者に関しては，たいていの警察は生産可能性フロンティアのはるか内奥でしか機能していない，すなわち，非常に非効率的な犯罪抑止しか生産でき

ていない，ということである。一方，それより未熟な合理的計算による殺人者は，より頻繁に逮捕される。

　たいていの警察管区での犯罪の内訳では，合理的計算による殺人は非常に少ない。さらに，合理的計算による殺人者が逮捕される確率は低いので，そのことの結果として，リスク中立型およびリスク回避型の意思決定者の逮捕確率がより高くなる(9)。感情に基づくような意思決定理論は存在せず，したがって，感情に基づいてリスク選好を導出するような理論も存在しないのであるが，カッとなって短絡的に行動するような犯罪者は，無計画な殺人を犯すことの方が多いであろう。恐らく，そのような殺人者は，逮捕確率(p)を慎重に最小化することよりも，予測される処罰の重さ(f)の方により影響を受けるであろう(10)。もちろん，合理性が仮定されるのであれば，処罰の重さ(f)により大きく影響されるということは，リスク回避型である，ということを意味する。短絡的に行動し感情に流されるような犯罪者は，普通は自分に不利な証拠をより多く残しているはずである。もし合理性を措定するならば，そのような殺人者はリスク回避型であるとされ，図5.4から導かれるように，最適な処罰の重さ(f)は現状よりもずっと重いものになっているはずである。

　州刑務所のデータによれば，殺人犯(murder & non-negligent manslaughter)の出所までの期間（月単位）は1960年から大きく短縮している。1960年には処罰の重さ(f) ＝121.4ヶ月（10.1年）であったのが1991年には84.0ヶ月（7年）にまで低下している(11)。さらに，警察に認知された犯罪の中で逮捕によって解決した件数の割合のデータによれば，殺人犯の逮捕確率(p)も1960年からやはり低下している。1960年の殺人の逮捕確率(p)＝92.3％であったものが，1991年には67.2％にまで低下している。逮捕確率(p)と処罰の重さ(f)のトレードオフが起こっているのではなく，両方がともに低下しているということは，生産可能性フロンティアの内奥での非効率な抑止生産が行われていることを示している。さらに，ほとんどの殺人者がリスク回避型であるなら，上記のような処罰の重さ(f)の低下は，殺人を抑止することによって社会的効用を最適化することと，完全に矛盾していることになる。

　ほとんどがリスク回避型であるような殺人犯の逮捕確率(p)が低下しているのなら，プロの合理的計算による殺人者の逮捕確率(p)の方はもっと低下

しているはずだということを指摘しておくべきだろう。このことは，合理的計算による殺人を行う機会を増大させる。犯罪統計上，合理的計算による殺人の占める割合が増大するなら，その帰結は非常に不吉なものになる。この点は，より小さな警察管区の，未熟な捜査官ばかりの警察の場合にとりわけ当てはまる(12)。

刑事司法制度による犯罪抑止生産が非効率であるということは，他の条件が等しいならば，逮捕確率(p)と処罰の重さ(f)が低下していることで示されている。もし経済学理論が正しいならば，犯罪抑止生産が低下するということは，より多くの殺人が生じることを意味する。データによれば，1960年における殺人の発生率は10万人あたり5.1件であった。1991年までには，この割合は2倍近くの9.8件にまで上昇してしまった。このように殺人全体の発生率が上昇したことの原因の1つは，合理的計算による殺人の絶対数および犯罪に占める割合が増大したためであろう。いずれにせよ，経済学理論の予測は反証されないことになろう。

（1） たとえプロの殺し屋を雇ったり，犯罪組織に依頼したりして，秘密が厳守されるようにして殺人を実行したとしても，逮捕確率は小さいにせよゼロにはならない。

（2） I. Ehrlich, "The Deterrent Effect of Capital Punishment: A Question of Life and Death," *American Economic Review* 65 (June 1975): 397-417.

（3） これは，標準的な弾力性の式において（第1章参照），U*が犯人の殺人に対する期待効用であるとして，価格（P）の値を P_a, $P_{c|a}$, および $P_{e|c}$ とおき，量(Q)をU*とおくことによって得られる。

（4） G. Becker, "Crime and Punishment: An Economic Approach," *Journal of Political Economy* 76 (March-April 1968): 169-217 より。

（5） W. Furlong, "The Deterrent Effect of Regulatory Enforcement in the Fishery," *Land Economics* 67 (February 1991): 116-129。

（6） 今日の犯罪傾向を持つ少年は現在指向である。つまり，彼らは将来の利益のために目前の満足を我慢することができないのである。例えば，M. Fleisher, *Beggars and Thieves* (Milwaukee: University of Wisconsin Press, 1995) 参照。

（7） J. Q. Wilson, *Thinking About Crime* rev. ed. (New York: Basic Books, 1983), 137-42。

（8）　もちろん，犯罪組織に属するプロの殺し屋は，逮捕された場合の有罪判決の確率，有罪判決を下された場合の処罰の確率，そして司法取引などの手段による処罰の重さ，などの減少を獲得できる有能な弁護士を雇うだろう。このことは，たとえ犯罪者が逮捕確率(p)を減らすことに最も重きを置いているとしても，刑事司法制度にとって処罰（f）の生産コストを引き上げることになる。刑事司法制度が必然的に負担する犯罪抑止の生産費用とは異なり，逮捕確率(p)をうまく減らすことのできる犯罪者は，処罰（f）と結びつくその後の全ての費用を回避できることになる。

（9）　逮捕確率に敏感に反応する殺人犯は合理的動機に基づいて行動すると仮定されているので，リスク回避的（すなわち処罰に敏感に反応する）殺人犯は，合理的動機に基づいて行動する程度がより低い（すなわち感情的動機により大きく基づいている）と直感的には言えよう。感情的動機に基づく殺人犯は，計画性（または熟練の程度）が低く，殺人を犯す前に逮捕確率を減らす努力をすることが少ないと考えられる。平均してみれば，このことはより多く証拠を残し，逮捕確率がより高くなる結果となろう。合理的動機による殺人と感情的動機による殺人との逮捕確率の違いは，他の要素が同じであるなら，パーセント値で約17ポイントのようである。例えば，感情的動機に基づく殺人が逮捕によって解決される確率が67％ならば，合理的動機に基づく殺人が逮捕によって解決される確率は67－17＝50％（つまり p＝0.5）となる。殺し屋が使われて，被害者と加害者の間に関係がなくなり，組織的専門化による利益が得られるならば，殺人が逮捕によって解決される確率は，パーセント値でさらに48ポイント低下する。したがって，被害者と加害者の間に関係が通常存在する感情的動機に基づく殺人と比べた場合に，殺し屋を使った合理的計算によるビジネスライクな殺人が逮捕によって解決される確率は，平均するとパーセント値で65ポイント低下する。G. E. Marché, "The Production of Homicide Solutions: An Empirical Analysis," *American Journal of Economics and Sociology* 53 (October 1994): 385-401 参照。

（10）　例えば日本においては，殺人者はまるで逮捕されることを覚悟の上であるかのようだと言われている。実際，日本における殺人事件の解決率が100％に近いことは驚くほどのことではない。また多くの論者が，日本人は一般的に一貫してリスク回避的に行動するようであると述べてきた。もし日本の殺人犯にもリスク回避的傾向があるならば，経済学的理論からは処罰の重さ（f）のみが唯一の主要な抑止力となるであろうことが予測される。

（11）　データは，『統一犯罪白書：州刑務所収監者の特徴1960（改訂版）』の表A1と表R3と，『全国矯正報告プログラム1991』の表2.3に基づいている。

（12）　もちろん未熟な捜査官は，犯罪現場の偽装工作によって完全に騙され，

殺人事件を誤って分類してしまうだろう。

《参考文献》
1. Furlong, W., "The Deterrent Effect of Regulatory Enforcement in the Fishery," *Land Economics* (February 1991): 116-129.
2. Wilson, J. Q., *Thinking About Crime* (rev. ed.), 1983.
3. Marché, G., "The Production of Homicide Solutions: An Empirical Analysis," *The American Journal of Economics and Sociology* 53 (Otober 1994): 385-401.
4. Clark, J. R., and D.R. Lee, "Sentencing Laffer Curves, Political Myopia, and Prison Space," *Social Science Quarterly* 77 (June 1996): 245-255.

第6章　計画的殺人の特徴

（編集責任：森　大輔）

　本章では，現在の犯罪プロファイリングの問題点を検討し，合理的動機に基づく殺人の犯罪類型プロファイリングを開発することで現状の問題の克服を図る。新しいプロファイリングは，前章まで展開してきた理論に基づいており，現実の殺人のデータを用いて厳密に検証される[1]。

6.1.　犯罪類型プロファイリングの必要性

　他の捜査情報では不十分に見える場合に，被疑者を特定する手助けとするために，FBI（連邦捜査局）は心理プロファイリングないし犯罪プロファイリングを開発している。しかしながら，この犯罪プロファイリングにはいくつかの重大な問題があるようで，結果としてそれほど効果をあげてこなかった。捜査の範囲を狭めるためのものなので，現在の犯罪プロファイリングでは誤ったところにピントを合わせてしまう虞もある。このことの原因の1つは，殺人データ抽出における選択バイアスのために，数多いはずの合理的動機に基づく殺人が十分に反映されていないことである。前章までの主観的期待効用（SEU）モデルと整合的な合理的動機に基づく殺人の犯罪プロファイリングを開発することで，この統計的な欠陥に対処することができる。

　合理的計算によるビジネスライクな殺人者の新しい犯罪プロファイリングを開発することから得られるさらなる便益は，前章までで発展させた理論を現実世界のデータで検証することができるということである。例えば，合理的動機に基づくビジネスライクな殺人犯は逮捕確率の変化に非常に敏感な傾向があり，また富の増加を追求すると議論してきた。このような理論的仮説

に全面的に依拠するには，まずこれらの理論的仮説を検証しておく必要がある。

本書の新しい犯罪プロファイリングは，合理的計算による殺人と他の類型の殺人とを区別するという形で捜査官の手助けにもなるであろう。これにより，合理的計算による殺人の事件捜査の生産性が増加するであろう。

(a) 現在の犯罪プロファイリングの問題点

犯罪プロファイリングとは，未知の真犯人の実際の特徴がどのようなものであるかについての仮説群のことでしかない。したがって，犯罪プロファイリングは現実とつき合わせて検証し反証することができる。現在の犯罪プロファイリングの重大な欠陥は，現実世界での適用でたびたびそれが反証されているということである。映画やテレビの「お話し」はさておくとして，FBIで構築され使用されているような犯罪プロファイリングが被疑者の逮捕に実際に役立っているというデータは全く存在しないに等しいのが現実である。例えば，アンソニー・ピニゾットとノーマン・フィンケル（Anthony Pinizzotto and Norman Finkel, 1990）は，真犯人がすでに判明している殺人事件を用いた研究において，刑事，心理学者，大学生，および犯罪プロファイラー（犯罪プロファイリングの専門家）の間で，真犯人を同定する精度にほとんど差がないことを明らかにしている[2]。

現在の犯罪プロファイリングでは，真犯人を見つける上で，使っても使わなくても素人との差がほとんどゼロである，ということの原因はいくつかあると考えられる。例えば，理論的根拠の欠如，適用できる殺人類型の範囲が限られていること，バイアスのかかった犯罪者データの使用などである。理論的根拠が欠けているので，犯罪プロファイリングは未知の真犯人の特徴について分析したり，仮説を立てたり，推定したり，予測したりすることができるような包括的な行動理論，意思決定理論などの理論的基礎がないのである。これは明らかに重大な欠陥である。すなわち，現在の犯罪プロファイリングは全く勘頼りでしかない。

合理的計算をする殺人犯は，当然予想されるように逮捕確率を下げようとするので（捕まらないように努力するので），ビジネスライクな殺人犯は犯罪者データでは過少抽出されることになる。これは重要なことである。なぜな

第6章 計画的殺人の特徴　133

ら，ロナルド・ターコ（Ronald Turco）が指摘するように，現在の犯罪プロファイリングのデータは，殺人犯罪者のうち判明した分のみの人口統計学的特徴と，連続殺人犯に対する面接から得たデータに基づいているからである[3]。具体的には，深刻な選択バイアスがかかったデータの使用により，奇怪で異様な行動や精神異常を窺わせる犯罪現場などを特徴とする犯罪類型にのみ犯罪プロファイリングが限られてしまう[4]。それゆえ，現在の犯罪プロファイリングを合理的計算による殺人に適用すると，警察を真犯人逮捕への道から踏み外させてしまう虞れが生じる。

　選択バイアスのかかったデータは，犯罪や犯罪行為に関する態度・信念を反映しており，またそれを強化する。犯罪者についての警察の態度や信念を反映して，犯罪プロファイリングは特定の人口統計学的な特徴や行動の特徴を持つ者を殺人者として選び出すバイアスを持つようになる。ビジネスライクな犯罪者は，まさにそのような態度や信念（疑われやすい特徴）を逮捕確率を下げるために逆用するかもしれない。例えば，犯罪現場を奇怪で異様な行動の特徴を示すように偽装することが有効だと犯罪者は気づくかもしれない。この手の犯罪現場の偽装が起きうることは明らかなように思われる。実際ロナルド・ターコによれば，犯罪者の中には資料を的確に探して読み，犯罪者の行動について警察がどのような見込みを持っているかを調べ，計画的に警察の裏をかこうとする者がいるとされる[5]。

　警察の側のバイアスのかかった態度や信念と，警察の裏をかこうとする犯罪者の努力の結果として，殺人の類型ごとに解決率が異なってくるとともに，その差異は再生産されてしまう。さらに，これらの解決率の差は，犯罪プロファイリングを使用することでしばしば拡大再生産される。これは，犯罪プロファイリングの主観的なバイアスが，逮捕された犯罪者という既にバイアスのかかった集合による犯罪プロファイラーの実務経験を再帰的に反映するからである。

　現在の犯罪プロファイリングやFBIによるその使い方についてのもう1つの見方は，犯罪プロファイリングの諸仮説が，選択バイアスのかかったデータと過去の警察の経験とから単に外挿して得られる当て推量に過ぎないというものである。基本的には，経験こそ犯罪プロファイリングの主観的バイアスの元凶なのである。比喩的に言えば，犯罪プロファイリングの使用とは，

フロントガラスとサイドウィンドウに完全な目隠しをした自動車を，ドライバーがバックミラーだけ見ながら運転するようなものである。しかも，バックミラーに映る像は，選択バイアスによって非常に歪んでいるのである。捜査範囲を絞り犯罪被疑者を特定する手段としてFBIが犯罪プロファイリングを使うということは，そのような目隠し自動車で世の中を走り回ることと異ならないといえる。FBI捜査官は殺人捜査の管轄と経験を持っていないので，彼らは免許証を持っていないドライバーのようなものである。犯罪プロファイリングは彼らに危険な乗り物を提供するだけである。警察が何をするかに直接の利害関係を持っている熟練したプロの犯罪者が，FBIの無謀にハンドルを切る車，すなわち犯罪プロファイリングを避ける可能性はより高いだろう。他方で，無辜の市民が注意していないと非常な大怪我を負ってしまうことになるかもしれない。

　合理的期待理論が刑事犯罪に適用されえない理由は全くない。合理的期待仮説とは，人々が政府の政策（通常は財政や金融上の政策）を学習して予想し，それらの政策によってもたらされる機会を活用するために自らの行動を変えるというものである。「合成の誤謬」が述べるように，個人の行為の集合的な効果は，政府の政策の意図された効果を相殺ないし無効化するかもしれない。例えば，短期的な金融による景気刺激策を予想する債券や株式の保有者はインフレ率の上昇も予想するであろう。したがって，彼らは金融市場での貸付投資から借入れによる不動産市場での投資へと，財源を再配分しはじめる可能性がある。これは短期利子率の引下げという政策目的と，金融による景気刺激策の効果を無効化ないし相殺するかもしれない。犯罪者も同じように振舞うだろう。例えば，麻薬密輸業者の犯罪プロファイリングは常に変化している。これは，当局がどんな犯罪プロファイリングを使用しているか学習し，合理的期待に基づき，警察の役人が嫌疑をかけないような者を運び屋に使っているからである。言い換えると，密輸業者は犯罪プロファイラーの運転する車の通り道を避けているのである。

　（犯罪プロファイリングの適用における）犯罪プロファイラー＝ドライバーの主観性のゆえに，ほとんど全ての人が殺人の被疑者になる危険があることになる。例えば，1996年7月27日にアトランタのオリンピック記念公園で起きたパイプ爆弾による爆破事件が，この手の「無謀運転」の例となるだろう。

爆弾を最初に見つけた警備員リチャード・ジュエル（Richard Jewell）が，FBIの「孤独な爆弾魔（lone bomber）」という犯罪プロファイリングの適用によって最重要被疑者であるとされた。しかし，ジュエルの弁護士は，爆弾がもうすぐ爆発するという予告電話を掛けてから警備員詰所に戻ってくるだけの時間はありえなかったこと，および，ジュエルはFBIの犯罪プロファイリングにはあまり適合していないことを指摘した。ジュエルが爆弾を仕掛けるのは物理的に不可能であるという事実や，「孤独な爆弾魔」の犯罪プロファイリングに適合しないという事実は，犯罪プロファイリングが非常に主観的なものでしかないことや，その適用が恣意的であることを示している。ジュエルはその後FBIによる嫌疑を晴らしたが，この事件での犯罪プロファイリングの適用はジュエル警備員のキャリアと評判を大きく傷つけた。不幸なことに，無辜の市民がFBIから受けたダメージを回復するのは非常に困難である。

　犯罪プロファイリングの問題点や欠陥は，一方ではバイアスのかかった殺人犯罪者のデータと，他方では犯罪プロファイリングの適用範囲の狭さや警察の態度・信念（ないし選好）との間に何らかの因果関係が存在していることを示している。さらに，合理的計算によるビジネスライクな殺人者を，被疑者としては見落とす傾向をもたらす警察側の何らかのバイアスは，合理的動機に基づくビジネスライクな殺人者が常態的にすり抜けられるような大きな「警察の捜査網の穴」が存在することを示している。

(b)　犯罪プロファイリングの基礎としての経済学モデルの使用

　実のところ，犯罪プロファイリングと経済学理論ないし経済学モデルはいくつかの特徴を共有している。1つ目の特徴は，犯罪プロファイリングも経済学モデルも，広く適用できる行動仮定を置いているということである。例えば，経済学モデルは合理的行動を仮定し，犯罪プロファイリングは，人々の思考様式がその行為に直接影響すると仮定している[6]。明らかに，人々の思考様式は直に観察できないので，行動の観察から推測する必要がある。犯罪プロファイリングでは，人々の思考様式の推測は行動や人口統計学的な特徴に基づいている。他人の思考様式を「知る」ことができたら，ある特定の行動（殺人など）はより予測しやすくなるだろう。同様に，経済学モデルでなされる推測は，人々が合理的行動ないし合理的に見える行動をとるという

ことに基づいている。合理的行動からの推測は，人々が経済学モデルの予測と整合的に行動する傾向がある場合にのみ，その妥当性が保証される。

　2つ目の共通の特徴は，行動についての観察不可能な主張が，現実とどのように関係するのか，どのような条件の下で関係するのか，という点について経済学モデルも犯罪プロファイリングも，仮定を置いているということである。例えば，経済学モデルはしばしば他の全ての要素が不変であると仮定する。これは部分均衡分析の「他の変数が一定ならば（ceteris paribus）」というよく知られた仮定である。他方，犯罪プロファイリングは，犯罪現場における犯人の行動を推定することによって導かれる，未知の真犯人についてのある特定の人口統計学的な特徴や行動の特徴を予想することによって，（人々の思考様式が行動に直接影響しているという）行動仮定と現実とを関係付ける。

　3つ目の共通の特徴は，経済学モデルの仮説も犯罪プロファイリングの仮説も，ともに現実とつき合わせて検証し反証することができるということである。犯罪プロファイリングにおいても経済学モデルにおいても，分析の対象がある特定の個人である場合の方が反証されやすい。例えば，ジョーンズ氏がパン市場にいなかったとしたら，消費者モデルはジョーンズ氏がパンの価格の変化にどのように反応するか正確には予測できないだろう。他方で，総体としての消費者の行動の変化を予想する際には，消費者モデルは正確な予測ができる。同様に，犯罪プロファイリングは，ある特定の個人が特定の時間に特定の行動を取ったかどうかを決定することはできない[7]。しかし，経済学モデルと違い，犯罪プロファイリングが総体としての犯罪者の行動の変化を予想できるかどうかは不明である。

　要約すると，経済学モデルと犯罪プロファイリングはいくつかの重要な特徴を共有している。両方とも，現実とシステマティックに関係付けられた，広く適用できる行動仮説に基づいている。さらに，両方とも反証可能な予測をする。犯罪プロファイリングを構築する上で経済学モデルを使用することにより，犯罪プロファイリングのプロセスに理論的な基礎と包括的な行動理論とを統合することができる。よって，合理的計算によるビジネスライクな殺人の主観的効用（SEU）モデルのような経済学モデルを犯罪プロファイリングの理論的基礎として使用することには，十分な正当化根拠が存在するで

あろう。理論的基礎と行動理論とによって犯罪プロファイリングの構築と適用における主観性をかなり排除できるので，態度・信念とバイアスのかかったデータとの間の相互作用による影響も抑えることができるはずである。経済学的な基礎を持つ犯罪プロファイリングは，警察による犯罪の解決を手助けするにあたって，ずっと効果的な役割を果たすようになるだろう。

6.2. モデル構築

主観的期待効用（SEU）の数学モデルは3つの式 (4.1)，式 (4.2)，および式 (4.3) からなるものであって，合理的動機に基づく殺人犯の犯罪プロファイリングを構築するための基礎を提供する。このモデルは以下の3つの方程式からなるものであった。

$$EU_{hj} = p_j U_j(G_j - f_j) + (1 - p_j) U_j(G_j) \tag{6.1}$$
$$EU_{lj} = U_j(Y_j) \tag{6.2}$$
$$H_j = H_j(EU_{hj} - EU_{lj}) \tag{6.3}$$

式 (6.3) の期待効用 (EU) に式 (6.1) と式 (6.2) を代入することで式 (6.4) が導かれる。

$$H_j = H_j[p_j U_j(G_j - f_j) + (1 - p_j) U_j(G_j) - U_j(Y_j)] > 0 \tag{6.4}$$

これは式 (5.4) と同じである。ここでもやはり，

$$\frac{\partial H}{\partial p} < 0, \ \frac{\partial H}{\partial f} < 0, \ \frac{\partial H}{\partial Y} < 0, \ \text{および} \ \frac{\partial H}{\partial G} > 0$$

を仮定する。

式 (6.4) は，合理性を仮定された殺人者 (j) が殺人を，他の選択肢（富の増加をもたらすもの）の中の最善の選択肢であると考えるのは，$H_j > 0$ の場合であることを示している。明らかに，殺人 (H_j) は逮捕確率 (p)，処罰の重さ (f)，富の増加分 (G)，および，違法でない選択肢からの機会費用 (Y) の関数である。

式 (6.4) の，もっと一般的な形式は以下のように書くことができる。

$$HR = HR(p, f, G, Y) \qquad (6.5)$$

式 (6.5) においても，

$$\frac{\partial HR}{\partial p}<0, \; \frac{\partial HR}{\partial f}<0, \; \frac{\partial HR}{\partial Y}<0, \; および \frac{\partial HR}{\partial G}>0$$

を仮定する。式 (6.5) は合理的計算による殺人者のための犯罪プロファイリングを構築するための基礎となる。左辺 (HR) は合理的動機に基づく殺人を示す。式 (6.5) および偏導関数 (これは他の全ての要素を定数と看做した微分である) が示すのは，殺人が合理的計算を動機としているか否かが，逮捕確率 (p)，処罰の重さ (f) および機会費用 (Y) と逆関係をし，富の増加分 (G) と正の関係をすることである。殺人犯は逮捕確率 (p) を引き下げようとあらゆる努力をするので，逮捕確率 (p) の上昇は，殺人が合理的選択とは看做されなくなってくることを示している。同様に，処罰の重さ (f) と機会費用 (Y) が増えた場合には，殺人 (HR) が合理的計算を動機としているとされる可能性が低下することを示している。他方，期待された富の増加分 (G) が増大することは，殺人 (HR) が合理的動機に基づくものである可能性が上昇することを示す。

　合理的動機に基づく殺人に，連続殺人犯や政治目的のテロリストを含めたとしても，式 (6.5) が合理的計算によるビジネスライクな殺人の意思決定を表すものとなる条件は，殺人による利得の大部分が富に関するものであるという条件だけである。この条件は多くの場合に満足されるであろう。式 (6.5) を推計し検証するために用いたデータから，アメリカ合衆国の殺人事件の年間件数の約3分の1（およそ7,000件から8,000件）は，合理的動機に基づくものであることが分かった。見積もりによれば，連続殺人犯が毎年およそ200件から300件までの殺人を犯している。憎悪犯罪 (hate crime)[8] による殺人を，政治目的のテロリストによる殺人類型に含めた場合には，テロリストと連続殺人犯の両者による殺人事件の平均数はおそらく1,000件弱になる。これは合理的動機による全ての殺人事件の約85％が，合理的計算による

殺人の理論とマッチすることを意味する。

(a) 統計上の問題点

式 (6.5) を推計する方式は2つある。第1は警察管区のような観察単位ごとに，逮捕確率 (p)，処罰の重さ (f)，富の増加分 (G) および機会費用 (Y) について，それらの平均値などを代用として用いる方法である。従属変数 (HR) は合理的動機に基づくと見うる殺人事件の総数とすればよい。ただし，平均や総数のような集計的測度を用いる場合には，かなり多くの統計上の問題が生じる。例えば，左辺の変数が人数と関連しているかも知れず，そのために逮捕確率 (p) の生産に仕事の量が大きな影響を与えるかもしれない。このことのために，式 (6.5) を一部の変数が内生的に決定される連立方程式系として具体化する必要が生じる。いったんこの連立方程式系が具体化され，犯罪抑止生産が従属変数とされた場合，犯罪抑止生産関数が犯罪類型ごとに分割できないというさらなる問題を導く。そして，そのことのために，バイアスの生じない推計には犯罪の集計的測度しか使えないことになる。言い換えれば，殺人事件を解決するだけでなく，警察資源は他の類型の犯罪を解決することにも使用されるのである[9]。違うサイズの警察ごとに，犯罪抑止生産技術も異なっているかもしれない。犯罪抑止生産技術の差異は，費用と生産関数をシフトさせ，それによって，統計的推計の意義を減少させる[10]。

モデルの特定上の問題や推計上の問題に加えて，集計的なモデルは合理的動機に基づくビジネスライクな殺人のための犯罪プロファイリングを構築することにあまり役立たない。その理由は，例えば，逮捕確率 (p)，処罰の重さ (f)，富の増加分 (G)，および機会費用 (Y) について警察管区ごとの平均値を代用として用いる場合，それだけでは特定個人を殺人の犯人として特定できるだけの詳細な人口統計学的特徴を提供できないからである。

実際のところ，この統計上の問題を解決し，犯罪者個人を特定しうる犯罪プロファイリングのための人口統計学的特徴を構築するには，個々の殺人犯を観察したデータを用いればよい。したがって，以下ではこの方法を採用する。

個別の殺人者の観察データのために，式 (6.5) は以下のように書き直すことができる。

$$HR_{ij} = HR(p_{ij}, f_{ij}, G_i, Y_j) \qquad (6.6)$$

式（6.6）においては，(j) が個々の殺人者を表し，(i) が個々の殺人事件を表している。変数 (p_{ij}),(f_{ij}),(G_i), および (Y_j) で個々の殺人犯の意思決定パラメータを表し，それぞれはベクトルを構成するとする。この意思決定パラメータ・ベクトル (p_{ij}),(f_{ij}),(G_i), および (Y_j) は，合理的動機に基づくものと定義される殺人 (HR_{ij}) と関連すると期待される。

ある殺人 (HR_{ij}) を合理的動機に基づく行動と特定するということは，犯人が合理的に行動するという仮定と同じことである。逮捕確率 (p_{ij}) の値と処罰の重さ (f_{ij}) の個々の値は，j 番目の犯人と i 番目の事件ごとに決まる。富の増加分 (G_i) の値は，殺人事件 (i) のみによって決まり，違法でない選択肢による富の増加分である機会費用 (Y_j) は，j 番目の犯人のみによって決まる。(j) 番目の犯人の意思決定パラメータ・ベクトルのそれぞれに割り振られる値は，当の犯人 (j) と当の殺人事件 (i) だけに妥当する現実的で観察可能な要素によって表される。変数 (p_{ij}),(f_{ij}), および (Y_j) のどれかの値が増加している場合，かつ（または），変数 (G_i) の値が減少している場合，殺人 (HR_{ij}) が合理的動機に基づくものである可能性が低くなる（同じことであるが，言い換えれば，犯罪者 (j) が合理的に行動している可能性が低くなる）。このようにして，意思決定パラメータ・ベクトルは，合理的動機に基づく殺人のための犯罪プロファイリング上予定される犯人の特徴となる。

(b) 合理的動機に基づく殺人の特定

集計的データであれ個別データであれ，いずれにせよ合理的動機に基づく殺人か否かという従属変数(HR)を定義しなければならない。ある殺人(HR)について，合理的動機に基づくものか（変数の値は真 (true)），または，合理的動機に基づくものではないのか（変数の値は偽 (false)）を特定し値を割り振る１つの方法は，犯人の動機を直接測定するというものである。式(6.6) を推計するために使用されたデータは，『統一犯罪白書（アメリカ合衆国）：殺人白書・追録 (*Uniform Crime Reports: Supplementary Homicide Reports*)』の1976年－1983年版である。1983年の『殺人白書・追録 (*SHR*)』のデータの

みが使用され，この白書から21,128件の殺人者のデータが得られた[11]。『殺人白書・追録』は連邦捜査局（FBI）の「統一犯罪報告プログラム」に参加する各地の警察によってFBIに提出された月次報告である。このSHRデータは殺人者と意思決定パラメータ・ベクトル（p_{ij}），（f_{ij}），（G_i），および（Y_j）に関する多くの変数を提供するけれども，動機に関する直接的な測度は何も含んでいない。これは本当に遺憾である。このSHRデータから犯人の動機（例えば，富の増加）を特定することができたら，従属変数（HR_{ij}）は合理的計算によるビジネスライクな殺人を直接に表すものになるであろう。

　本研究において従属変数（HR）の値に真ないし偽を割り振る方法は，合理的行動の定義とその含意を利用することである。合理的行動とは，その結果を意思決定者がよく知った上で採る行動のみを意味すると定義される。意思決定の結果は便益または費用のいずれかであり，そのどちらであるかは，決定者の目的（選好）の達成に役立つか，それを阻害するかによって決められる。合理的行動の定義は，結果について，熟慮まで要求するものではない。したがって，多くの殺人事件はある程度の合理的行動を含むことになる。実際のところこの主張には，犯罪学者の多くの研究成果によって提供された実証的証拠がある。これらの研究によれば，衝動的に見える攻撃および殺人も社会的な影響を受けており，犯罪者の行動も一定程度の合理性を示している[12]。犯罪者が殺人という行動に出たことの主要な動機が合理的計算であるか否かは，従属変数（HR）に真または偽の値を割り振る際に決定しなければならない事柄である。個別の殺人者のデータについての従属変数（HR_{ij}）は離散変数であり，合理的動機に基づく殺人であれば真として値は1となり，そうでなければ偽として値は0になる。これにより式（6.6）は，質的応答モデルとなる。

　ほとんどの殺人において，帰結に対するある程度の認識があると言うことができるならば，殺人のもたらす帰結は極度に重大なものであるから，殺人の動機は強烈なはずであることになる。したがって，強度の感情あるいは合理的計算は，殺人という行動の動機として十分な「バネ」となっているはずである。より具体的に述べれば，強度の感情あるいは合理的計算は，採りうる選択肢の集合の中に殺人をも含める上での十分な動機，目的，ないし選好を提供するに足りるものである。

ヤン・エルスター (Jon Elster, 1998) が，感情的選好をモデル化する問題に関する興味深い議論を展開している。エルスターの分析を考慮すると，例えば，面目を失うことへの恐れとか侮辱に対する憤怒とかの感情は，短絡的で無分別な殺人行動をもたらしうることが分かる。そういった感情はしばしば麻薬やアルコールの使用によってより激しくなる。殺人者は主として感情的動機で殺人を犯すものだと仮定するならば，定義により，殺人者は合理的動機に基づく程度が低いことになる。この点については，「逆もまた真なり」である。これは，実証的分析の出発点に過ぎないとともに，過度の単純化であることも明らかであろう。エルスターが指摘するように，人々の中には，復讐感情が長期に継続する者もいる。このような人々の場合，実行までの時間が余分にあるのだから，殺人の様々な側面を熟慮することが可能となる。他方，殺人が短絡的で一時の激情に駆られたものである場合，熟慮の時間はほとんどないのであるから，合理的計算はほとんどなされないであろう。

　感情は殺人の帰結を選好順序に組み込むことができ，また，合理的行動にさしたる計算は要求されないのであるから，感情的動機に基づく殺人も経済分析の対象となりうる。とはいえ，激情は合理的計算と同一視はできない。さらに，激情は切迫感を与えるかもしれず，そのために，犯人が行動を選択する際により一層短絡的で衝動的になるかもしれない。この点は，犯人が非合法薬物を服用している場合にとりわけ当てはまる[13]。これは，殺人という選択肢を選ぶまでに，情報分析や合理的計算に費やすことのできる時間が犯人には非常に限られていることを意味する。言い換えれば，犯人が行動を起こすとき，すなわち殺人選択肢を採用するとき，不完全な情報と不完全な合理的計算によっていることを意味する。

　殺すことで強い負の感情を発散するためだけなら，逮捕を免れるか否かは，犯人にとってはどうでもいいことのはずである。それゆえ，感情的に決めた目的を殺人によって達成するためだけなら，逮捕確率を下げるための熟練や合理的計算など必要がないはずである。さらに，人間関係に起因する感情的動機に基づく殺人が切迫感の中で行われる場合なら，殺人に際して共犯者を探すとか共謀しようとかはあまり考えないはずである。激情に駆られた犯人の具体的な目的としては，まさに自分が犯人であることを少なくとも被害者にははっきり思い知らせたい場合もあろう。このような場合には，逮捕を逃

れることが犯人にとってはどうでもよいことになるかもしれない。
　少なくとも被害者には自分が犯人であることをはっきり思い知らせたい，というタイプの感情的動機に基づく殺人の具体例として，著名なアメリカン・フットボール選手だったシンプソン（O. J. Simpson）の事件を挙げることも牽強附会ではなかろう。なぜならシンプソンは「誤判で無罪になった人殺し」という立場に置かれたからである。シンプソンがかつて「妻のニコールを殺すとしたら，それは彼女をあまりに深く愛しているからだ」と述べたことはよく知られている。この発言からすれば，妻に対する偏執的独占欲と拒絶のような負の激情を和らげたいという強い欲求が，シンプソンの感情的動機による目的であったと推論することは合理的であろう。彼は，妻殺しが自分の目的を達成する最善の選択肢であると考えたように思われるが，実際には，感情的動機に基づく殺人が最善ではない選択を導く傾向があることをこのシンプソン事件は示している。すなわち，（需要曲線の）「非合理領域」にいることの帰結が，犯罪者にこれ以上ない明確さをもって突きつけられているのである[14]。
　感情的動機に基づく殺人は，富の増加を目的とする合理的計算による殺人とは異なるものである。富の増加という目的を達成するためには，犯人であることが見破られたり，逮捕されたり，ましてや有罪判決を言い渡されたりしてはならない。したがって，犯罪者の目的が富の追求であったり，あるいはそれが目的の1つである場合，ビジネスライクな合理的計算によって，犯罪者は十分に時間をかけて計画したり，あるいは少なくとも，逮捕確率を引き下げるために経験を積もうとするものである。人間関係的に焦点を当てるのではなく，逮捕されないよう努力し，富のような目的の達成に注力することから，合理的計算によるビジネスライクな殺人犯がその犯行までに，強烈な感情に影響を受けることはほとんどない，ということが導かれる。それに加えて，合理的動機に基づく殺人においては，専門化による便益を享受するために，殺人者の共犯者を誘う時間もある。
　感情と合理的計算は互いに排他的であると主張しているわけではない。殺人という行動選択肢を含む意思決定において，激情と合理的計算はそれぞれの及ぼす影響を打ち消しあったり，抑制しあったりすることが多いと主張しているに過ぎない。殺人という行動を選択した理由が激情によっては説明で

きない場合に，それが合理的計算に基づいて行われたと考えられるのである。

　感情が殺人の目的ではないからといって，ある種の精神疾患のために犯罪者が富の増加以外の動機（目的ないし選好）に基づいて殺人という行動を選択しているという可能性がなくなるわけでもなく，殺人という選択肢が選ばれたときそれが高度に合理的な計算に基づいているという可能性が無くなるわけでもない。例えば，妄想や偏執狂的猜疑心などの統合失調症に起因する心理的な動機や目的が殺人を通して達成される場合がある。目的が富であるか，心理的なものであるか（あるいは両者の組合せであるか）とは無関係に，犯罪者の目的達成には逮捕を免れることが不可欠である限り，より綿密な合理的計算に強く基づいていることは特に重要である。例えば，デイヴィッド・バーコヴィッツ（David Berkowitz）（通称「悪魔サムの息子」）は妄想に基づいて連続殺人をしたことを自供した。心理的目的（妄想）の達成のために，彼は連続殺人犯として逮捕されることを免れようとしたが，これは合目的的行動である。妄想型統合失調症の古典的な例として，「ユナボマー（Unabomber）」と呼ばれたテオドア・カジンスキー（Theodore Kaczynski）もまた，（おそらく精神疾患のために）不信を発散するという心理的目的を達成することに駆り立てられたようである。「不信と憎悪」（科学技術やそれに関するもの，政府，および身内に対する不信と憎悪）の発散の極大化は「ユナボマー」が逮捕を免れた場合にのみもたらされる。「不信と憎悪」が繰返しこみ上げてくる感情であるなら，その満足のためには犯行を繰り返さなくてはならない。犯罪者が逮捕を免れた場合にのみ達成できる心理的な目的ないし動機に鑑みれば，その殺人が合理的計算に基づいて行われた可能性が高いということが分かる。

　逮捕確率を減らそうとする高度の合理的計算により，次第に殺人犯が高度に熟練してくることも念頭に置かなければならない。この意味で，「高度の合理的計算」と「高度の熟練」は互換性がある概念である。

　目的が心理学的要因に基づいている場合，犯人は殺人を繰り返すようになるとともに（連続殺人犯），次第に熟練も積んでくる。このようにして，連続殺人犯による殺人は合理的計算に基づいていると考えられる。連続殺人犯はまた人々の注目を集め，犯罪捜査官も熱中して捜査する。しかし，実際の数で言うと，むしろ富の増加を目的とする合理的動機に基づくビジネスライク

な殺人者の方がずっと多い。言い換えると，心理的動機に基づく連続殺人犯はごく少数でしかなく，その結果，連続殺人に興味をもつ人々にとって限界効用の非常に高いテーマ（すなわち非常に価値の高いテーマ）となる。それに比べて，例えば犯罪心理学者とかビジネスライクな殺人犯は比較的たくさんいる。他の全ての条件が一定であれば，普通のビジネスライクな殺人犯は稀少性に乏しいことにより，限界効用が低くなる（すなわち価値の乏しいテーマとなる）。以上から，価値の高い（すなわち限界効用の大きい）連続殺人犯を逮捕することで，多くの心理学者が刑事司法制度内での出世や世間からの高い評判を獲得しようとする理由がその価値の差（限界効用の差）にあることが理解されよう。(これは自分の出世と名誉のために「センセーショナルな話」ばかりを追い求めるリポーターに類似している。)合理的計算によるビジネスライクな殺人者の方がずっと多いのであるから，利己主義的な犯罪心理学者に頼ると警察の捜査当局は間違った方向に導かれてしまうことになる。もし犯罪心理学者や犯罪プロファイラーが，ビジネスライクな殺人事件の目撃証言から「連続殺人犯プロファイリング」を作り上げようとすれば，特に問題である。(リポーターにとってこれは，そのままだと日常のありふれたニュース程度の事件をセンセーショナルに脚色するようなものである。)犯罪心理学者たちはその利己的動機のために，多くのビジネスライクな殺人においてとどのつまりは犯人の共犯の役を演じてしまっているとさえ言えることの方が多かろう。

　犯罪者の目的が富の増加であろうと心理学的ないし感情的原因に基づくものであろうと，殺人という選択肢を選ぶにあたっての犯罪者の感情の程度や合理的計算の程度こそ，殺人が感情的動機に基づくものか（HRが偽，つまり値0），合理的動機に基づくものか（HRが真，つまり値1）の判定のための一般的な指標となる。殺人が激情に突き動かされたなど，短絡的に行われたのでなければ，犯罪者には自らの選択肢を選ぶ上での情報処理や合理的計算のための時間がたくさんあったと考えられる。言い換えると，この場合には情報がほぼ完全で，合理性があまり制約を受けていなかったはずである。時間が豊富にあることにより，犯罪者は事件に先立って逮捕確率（p）を下げるためのあらゆる方策を検討し取捨選択することによって，犯罪から得られる効用を増大させることができる（すなわち，最適選択が可能となる）。

富の増加を追求する場合，逮捕確率を減らすためにはより熟練した者を用いる方法があろう。熟練した者は警察捜査の弱点を見極めており，いかなる方策が最も有効かについて検討しているだろう。こうして富（よってフォン・ノイマン＝モルゲンシュテルン効用）の極大化を追求するビジネスライクな殺人においては，最適行動がなされると期待できる。最適行動がなされるであろうことは，特にプロの犯罪者を用いる場合には，激しい感情にとらわれた状況下でよりも，犯罪計画立案が合理的に行われるであろうことが容易に想像できるという事実に裏打ちされている。その上，熟練し，それゆえ冷静さを失わない殺し屋を使うのであるから，激しい感情の悪影響を回避できる。熟練し冷静な殺し屋は，合理的計算に基づき殺人行動をすると予想される。これを別の言い方をすると，殺し屋が距離のある場所に赴き，被害者を特定の場所と時間に殺し（そしてプロによる殺人とは見えないように犯行現場を偽装し），ほとんどあるいは全く証拠を残さず，そして落ち着いて車で逃走する際に，これら全てを激情に駆られてやっているなどと考えることは妥当でないということである。

富の増加を求める犯罪者にたまたま殺人の機会が１つ訪れた場合でさえ，熟練した合理的犯罪者はその好機を逃さないだろう。熟練犯罪者は，逮捕確率（p）を極小化するような人の殺し方を既に知っている。したがって，綿密な計画（合理的計算の証である）が，合理的計算による殺人に常に結びついているわけではない。しかし，犯人が逮捕されず，富の増加（G）が実現しているときには，その殺人が合理的計算によるものである可能性を排除してはならない。対照的に，熟練の度合いが低い犯罪者はその定義により，殺人を富を増加させるための選択肢と考える可能性が比較的低い。

感情的動機に基づく殺人に固有の特定の表徴や特徴としては，非熟練ないし初犯であること，短絡的な殺人であること，富の増加以外が目的であること，他の共犯者との共同謀議がないことなどが挙げられるだろう。情報の不完全性が高まり，合理性への制約が増大することにより，感情的動機に基づく犯人は非最適的選択を行いがちになるだろう。犯罪者は殺人の犯行後になって初めて逮捕確率を下げる行動（例えば，犯行現場から逃げたり，証拠を除去したり隠したりするためにさらに共犯者を巻き込んだりする行動）を検討することになる。したがって，犯罪者を犯行現場に結びつける証拠が存在

する可能性がより高い。他方，殺人の後になっても犯罪者に十分な時間があれば，より綿密に合理的計算を行うことができ，証拠はずっと少なくなるだろう。また，犯行現場から慌てて逃げ出すといった予想しうる行動は，実際にはむしろ警察が犯人を同定するにあたって役立つことになる。

合理的計算にもっぱら基づいている（そして富の増加を得ようとする）犯罪者を示す指標としては，より専門化した共犯者が他にいること，より熟練した犯罪者であること，計画的犯行であること，あるいは富の増加に結びついた目的を有しているといったことが挙げられる。

殺人という犯罪に適用する上での経済分析の限界は，合理的計算の程度だけではなく犯罪者の情報量とも関係している。殺人がもたらす重大な帰結のゆえに，犯罪者には高い情報量と，それゆえ高い合理性のレヴェルが必要とされる。合理的計算と情報量が重要である以上，かなり複雑な意思決定モデル（SEUのようなもの）の利用が適切であることになろう。ところが激情に駆られている場合は，衝動的で短絡的になってしまい，その結果として意思決定に費やす時間が減ることによって合理的計算と情報処理の程度が下がることになろう。感情的動機に基づく殺人にとっても（そこでは，激情を発散させる行為選択肢の1つが殺人である），経済分析はやはり適切ではあるが，限定合理性（あるいは「ほどほどで妥協し満足する（satisficing）」行動ないし「満足化」）と最適でない帰結を説明しうる意思決定モデルでなくてはならない。激情以外にも犯罪者が情報蒐集をしたり情報処理をしたりする能力を制約する要因があることも，念頭におくべきである。例えば，犯罪者が殺人の帰結を十分に理解するにはあまりに若すぎたり，精神的に未成熟でありすぎたりすることがある。また，殺人の帰結を完全に理解したり認識したりするのに支障をきたすような，重度のコミュニケーション障害を犯罪者が有しているかもしれない。そのような犯罪者が自分の命の危険を感じている場合，殺人以外の選択肢が非合理，ないし同じことだが，無意味なものになるかもしれない。普通の人の目からみると，情報処理能力の低い犯罪者によって行われた殺人はしばしば非合理で，経済分析の対象として不適当なものであるように思われる[15]。

表6.1は『殺人白書・追録（SHR）』における全ての殺人事件の状況カテゴリーのリストである。合理的動機が主要因か感情的動機が主要因かを示す要

表6.1 殺人の状況と動機

SHRの状況カテゴリー	犯行動機の指標	より合理的	より感情的
三角関係による殺人	緊迫性，短絡的，非熟練，単独犯，富以外を目的とする		○
ベビーシッターによる子ども殺し	短絡的，非熟練，単独犯，富以外を目的とする，計画性が無い		○
喧嘩（アルコールや麻薬の作用による）による殺人	短絡的，計画性が無い，富以外を目的とする		○
金銭をめぐる口論[a]からの殺人	緊迫性，短絡的，単独犯，計画性が無い，富の増加を目的とする	○	○
その他の口論からの殺人	緊迫性，短絡的，単独犯，計画性が無い		○
裏社会での殺人	組織的，熟練，計画性，富の増加を目的とする（犯罪組織）	○	
若年の不良グループによる殺人	組織的，熟練，計画性，富の増加を目的とする（犯罪組織の縄張り争い）	○	
施設での殺人	熟練	○	
狙撃犯による殺人[b]	単独犯，計画性	○	○
他の重大犯罪に関わる殺人[c]	熟練，計画性	○	

a 「金銭をめぐる口論からの殺人」は，統計分析では感情的動機に基づくものと分類している．
b 「狙撃犯による殺人」は，統計分析では合理的動機に基づくものと分類している．
c 「他の重大犯罪に関わる殺人」は，強姦，強盗，放火，および麻薬・薬物規制法違反といった他の重大犯罪の実行中に行われた殺人の全てである．

素に基づき，SHRの状況カテゴリーを再分類した．それぞれの状況カテゴリーの中では，最もよくあると合理的に予想される要素のみを取り出している．

表6.1において，「金銭をめぐる口論からの殺人」と「狙撃犯による殺人」のみが，『殺人白書・追録（SHR）』の殺人状況カテゴリーの中で，犯行動機の一般的な性質に基づいて明確に分類することができないものである．あらゆる口論はそれ自体，感情的動機に基づくものであると考えられている．よって殺人状況カテゴリーとしての「金銭をめぐる口論からの殺人」を感情的動機に基づくものであると分類するのが妥当であろう．「狙撃犯による殺人」においては，単独犯であることから感情的動機に基づいている可能性が高くなるが，その反面では計画性の存在により，合理的計算が殺人という選択肢を選んだ主要な動機であるということも示唆される．犯行動機のその他の指標が常に伴うと考えることは合理的ではない．それに対し，計画性は「狙撃犯による殺人」に常に伴う犯行動機の指標であり，かつ，計画性は短絡性や

第6章　計画的殺人の特徴　149

衝動性を減らす。したがって，計画性の存在は激情の要素を相殺したり減らしたりするので，「狙撃犯による殺人」は合理的動機に基づくものと分類できる。

「(刑務所等の) 施設での殺人」および「他の重大犯罪に関わる殺人」のカテゴリーの多くの場合においては，犯人がいらだちや恐怖やその他の感情のためさらに多くの人を殺そうとしていたかもしれない場合もある。例えば強盗やその他の重大犯罪が計画したようにうまくゆかず，そのため犯罪者はいらだち，被害者を殺してしまうことになる。他方では，施設での殺人や重大犯罪に関わる殺人の一部を含め，一見すると感情的動機に基づくように思われるものでも，実際には合理的動機に基づいて計画された殺人も多い。1つの例が，自分がかっとなって殺してしまうような状況を自ら作出しようとする殺人犯であろう。第1次近似として妥当であることと，熟練や計画性がしばしば見受けられるという点からすると，「施設での殺人」と「他の重大犯罪に関わる殺人」はどちらかと言えば合理的動機に基づく殺人のカテゴリーに含まれることが多いだろう。

「三角関係による殺人」のカテゴリーの場合には，富の増加を目的として共謀して殺人を犯すような犯人は，全体のごく一部だけであろう。特定の動機を示す指標が無いので，「三角関係による殺人」のカテゴリー全体としては，どちらかと言えば感情的動機に基づく犯罪のカテゴリーに含まれると考えられる。

若干主観的ではあるができる限り適切に割り振ることで，全ての殺害状況カテゴリーおよび全てのデータを用いることができるようになる。他方では，「施設での殺人」と「他の重大犯罪に関わる殺人」の2つのカテゴリーを除外すれば，推計の統計的有意性を向上させることができるかもしれない。

表6.1を用いることにより，合理的計算による殺人（HR_{ij}）の値は，犯罪者が感情的動機に基づくと判断されるようなSHR状況カテゴリーすべてにおいて偽（$HR_{ij}=0$）となる。また，合理的計算による殺人（HR_{ij}）の値は，合理的動機に主として基づくと判断されるその他の全カテゴリーにおいて真（$HR_{ij}=1$）となる。1983年のSHRデータにおいては，この分類法により，36％が合理的動機に基づくと分類され，64％が感情的動機に基づくものと分類されるという結果になった。

(c) 意思決定パラメータ変数

モデルにおける意思決定パラメータ・ベクトルは (p_{ij}), (f_{ij}), (G_j), (Y_j) である。リスクを減少させる行為はフォン・ノイマン＝モルゲンシュテルン効用（あるいは，期待された富の増加分の金銭的価値）の極大化に適うものであるから，逮捕確率ベクトル (p_{ij}) が4つの意思決定ベクトルのうち最も重要であるといってよいだろう。(p_{ij}) の重要性は，式 (6.1) すなわち

$$EU_{hj} = p_j U_j(G_j - f_j) + (1 - p_j) U_j(G_j)$$

からはっきりと見てとることができる。逮捕確率 (p_{ij}) が0に近づくにつれて，殺人の主観的期待効用 EU_{hj} は殺人による富の増加分の効用 $U_j(G_j)$ の値に近づく。同様に式 (6.3) からは，逮捕確率を低下させると，期待された富の増加分が違法でない選択肢の機会費用を上回り，

$$H_j = H_j(EU_{hj} - EU_{lj}) > 0$$

となる場合があることが分かる。リスク愛好的な犯人についてはこのようになる可能性が特に高い。仮に逮捕確率 (p_{ij}) が0であるとすると $EU = G$ であって（仮定により主観的効用 $U(G) =$ 金銭価値 G），この値は漸増することを意味する。こうしたことから，合理的動機に基づく殺人者が逮捕確率 (p_{ij}) をどの程度であると評価するかが殺人の意思決定にとって決定的となることが分かる。

殺人 (i) の逮捕確率 (p_{ij}) についての犯人 (j) の評価に影響を与えると期待される要素で，容易に観察可能なものをいろいろと『殺人白書・追録』のSHRデータは含んでいる。具体的には，殺人者の性別 (MLO)，殺人事件が発生した警察管区の人口 (JP)，被害者と殺人者の関係の有無 (VOR)，銃の使用の有無 (GUN) あるいは刃物の使用の有無 (KNI)，事件に関与した犯人の総数 (NOF)，および，殺人事件が未解決であるか否か (UNS) である[16]。

一般的に，逮捕確率 (p) を減少させるためには犯人の側でかなりの情報分析と合理的計算を行うこと（あるいは同じことであるが，経験を有してい

ること）が必要である。したがって，合理的動機に基づく犯人はいっそう綿密に計画を立案したり，プロの手を借りたりすることであろう。例えば，綿密に計画を立てることでうまく犯罪現場の偽装工作を行うことができるかもしれない。また，熟練した犯人を起用することで，犯罪現場に真犯人たる自分を「結びつける証拠」を残す可能性を大幅に減少させることであろう。綿密な計画と熟練したプロの犯罪者の起用を組み合わせることによって，アリバイ工作も可能になる。他方で，激情にかられた短絡的殺人の場合には，このような複数犯の連携による計画的な行動がみられる可能性は低いと考えられる。したがって複数犯（NOF）の存在は逮捕確率（p）の減少を示し，合理的動機に基づく殺人（HR）とは正の関係を示すと予想される。

　もちろん複数犯（NOF）の場合であっても，一見自然発生的なギャング活動の中でその構成員が殺人に関わるというケースもあるだろう。しかしそうした場合でも，実際にはギャングのリーダーが下位の構成員を操作しているということも多い。したがって単なる「同調者」が複数いると見られる場合においても，実際には連携のもとに計画的に殺人が行われることがあり，このような場合には，合理的動機に基づく殺人（HR）と正の関係にあると結論づけることができる。

　殺人事件が未解決（UNS）であることは直接に逮捕確率（p）の減少を示すものである。したがって，未解決（UNS）は合理的殺人（HR）と正の関係にあると予想される。

　捜査官が犯人と被害者あるいは犯罪現場とを「結びつける」ために用いることのできる証拠の存在は，逮捕確率（p）を増加させる。このように殺人事件解決の確率と正の関係にある「犯人を結びつける証拠」で容易に観察可能なものが，明らかになっている[17]。すなわち，被害者と犯人との関係の存在や犯人による銃や刃物の使用である。ほとんどの殺人は感情的動機に基づくものであるため，被害者と関係がある者を被疑者の候補と捜査官は考えるのが常である。このことによって，実際に被害者との間に一定の関係がある犯人の逮捕確率（p）は明らかに増加する。銃や刃物の使用に関しては，弾道試験，血痕分析，指紋分析，武器の所持などが（あるいは急に所在不明となった武器の情報も），被疑者を被害者あるいは犯罪現場と「結びつける」手がかりとなりうる。このように，被害者と犯人の関係（VOR）や銃（GUN）

および刃物（KNI）の使用は，手がかりとして犯人と被害者あるいは犯罪現場を「結びつける証拠」であり，逮捕確率（p）の増加を示すものである。したがって，合理的動機に基づく殺人（HR）とは逆関係にあると予想される。

警察管区内の人口（JP）は，平均的には人口密度と正の関係にある。そして，人口密度は目撃者がいる確率と正の関係にある。また警察管区が大きければ大きいほど，殺人捜査の経験豊かな警察官がいると殺人犯は予想するであろう。したがって，警察管区の人口は，目撃者と熟練捜査官という逮捕確率（p）の2つの要素を介して，比較的高い逮捕確率を示す容易に観察可能な要素となる。したがって平均的には，殺人事件（i）が起きた警察管区の人口（JP）は合理的動機に基づく殺人（HR）と逆関係にある。

『殺人白書・追録』の1983年のSHRデータによれば，全殺人のうち，男性によって行われたものは63％である。殺人犯に男性の割合が大きいことの一因は，男性の方が女性より暴力的になりうるからであろう。しかしながら，女性より男性の方がリスクのより高い選択肢を採る傾向が大きいということもありうる。リスクのより高い選択肢への選好があるということは，男性犯罪者の方が主観的逮捕確率（p）の変化に対して敏感に反応するということになる。もしこのように，男性の方が合理的動機に基づく殺人のようなリスクの高い選択肢を選好する傾向にあり，したがって逮捕確率（p）により敏感に反応するのであれば，犯人が男性であること（MLO）は逮捕確率（p）の減少を示し，合理的動機に基づく殺人（HR）と正の関係にある。

殺人（i）に期待される処罰の重さ（f）を犯人（j）が判断するために使うことのできる容易に観測可能な要素は，SHRのデータにはそれほど含まれていない。とはいえ若干を挙げることはできる。例えば，確定的なものではないが，白人の被害者を殺害した黒人の方が，黒人を殺害した黒人よりも死刑になりやすいことを示す証拠がある[18]。しかしながらこの点の差異については，過剰な狂暴性などその他の事情に基づいていると指摘する者もいる[19]。いずれにせよ白人以外による白人の殺害（i）という要素が，期待される処罰の重さ（f）と正の関係にある可能性はありうる。処罰の重さ（f）は合理的動機に基づく殺人（HR）と逆関係にあると仮定したのであるから，白人の被害者と白人以外の犯人という組合せ（WVN）も合理的動機に基づく殺人（HR）と逆関係にあると考えられる。

さらに，殺人（i）による富の増加分（G）を評価する犯人（j）の能力について，SHRデータは2つの容易に観測可能な要素を提供する。すなわち，被害者の年齢と被害者の人種である。一般的に，被害者の年齢は富の増加分（G）と正の関係にあるものと予想され，また被害者が白人以外であることは，平均的に見れば殺人による富の増加分（G）と逆関係にあると思われる。富の増加分（G）は合理的動機に基づく殺人（HR）と正の関係にあると予想されるのであるから，被害者の年齢（VA）は合理的動機に基づく殺人（HR）と正の関係にあることになる。被害者が白人以外であること（VNW）は富の増加分（G）と逆関係にあり，したがって合理的動機に基づく殺人（HR）とも逆関係にあるということになる。

違法でない選択肢（Y）から得られる富の増加分（G）は，犯人（j）の人的資本の発達度合いと正の関係にある。SHRデータは人的資本に関する容易に観測可能な変数として，犯人（j）の年齢と人種の2つを含んでいる。犯人（j）の年齢は人的資本および機会費用（Y）と正の関係にあるはずである。他方，白人以外の犯人（j）の場合は，より少ない資源しかもたず，人的資本の発達度合いも低いと考えられるので，機会費用（Y）とは逆関係にある可能性が高い。違法でない選択肢（Y）から得られる富の増加は合理的動機に基づく殺人（HR）と逆関係にあると予想されるので，犯人（j）の年齢（OA）も合理的動機に基づく殺人（HR）とは逆関係にあるはずである。犯人（j）が白人以外であること（ONW）は機会費用（Y）とは逆関係にあり，合理的動機に基づく殺人（HR）と正の関係にあると予想される。

ここで重要なのは，意思決定パラメータ・ベクトル（G）や（Y）の要素変数が統計的に有意であるならば，富の増加分は合理的動機に基づく殺人犯が追求するものであると推定できるということである。また，パラメータ・ベクトル（G）と（Y）の有意性はさらに，データからの合理的動機に基づく殺人（HR）が，本書の理論モデルである合理的計算による殺人と基本的に対応していることを意味する。

これまで検討した12のSHR変数を4つの意思決定パラメータ・ベクトル（p_{ij}），（f_{ij}），（G_i），および，（Y_j）に代入すると，式（6.7）が得られる。これは推計の対象となるモデルを表している。

$$HR_{ij} = HR(MLO_{ij}, JP_{ij}, VOR_{ij}, GUN_{ij}, KNI_{ij}, NOF_{ij},$$
$$UNS_{ij}, WVN_{ij}, VA_i, VNW_i, OA_j, ONW_j) \quad (6.7)$$

式（6.7）における各変数の定義は次の通りである。

従属変数：

HR_{ij}: 殺人の類型。合理的動機に基づく殺人の場合は $HR_{ij}=1$，それ以外の場合は $HR_{ij}=0$。

逮捕確率ベクトル（p）：

MLO_{ij}: 犯人の性別。男性の場合は $MLO_{ij}=1$，女性の場合は $MLO_{ij}=0$。

JP_{ij}: 殺人事件が発生した警察管区の人口。

VOR_{ij}: 被害者と犯人の間の関係。SHRデータにおいてVORに含まれる「関係」のカテゴリは以下の通りである。夫，妻，内縁の夫，内縁の妻，母，父，息子，娘，兄弟，姉妹，義理の親や兄弟姉妹，継父，継母，継息子，継娘，他の親族，隣人，知人，恋人，前夫，前妻，従業員，使用者，友人，同性愛関係，その他の何らかの関係。関係がある場合は $VOR_{ij}=1$，ない場合は $VOR_{ij}=0$。

GUN_{ij}: 銃の使用。SHRにおいて「銃」とは，あらゆる種類の小火器，拳銃，ライフル，散弾銃，その他の銃と定義されている。銃が使われている場合は $GUN_{ij}=1$，使われていない場合は $GUN_{ij}=0$。

KNI_{ij}: 刃物の使用。SHRデータにおいて「刃物」とは，斧，アイスピック，ドライバー，その他の切断するための道具と定義されている。刃物が使われている場合は $KNI_{ij}=1$，刃物が使われていない場合は $KNI_{ij}=0$。

NOF_{ij}: 事件に関与した犯人の数（犯人ファイル集に含まれている全ての犯人それぞれについて，1つの事件記録が作成されている。このことにより，1つの事件に関与した全ての犯人それぞれの特徴を知ることができる。しかし，複数の犯人が関与した事件は犯人の数だけ重複して数えられることになるため，NOFの重要性について拡大方向のバイアスがかかる可能性には注意する必要がある。もっとも，複数犯の関与した事件は事件総数の4％に過ぎず，実際にはこのバイアスは無視できる程度のもので

あろう）。
UNS$_{ij}$: 未解決事件か否か。月刊版『殺人白書・追録（*SHR*）』で未解決と報告されている場合は UNS$_{ij}$ = 1。そうではない場合は UNS$_{ij}$ = 0。

処罰の重さベクトル（f）:
WVN$_{ij}$: 犯人および被害者の人種。被害者が白人で，かつ犯人が白人以外の場合は WVN$_{ij}$ = 1，そうでない場合は WVN$_{ij}$ = 0。

富の増加分ベクトル（G）:
VA$_i$: 被害者の年齢。
VNW$_i$: 被害者の人種。被害者が白人以外の場合は VNW$_i$ = 1。そうでない場合は VNW$_i$ = 0。

違法でない選択肢ベクトル（Y）:
OA$_j$: 犯人の年齢。
ONW$_j$: 犯人の人種。犯人が白人以外の場合は ONW$_{ij}$ = 1。そうでない場合は ONW$_{ij}$ = 0。

　未解決の殺人事件（UNS）をモデルに含めたために，犯人についてのデータが欠けている場合が生じる。データが欠けているのが確率（ランダム）変数である説明変数の場合には，得られているデータから計算した平均値（離散変数の場合には最頻値）によって置き換えることができる。こうすることによって，回帰係数 β の推計値にバイアスはかからないが，完全なデータによる推計ほど精度が高くはない回帰法となる。
　4つの意思決定パラメータ・ベクトルを構成する12の変数は，犯人（j）および殺人（i）と個別に関係のある容易に観察可能な特徴からなる変数である。したがって，これら12の変数は合理的動機に基づく殺人の犯罪プロファイリングないし特徴を表すものである。さらに，ベクトル（G）と（Y）を構成する変数が統計的に有意であるならば，これら12の変数は合理的計算としての殺人の犯罪プロファイリングないし特徴を表すものでもある。
　推計される式は式（6.7）であるが，12の変数は実際には4つの意思決定パ

ラメータ・ベクトル (p), (f), (Y), (G) を表しているにすぎない。したがって統計的に有意な変数は, 式 (6.7) によって表現される, より一般的なモデルを支持または棄却するものである。モデルが正確にかつ経済学理論に沿って記述されているならば, 4つの意思決定パラメータが統計的に有意であることから, 合理的動機に基づくと特定ないし想定されているタイプの殺人の犯人は, 現実にも合理的に行動していると推論することができる。

6.3. 実証的知見と犯罪類型プロファイリング

式 (6.7) における従属変数 (HR) は離散的であるから, 式 (6.7) は質的応答モデルであり, 最尤ロジット法によって推計される。表6.2はその結果を示している。表6.2において, 対数尤度による χ^2 統計量によって示される有意性が非常に高いことに注意してほしい。未解決事件 (UNS) のためのデータ欠測値による効率性損失と, それに対応した回帰分析であることはたいして問題を生じさせていないように思われる。このことは合理的動機に基づく殺人 (HR) をこのモデルがうまく説明できていることを示している。殺人の犯罪プロファイリングから導かれる特徴は予期したところと概ね一致して

表6.2　合理的動機に基づく殺人の特徴

変数	係数の推計値	T 値	ワルドの χ^2
切片	-0.0239	-0.2673	0.0717
犯人の性別 MLO	0.0439	0.8459	0.7157
警察管区の人口 JP	-0.0000000097	-11.8987	150.4050**
被害者と犯人の関係 VOR	-0.5680	-14.6392	214.0492**
銃の使用 GUN	-0.6380	-16.5714	275.0452**
刃物の使用 KNI	-0.9116	-19.1916	367.5881**
犯人の数 NOF	0.4961	23.1822	537.1011**
未解決事件 UNS	0.5911	6.3152	39.8483**
犯人および被害者の人種 WVN	-0.0682	-0.6380	0.4069
被害者の年齢 VA	0.0021	2.4970	6.2079*
被害者の人種 VNW	-0.5765	-5.9927	35.8745**
犯人の年齢 OA	-0.0113	-11.0784	123.5132**
犯人の人種 ONW	0.5364	5.5528	30.8468**

注：データ数 n = 21,128 としたときの最尤度ロジット分析の結果。対数尤度比 χ^2 検定統計量は2116.126（自由度12）である。有意水準が1％のときの帰無仮説棄却閾値は26.217である。
　*　有意水準が5％で有意。なお, 帰無仮説棄却閾値は3.841である。
　**　有意水準が1％で有意。帰無仮説棄却閾値は6.635である。

いるように思われる。全ての説明変数の効果の方向,すなわち係数の符号は予期された通りであり,統計的に有意でない変数は WVN と MLO のみである。説明変数ベクトル (G) と (Y) 中の全ての変数が統計的に有意なものであることは,式 (6.7) が合理的計算による殺人のモデルとして有効であることを示している。

　被害者が白人で加害者が白人以外であることを示す変数 (WVN) は,犯罪者が処罰の重さ (f) をどう見積もるかを示すものと想定されているので,合理的動機に基づく殺人を犯すという意思決定に,処罰の重さの増大は統計的に有意な影響を与えていないものと考えられる。処罰の重さ (f) が有意でないということは,合理的動機に基づく犯罪者が逮捕確率 (p) の変化の方に鋭敏であるとする本書の理論的仮説と整合的な結果である。他方で,変数 WVN,すなわち白人以外が白人を殺害することで処罰が加重されると一般には思われていないことの結果だ,と解釈することもできよう。それゆえ,意思決定におけるパラメータ・ベクトル (f),すなわち処罰の重さを白人以外が白人を殺害することである WVN によって代理させていることには問題があるかもしれない。逮捕確率のベクトル (p) 中の,犯罪者が男性であることを示す変数 (MLO) が統計的に有意でないことから示唆されるのは,合理的動機に基づく犯罪者のリスク愛好という特徴が特に男性に顕著な特徴ではないということか,男性犯罪者が女性犯罪者に比べて逮捕確率により鋭敏であるわけではないということか,あるいはその両方であるということである。

　個々の殺人が合理的動機に基づいたものである確率はロジット分析の結果から計算できる。表6.3は,表6.2の統計的に有意なそれぞれの変数について平均値を,合理的動機に基づいていることの確率を増大させるかどうかに基づいて示したものである。例を挙げてみると,合理的動機に基づく殺人 (HR) であることの確率が増大するにつれて警察管区の人口のスコア(これは目撃者や熟練捜査官の存在を増大させる要因と解釈できる)が減少し,犯人の数(これは犯罪組織の関与や専門化の要因と解釈できる)が増大することに注意してほしい。

　表6.2のロジット分析の係数は非線形な相関を表している。符号,つまり効果の方向と,統計的有意性だけがロジット分析から直接に得られる結果で

表6.3 感情的動機または合理的動機に統計的有意に関連する殺人の特徴

ベクトル／変数	平均値	高度に感情的動機 p(HR)<0.25	p(HR)<0.5	高度に合理的動機 p(HR)≧0.5	p(HR)≧0.75
データ数 N	21,128	5,760	17,648	3,480	439
警察管区の人口 JP	1,368,262	1,872,221	1,351,788	730,042	477,625
被害者と犯人の関係 VOR	0.541	0.831	0.602	0.235	0.308
銃の使用 GUN	0.590	0.552	0.639	0.341	0.244
刃物の使用 KNI	0.241	0.439	0.242	0.071	0.144
犯人の数 NOF	1.320	1.028	1.133	2.268	4.330
未解決事件 UNS	0.243	0.088	0.234	0.291	0.005
被害者の年齢 VA	34.992	34.588	33.931	40.373	41.221
被害者の人種 VNW	0.453	0.617	0.499	0.216	0.221
犯人の年齢 OA	49.688	47.941	50.180	47.196	23.989
犯人の人種 ONW	0.614	0.577	0.609	0.644	0.569

注：表6.2から統計的に有意なものを再整理.

ある。合理的動機に基づく殺人か否かに対する各変数の限界効果（係数）を直接に決定することはできない。この問題は最小2乗法（OLS）によって解決できる。すなわち，ロジット分析に基づき殺人事件のそれぞれのデータが合理的動機に基づいている確率値を計算し，それを従属変数として分析すればよい。この確率値は連続な従属変数であり，式（6.7）の独立変数の線形結合である回帰方程式の従属変数となる。こうしたモデルの適合度は飛び抜けてよいという結果になりそうである。しかしながらこの操作によって，犯人の数（NOF）の重要性が過大評価される可能性といったバイアスもまた増幅されてしまうだろう。最小2乗法推定は，合理的動機に基づく殺人（HR）に対する各変数の標準化された係数とともに，各変数の「平均された」パーセント値への限界効果（係数）を定数として与える。標準化された係数であれば，それぞれの変数の単位の取り方に左右されることなく，変数の相対的重要性の点から各変数を順序付けることを可能にする。最小2乗法の結果と各変数のランキングを表6.4に示す。

逮捕確率（p），違法でない行為からの富の増加分，つまり機会費用（Y），および，殺人による富の増加分（G）に関する標準化された係数の平均値はそれぞれ，0.4239，0.4108，0.2176である。犯人と被害者の人種 WVN は統計的に有意でなく，従って処罰ベクトル（f）も有意でない。これらから逮捕確率ベクトル（p）の相対的重要性が示される。

表6.4 最小2乗法の結果と標準化された係数のランキング

変数と〔ランキング〕	パーセント値への限界効果	T値	標準化された係数
切片	0.4950	986.697	0.0000
犯人の数 NOF〔1〕	0.1056	786.702	0.5545
刃物の使用 KNI〔2〕	−0.2002	−617.121	−0.5431
犯人の年齢 OA〔3〕	−0.0022	−347.598	−0.4803
銃の使用 GUN〔4〕	−0.1455	−533.172	−0.4736
被害者と犯人の関係 VOR〔5〕	−0.1237	−477.340	−0.4082
被害者の人種 VNW〔6〕	−0.1146	−414.182	−0.3777
犯人の人種 ONW〔7〕	0.1059	336.414	0.3413
未解決事件 UNS〔8〕	0.1027	194.807	0.2919
警察管区の人口 JP〔9〕	-1.9818×10^{-8}	−383.929	−0.2722
被害者の年齢 VA〔10〕	0.0005	82.321	0.0574

注：補正された R^2 の値は0.9902である．統計的に有意な3つのベクトルのそれぞれにおける標準化された係数の平均値は $p = 0.4239$, $Y = 0.4108$, $G = 0.2176$ である．犯人と被害者の人種 WVN および犯人の性別 MLO は統計的に有意でないために省かれている．また，犯人の数 NOF は過大評価されているかもしれない．

　合理的動機に基づく（ないし合理的計算による）殺人の犯罪プロファイリングは，統計的に有意なパラメータ・ベクトルの変数に基づくものである．これらの特徴を，それらが属するベクトルによってグループ分けし，各ベクトルでの相対的重要性の順に並べたものを以下に掲げる．

(a) 逮捕確率ベクトル(p)

1. 事件に複数の犯人がいること，すなわち犯人の数（NOF）によって，殺人事件の計画性と組織的専門化とが示され，合理的動機に基づくことが推測される．事実，表6.4によれば，事件に含まれる犯罪者が1人増えるごとにその殺人事件が合理的動機に基づくものである確率のパーセント値が平均して11ポイントずつ増大することを示している．

2. 変数 GUN（銃の使用）と KNI（刃物の使用）が相対的に重要なものであることから，犯人が自分と犯罪を「結びつける証拠」を犯罪現場から減らそうと熟慮して努めていることが示唆され，合理的動機に基づく犯罪か否かがマイナスの影響を受ける．このことは合理的動機に基づく犯罪では銃やナイフが用いられないだろうことを示している，と誤って解釈すべきでない．む

しろ，合理的動機に基づく殺人で銃やナイフが用いられた場合はたぶん，凶器が発見され難いということなのであろう。

3. 被害者と犯罪者の間に何らの人間関係（これは変数 VOR によって表される）も見出されない場合，殺人が合理的動機に基づくものである確率のパーセント値は平均して約12ポイント上昇する。表6.3は，合理的動機に基づくものである確率が高い場合には，VOR が1である（つまり人間関係が介在している）頻度が半分以下であることを示している。逆の言い方をすれば，被害者と犯罪者の間の人間関係がない場合には，その殺人が感情的に動機付けられたものである蓋然性は低下するのである[20]。

4. 任意の月間報告期間末に未解決であるとされた殺人事件では，合理的動機に基づくものである確率のパーセント値が平均して約10ポイント上昇する。この未解決事件（UNS）は，例えば熟練犯罪者（あるいは年かさの犯罪者）が関与したときのように，完全情報あるいはそれに近い情報が得られていることを示唆する。他方，表6.3で殺人が相対的に合理的動機に基づく場合である $p(HR) \geqq 0.5$ と $p(HR) \geqq 0.75$ とを比較すると，未解決事件（UNS）が減少するとき犯人の年齢（OA）も減少する反面，犯人の数（NOF）は増加する。このことから，（犯人の数（NOF）により対応すると思われる）犯人の熟練と専門化の方が（犯人の年齢（OA）よりも）殺人事件の解決に大きな影響を持っていることが推測される。

5. 警察管区の人口（JP）は，合理的計算に動機付けられた殺人犯が目撃者が居合わせる確率を考慮し，その確率を努めて減少させようとするであろうことを示している。目撃者を殺すこともそれ自体従属変数（HR）を構成するSHRカテゴリーの1つとして「他の重大犯罪に関わる殺人」に含まれているので，警察管区の人口（JP）の効果はそれとは分離された，ないし，独立の効果である。警察管区の人口（JP）と合理的動機に基づく殺人（HR）との逆関係は，また，合理的動機に基づく殺人犯が捜査官の熟練や捜査の有効性（そしてそれゆえ逮捕確率）が警察管区の人口（JP）と逆関係にあると考えることを示している。目撃者が居合わせる確率と捜査の有効性のもたらす効果と

の相対的重要性をここで決定することはできない。

(b) 機会費用ベクトル(Y)

1. 違法でない最善の選択肢（Y）から得られる富の増加分は相対的に低いものであるだろう。これは殺人犯が若年であったり（OA），白人以外であったり（ONW）する傾向があることから示される。機会費用ベクトル（Y）が相対的に重要であること，および犯人の年齢（OA）が統計的に有意であることは，ジェイムズ・ウィルソンの指摘，すなわち，違法でない選択肢（Y）は素人の（ないし若年の）犯罪者にとって，より重要なものであるということと整合的である[21]。

(c) 富の増加分ベクトル（G）

1. ベクトル（G）において富に関連する増加分は，被害者の年齢（VA）が高いことと被害者が白人以外（VNW）である確率が低くなる傾向があることによって示される。したがって，合理的動機に基づく殺人（HR）は，機会費用ベクトル（Y）と富の増加分ベクトル（G）の双方における富に関する選好によって特徴付けられることになる。これは合理的計算による殺人と整合的である。

6.4. 犯罪プロファイリングの含意

合理的動機に基づく殺人に対する犯罪プロファイリングには，犯罪抑止の生産に関連する含意がいくつかある。合理的動機に基づくビジネスライクな殺人にとって，最も大きな抑止効果が得られるのは，逮捕確率（p）を増加させることに資源が向けられたときである。なぜなら，逮捕確率（p）が最も重要だからである。それとは対照的に，処罰の重さ（f）は犯罪抑止に対して統計的に有意な影響を与えていないことが示されている。このことから分かることは，処罰の重さに対して資源の配分を増やしても，そこからはさしたる抑止効果が得られそうにないということである。犯罪の機会費用（Y）の増加に向けて社会資源を再配分しても，殺人のほんの一部しか抑止することはできない。具体的に見れば，表6.3が示すように，機会費用（Y）の増加を目的とした政策は，合理的動機に基づく殺人である確率が75％以上（p

(HR)≥0.75）である，最も合理的な殺人の類型（合計21,128人）の中の，ほんの439人の犯罪者（約2％）にしか影響を与えないのである。

　犯罪捜査についてみれば，合理的計算による殺人の理論に基づく犯罪プロファイリングは，未知の犯罪者の特徴を予測する上で，単に過去の殺人データから外挿法によって推定するだけではない。経済学による犯罪プロファイリングは，個別の犯罪者の特徴に注目するのではなく，むしろ「合理的計算による殺人」という犯罪の特徴に焦点を当てるのである。定義により，富を増加させるという犯罪目的は変わらず，また，この目的を達成する手段も変化しにくい。機会費用（Y）および富の増加（G）が統計的に有意な効果を有することから，合理的に動機付けられた犯罪者を特定する上で，費用便益分析がほぼそのまま役に立つことが分かる。例えば，殺人事件が起きてそれが未解決のままであり，その殺人が合理的計算によるものであると見られる特徴を有している場合には，殺人によって現実の利益を得ている者がいるという事実から，その者が犯人であるとの嫌疑を抱くべきことになる。被疑者がいる場合，その富の増加（G）が，代替選択肢によって実現されたであろう利得である機会費用（Y）よりも実際に大きいときには，その被疑者が真犯人である（もしくは真犯人の1人である）可能性が一層高まる。当該殺人によって富の増加（G）を得る可能性のあった人に対しても，同様の論理が当てはまる。組織犯罪に対して以前に捜査が行われていた等の理由から，機会費用（Y）の値がマイナスならば，富の増加（G）が実際には見当たらない場合もありうる。定義により富の増加を目的とするこの種の犯罪において，その目的に関連する特徴を持つ犯罪者を客観的に特定するこの方法は，現存する犯罪プロファイリングよりも明らかにメリットがある。このメリット，および，合理的計算による犯罪理論に基づく犯罪プロファイリングが非常に高い統計的有意性を持つという事実とから，この方法は裁判において証拠能力が認められる可能性は高いだろう。

　行動に対する動機には，感情的なものから合理的計算によるものまで多様なものが考えられるので，感情的―合理的のスケールを構成して動機を位置づけることができる。このような感情的―合理的の動機スケールは犯罪にとって総じて意味のあるものとなる。逮捕確率（p）は，富を極大化しようとする犯罪者にとっては非常に重要であるが，感情を動機とする犯罪者および

（または）非効率な犯罪者にとってはその相対的な重要性が薄い。そのため，逮捕確率の影響を見れば，当該犯罪の動機を合理的から感情的までのスケール上に位置づけることができる。図6.1では，表6.3から合理的動機に基づく殺人（HR）である確率を4つの類型に分けることにより，感情的から合理的までの程度を表すとともに，逮捕確率（p）に関連する特徴で構成される逮捕確率ベクトルの中で最も重要な要素を5つ取り出した。それらは，犯人の数（NOF），刃物による殺人（KNI），銃による殺人（GUN），被害者と犯人の関係（VOR），および未解決（UNS）である。逮捕確率ベクトルの要素の中で最も重要でない管轄区人口（JP）は，スケールの都合により図6.1には示していない。合理的動機に基づく殺人である確率（HR）の4つの類型ごとに，逮捕確率ベクトルの各要素の平均値，およびその要素の犯罪者数の全犯罪者の中での割合を記し，グラフでは感情的から合理的までのスケールに沿ってプロットしてある。図6.1からは，合理的動機に基づく殺人である確率が0.5以上であるか否かで（$p(HR) \geq 0.50$か否かで），逮捕確率に関連する要素の値が異なる傾向が一貫して見て取れる（未解決（UNS）を除く）。この差異は統計的有意性をある程度持っている。この差異から，合理的計算を主要な動機とする殺人の特徴が，合理的計算を動機とするところの弱い（つまり感情的な）殺人の特徴とは大きく異なっていることが分かる。この特徴の違いは，合理的計算による殺人であるか否かを捜査当局が特定するときの助けとなる

図6.1　逮捕確率ベクトルの要素の値の「感情的⇔合理的」軸上での頻度分布

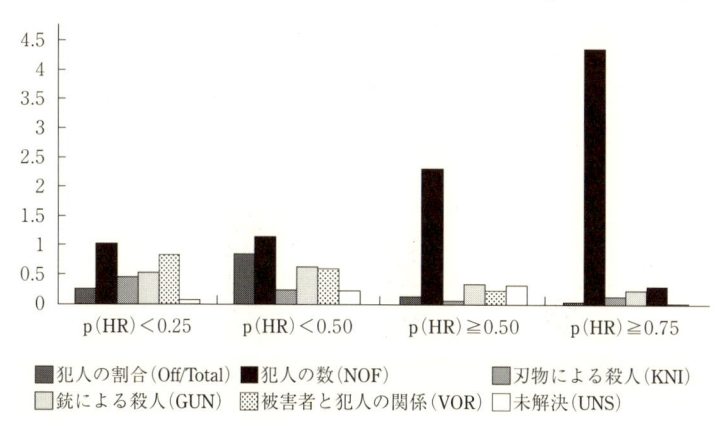

■犯人の割合(Off/Total)　■犯人の数(NOF)　■刃物による殺人(KNI)
■銃による殺人(GUN)　■被害者と犯人の関係(VOR)　□未解決(UNS)

であろう。

　感情的動機に基づく殺人と合理的動機に基づく殺人とを区別することが，殺人事件の捜査における第一歩であることはいうまでもない。もしも可能ならば，この作業は費用便益分析による犯人の特定を試みる前に行うべきである。

　表6.3の統計分析結果から，犯罪捜査に対するもう1つの重要な含意が得られる。それは犯人の年齢（OA）および未解決（UNS）の両方が，合理的動機に基づく殺人である確率が75％以上（p(HR)≧0.75）のときに著しく減少している点である。図6.2はこの点につきグラフで示している。図6.2では，表6.3によって示された未解決（UNS）の値に100を掛けて，犯人の年齢（OA）と比較しやすくしている。人的資本が機会費用（Y）ベクトルに反映されていると仮定すれば，違法でない選択肢からの富の増加分という機会費用（Y）と犯人の年齢（OA）は正の関係を有していると考えられる。したがって，犯人の年齢（OA）は表6.2のロジット分析の結果において，合理的動機に基づく殺人（HR）と逆関係にあると考えられ，実際にもそうなっている。しかし，犯人の年齢（OA）はまた，犯人の犯罪経験とも正の関係にあるはずである。もちろん，犯人の年齢（OA）が犯罪経験と正の関係にあるならば，犯人の年齢は（OA）はまた，未解決（UNS）とも正の関係にあるはずである。犯人の年齢（OA）と未解決（UNS）間の予想される正の関係が明確に出たのは，表6.3と図6.2においてのみである。明らかに，犯人の犯罪経験は合理的動機に

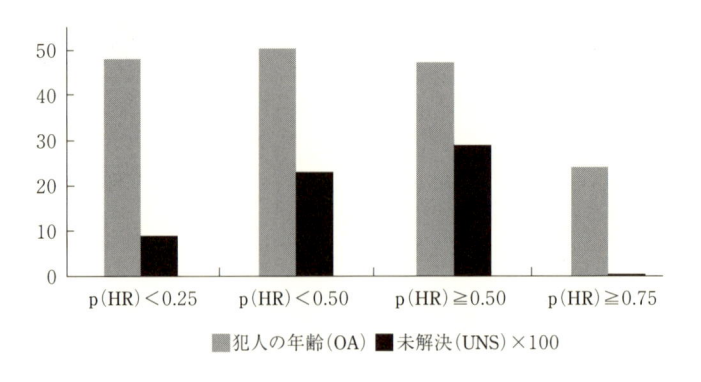

図6.2　犯人の年齢（OA）および未解決の殺人に対する頻度分布

基づく殺人を解決する場合には重要な要素である。したがって，未熟練のビジネスライクな殺人犯を逮捕したというニュースは目にすることが多いであろう。これに対して，高度に熟練したビジネスライクな殺人犯（例えば，プロの殺し屋）を捕まえたというニュースを目にすることはあまりないであろう。

　ここまでを要約しておこう。合理的動機に基づく殺人に対する犯罪類型プロファイリングは，1983年に起きた殺人の中の約3分の1に対して適用可能であると思われる。これは，現在使われている犯罪プロファイリングよりも，かなり広い適用可能性を持っていることになる。このような新しくてより広い適用可能性を持った，本書の犯罪類型プロファイリングは，確固たる理論的（経済学的）基礎に依っている。そして，富の増加を追求する合理的動機に基づく殺人犯から捜査の矛先を遠ざけてしまうというバイアスもない。また，高い有意性による統計的裏付けもある。さらに，合理的動機に基づく殺人であるか否かの特定および犯人個人の特定に役に立つ。合理的動機に基づく殺人に対する犯罪類型プロファイリングは，最も一般的なタイプの殺人である合理的計算による殺人を解決する上で，警察の捜査をより効果的でより効率的なものにするという目的を達成しうるものである。

（1）　本章の素材は以前に出版された拙稿，Marché, "Mending a Hole in the Police Dragnet: A Criminal Profile for Rationally Motivated Homicides," *Forensics: TEJ The Electronic On-line Journal of the American College of Forensic Examiners*（Spring 1996）に基づいている。
（2）　A. J. Pinnizzotto and N. J. Finkel, "Criminal Personality Profiling: An Outcome and Process Study," *Law and Human Behavior* 14 (June 1990): 215-233 参照。
（3）　R. N. Turco, "Psychological Profiling," *International Journal of Offender Therapy and Comparative Criminology* 34, no. 2 (1990): 147-154 参照。
（4）　J. T. McCann, "Criminal Personality Profiling in the Investigation of Violent Crime: Recent Advances and Future Directions," *Behavioral Sciences and the Law* 10, no. 4 (1992): 475-481 参照。
（5）　Turco, "Psychological Profiling."
（6）　J. Douglas et al., "Criminal Profiling from Crime Scene Analysis," *Behavioral Sciences and the Law* 4, no. 4 (1986): 401-421 参照。

（7） J. Douglas et al., "Criminal Profiling …" および W. Murphy and J. Peters, "Profiling Child Sexual Abuses: Psychological Considerations," *Criminal Justice and Behavior* 19 (March 1992): 24-37, 38-53 参照。

（8） 憎悪犯罪（hate crime）には，人間関係から生じた個人的な憎悪を解消するために殺人を犯す場合は含まれない。殺人を含む憎悪犯罪一般は，ある特定の集団に対して暴力行為が向けられており，被害者がたまたまその集団の一員であっただけであるようなものを指す（実際のところは，こうした憎悪犯罪が感情に動機付けられている程度は，個人的憎悪による殺人より低いものであろう）。

（9） Darrough and Heineke, *The Multi-Output Translog Production Cost Function: The Case of Law Enforcement Agencies* (In *Economic Models of Criminal Behavior*, ed. J. M. Heineke, 259-302. Amsterdam: North Holland, 1978) 参照。

（10） G. E. Marché, "Aggregation Biases and Economies of Scale in the Metropolitan Police Unit Production Function," *Review of Social Economy* 1 (Summer 1992): 215-233 参照。

（11） 犯人ファイル集が用いられているのは，これが犯罪者の情報を最も多く与えてくれるからである。各犯罪者につき1つの事件記録が作成されている。複数の被害者がいる場合，各被害者は犯人ファイル集中の当該犯人の記録の中に入れ子にされており，犯罪の質的特徴は全被害者間で人為的に同一の値に揃えられてしまっている。しかし，複数被害者のケースと複数加害者のケースはそれぞれ全体の3％と4％にとどまり，複数被害者のケースで質的特徴が揃えられていることは統計上の推計には有意な影響を与えないであろう。

（12） 例えば R. B. Felson, "Impression Management and the Escalation of Aggression and Violence," *Social Psychology Quarterly* 45, no. 4 (1982): 245-254 および Felson, Ribner and Siegel, "Age and the Effect of Third Parties During Criminal Violence," *Sociology and Social Research* 68, no. 4 (1984): 452-462 および Felson and Steadman, "Situational Factors in Disputes Leading to Criminal Violence," *Criminology* 21 (February 1983): 59-74 参照。

（13） 犯罪と薬物使用は高度の相関を持っている。それゆえ，恐らく多くの感情的動機に基づく殺人が薬物やアルコールによって引き起こされているであろう。

（14） 需要曲線という観点から見れば，非最適選択は，ある財の限界費用が限界便益よりも高いにもかかわらずその財を購入してしまう消費者の選択である。このときこの消費者は自分の需要曲線の「非合理的領域」にいるわけである。

（15） 深刻な精神的，感情的，あるいは情報処理上の問題を抱えている人間が

犯人であるかのように見せかけるためにプロの合理的計算による殺人犯が犯罪現場に偽装工作をしていないかどうかに，捜査官は注意しなければならない。そのような場合に合理的計算による殺人犯は，警察管区内に居住し，そうした偽装された犯人像に合致する者を警察が見つけ出してくるであろうと期待できる。また，プロの犯罪者は，警察が実際に事件を解決するのではなく，そうした無辜の者でも追及することで殺人事件を「解決」するという易きに流れることを期待するだろう。これに該当する事件が1986年に起きたウィルソン事件である。これは，知能発達障害を持つ青年ジョニー・リー・ウィルソン（Johnnie Lee Wilson）が「自白」させられ終身刑を宣告された事件である。約10年後の1998年になって，当初から容疑をかけられていた別の人物が犯罪を自供しウィルソンは赦免された。警察と検察がウィルソンの嫌疑を晴らすはずだった証拠をわざと撤回していたことが知られている（*Wilson v. Missouri*, Supreme Court of Missouri, Case No. 73285）。

(16)　「未解決（UNS）」は月刊の『殺人白書・追録（*SHR*）』の報告において犯人が未知のままであることを意味するものとして定義される。「解決」は犯人が知られており，それゆえ逮捕によって事件が決着したと仮定されていることを意味する。「事件の決着」と「逮捕による解決」とを同一視することは，1983年の追録における月間の殺人事件決着率（73.3％）が1983年の『統一犯罪白書』における年間の殺人事件解決率（75.9％）をほんの僅かしか下回っていないことから正当化できよう。月間解決率と年間決着率がこれだけ近いということは，月刊の『殺人白書・追録』が警察の捜査官の長期的パフォーマンスの正確な指標であることをも示している。

(17)　Marché, "The Production of Homicide Solutions ...," *American Journal of Economics and Sociology* 53 (October 1994): 385-401 参照。

(18)　DiIulio, "The Black Crime Gap," *The Wall Street Journal*, 11 July 1994, Sec. A, p. 10 参照。

(19)　Kleck, "Racial Discrimination in Criminal Sentencing ...," *American Sociological Review* 46 (December 1981): 783-805 参照。

(20)　このことは，被害者と加害者の間に明確な人間関係（VOR）がない殺人で，現場を一見したところ突発的で場当たり的に見える犯罪状況の場合，怪しいと思って慎重に捜査しなければならないということを示している。Ressler et al., "Sexual Killers and Their Victims ...," *Journal of Interpersonal Violence* 1 (September 1986): 288-308 参照。

(21)　Wilson, *Thinking About Crime* rev. ed., 137-42 参照。

《参考文献》

1. Marché, G.E., "The Production of Homicide Solutions: An Empirical Analysis," *The American Journal of Economics and Sociology* 53 (October 1994): 385-401.
2. Marché, G.E., "Mending a Hole in the Police Dragnet: A Criminal Profile for Rationally Motivated Homicides," *Forensics: The Electronic Journal of the American College of Forensic Examiners* (Spring 1996).

第7章　殺人事件の捜査

（編集責任：安藤　馨）

　本章では，2つの未解決殺人事件について，その捜査という観点から述べてみよう。これらの事件に関する情報やデータは，公開されている記録およびその他から得たものである。採り上げる事件はいずれも未解決なので，各種情報やデータが完全なものであるとは言えないだろう。それゆえ，そこに選択バイアスがあることは，ここであらかじめ断っておかなければならない。

　利用できた情報から判断するに，これら2つの殺人事件の捜査を通して分かることは，綿密に計画され，政治的なコネを持った殺人犯が関与し，プロの手によって実行された殺人事件の犯人を特定するには，やはり経済学が適しているということである。そのような殺人事件において，明確な動機を持った殺人犯は嘘発見器を用いて後で追及されることを予測し，それを見越して殺人を綿密に計画する。めったに殺人事件など起こらない田舎町の警察は裏をかかれ，心理学者や犯罪プロファイラーといった警察外部の専門家も犯人を特定できない。それどころか彼らは，意図的にかどうかは別として，正義の実現を妨げる結果さえもたらしうるのである。

7.1. 現実の殺人事件捜査

(a)　第1殺人事件の捜査

　以下では，第1の殺人事件の事実関係を時系列で示そう。アラン・メイ（Allan May, 2000）によると，1969年に上院委員会は，カンザス・シティの犯罪組織の主要メンバーとしてニック・シヴェラ（Nick Civella）を特定した。

シヴェラとその一味が，カンザス・シティ（チーフス）対ミネソタ（ヴァイキングス）間で戦われたスーパー・ボウルをめぐって賭博を共謀していることを，FBIが電話傍受による監視を通じてつきとめたのである。シヴェラは，ギャンブラーとしてその地域で名の知れたソル・ランディとともに起訴されたが，ランディの方は大陪審での証言と引き換えに不起訴処分を検察側から与えられた。アラン・メイによれば，「1970年11月，4名の黒人男性が強盗を装ってランディ宅に侵入した。押し入った男たちはランディを殺害し，ランディ夫人を暴行し強姦した。その4人の男たちはまもなく逮捕されたが，そこで明らかになったのは，彼らはランディの大陪審での証言に対する復讐のために雇われていたということである。理由は明らかでないが，当初の賭博容疑やソル・ランディの殺害容疑でニック・シヴェラがトライアル（事実審理）にかけられることは一切なかった。その上，ソル・ランディの殺害容疑で逮捕された4人の殺し屋がどこにいるのかも，彼らへの法的措置がどうなったのかも，分からないままである[1]。犯人が特定されているにもかかわらず，彼らは逮捕された以外の何らの法的制裁も受けなかった可能性がある。このように，第1殺人事件の捜査において，何らの法的解決ももたらされなかった。

(b) 第2殺人事件の捜査

ソル・ランディ殺害事件の後しばらくして，それとよく似たもう1つの未解決殺人事件が発生する。この第2殺人事件は，カンザス・シティから車で少し走ったところにある小さな田舎町で起こった。入手可能な情報から言えるのは，本件もソル・ランディ殺害事件と同じく，強盗を装った殺人事件であるということである。殺人事件発生時ないしその直後に，以下のような事実が起きたと言われている。

1人のよそ者の中年黒人男性が，新車で特別仕様のキャデラックに乗って現場周辺地域から走り去るのが目撃されている。州警察は，当該地域でその中年の黒人男性を知っている者がいないこと，および，現場の周辺地域にはそのような特別仕様のキャデラックの所有者がいないことを明らかにした。現場から見て村道の反対側に駐車しているキャデラックが最初に目撃されたのは，その未解決殺人事件が起きた日と同日同時刻であったとされる。その

とき駐車中のキャデラックの中は無人であった。しばらくして，2度目にそのキャデラックが目撃されたときには中に運転者が乗っており，キャデラックはその場を走り去るところだった。目撃情報によると，運転者は左手で反射的に，複雑だが自然な動きで顔を隠し，目撃者から顔を背けた。情報を総合すると，殺人犯は左利きである。

その特別仕様のキャデラックの他に，それまではいなかった白いワンボックスカー（バン）が目撃されている。その白いワンボックスカーは，比較的人目に付きにくい場所に駐車していたキャデラックが発車してそばの道路に入って行くのを，停まって待っていたとのことである。しかし目撃者によれば，その白いワンボックスカーが目撃者のそばを通り過ぎるとき，運転者はさっと伏せるようにして顔を隠した。これら2人の運転者の行動に鑑みれば，彼らが自分らの正体がばれないことを欲していたことが分かる。

第2の殺人事件の捜査についてその後の情報によると，被害者の夫は各方面との政治的コネ，とりわけ州警察との強いコネを持っていた。夫と被害者（妻）との間で離婚手続きが進行中であったことはよく知られていた。夫には不貞行為があり，夫婦の仲が非常に険悪になっていたこともよく知られていた。殺人事件が発生したとき現地警察は，被害者の夫に嘘発見器を用いて追及している。政治的コネを持っている夫に嘘発見器を用いたことから，被疑者が殺人の強い動機を持っていたと現地警察が考えていたことが分かる。被害者の夫が妻に対して殺意を抱いていたのは明らかだ，と現地警察が思うのはもっともなことであろう。その後，嘘発見器に不馴れな現地警察の的外れな質問のお陰で夫は検査を難なく突破し，殺人事件からしばらくして不倫相手と再婚した。

さらに第2殺人事件の捜査に関係する背景事情として，カンザス・シティの都市圏でFBIが「ストローマン作戦」というコードネームの秘密捜査を展開していたという点がある。「ストローマン作戦」は，カンザス・シティの組織犯罪に対する電話傍受による監視が主たるものであった。

ここまでの情報の全てが正しいこと，そしてカンザス・シティにおけるFBIの捜査が正鵠を得たものであったことを仮定すると，この第2殺人事件の捜査においては，州警察と犯罪組織との間に不正な取引があったことが疑われる。第2事件の捜査において両者を不正な取引に駆り立てた動機の背後には，

殺人への強い動機を持つ人物の関与があったとしか考えられない。政治的コネを持った被害者の夫はそれゆえに，この事件に関与しているに違いないのである。しかしながら，同じ被害者の命を狙う動機はカンザス・シティの犯罪組織の側にもあった。例えば，捜査当局の中に潜入し，秘密捜査「ストローマン作戦」のような電話傍受による監視その他の捜査情報を漏らす「内通者（モグラ）」がいれば，それはカンザス・シティの犯罪組織にとって非常に有利である。ここで，本件の政治的コネを持った被害者の夫がその内通者であり，さらに彼は，犯罪組織が妻の殺害を企てて実行した場合のみ，犯罪組織に捜査情報を密かに流そうと考えていると仮定しよう。すると内通者は，妻殺害の便益を得ることができるとともに，嘘発見器などによって事件への関与を嗅ぎつけられることもなくなるのである。

　先に説明したように，第2殺人事件の捜査の動機においては「不正な取引」の問題があった。「汚職」は，カンザス・シティの犯罪組織と，政治的コネのある捜査官との間に共謀があって起こる。そのときの「取引」とは，殺人とインサイダー情報との交換である。「不正な取引」により犯罪組織は殺し屋を調達する。このような小さな町の現地警察にとって，日常業務の中にこのようなタイプの犯罪が含まれていることはないであろうし，それゆえ，この現地警察が嘘発見器のような平凡な方法を使って本事件の犯人を挙げることは期待できないであろう。さらに内通者を忍び込ませるという犯罪組織の目的から見れば，本件がプロの仕業ではないように見せかけることも必要である。これで小さな町の警察は，さらに，混乱してしまうであろう。

　ここで，第2殺人事件の捜査に関するいくつかの事実をさらに検討しよう。政治的コネを持つ被害者の夫は，殺し屋を目撃した証人に面と向かって追及を受ける。この質問に答えることは，被害者の夫のその職業上の責任，ならびに重大な法律上の責任である。それなのに夫は質問に答えるどころか，椅子から飛び上がるように立って走って，職場の自室にこもった。さらに，非常に重大な法的問題，すなわち上記の質問の根拠となった配偶者殺人の捜査自体が，不可解にもまもなく打ち切りになっている。

　より広く，かつ社会的な視点に立って，第2殺人事件の捜査を別の殺人事件の場合と比較するとよいであろう。ここでは警察が解決し，事件の内容が公の記録（刑事訴訟記録）となっているある殺人事件の捜査を採り上げよう。

第 7 章　殺人事件の捜査　173

　アメリカン・フットボール・リーグ (NFL) の有名選手であるレイ・カルス (Rae Carruth) は，(身ごもったガールフレンドに将来，子の扶養料を請求されるという) 損失を回避するという目的で，計画的殺人事件を起こした。損失回避の手段として殺人という選択肢を選ぶ以上，逮捕確率を下げる計画を練らなくてはならない (実際には，数名の男を雇って銃撃を仕組んだとされる。すなわち，被害者のガールフレンドと映画を見た後，別々の車で前後に並んで帰る途中，停車して逃げ道を塞いだ。そのとき，チンピラが別の車で被害者の車の横に乗り付けて窓越しに 4 発銃弾を浴びせた。撃たれてから30日後にガールフレンドが死亡するまで，カルスは一度拘禁された後保釈金を払って自由の身になっていた)。カルスは，ガールフレンドが計画された銃撃の結果として死亡したら出頭することに応諾していた。ガールフレンドがとうとう死んでしまったとき，逮捕を避けようと計画を練った殺人に対する容疑で逮捕される確率は，この上なく高まった。それゆえカルスは逃げることを決めた。彼は逮捕確率を下げるために，テネシー州のメンフィスで自動車のトランクに隠れたのである。逮捕確率を下げることはまさに，損失回避の目的と整合的である。しかしその甲斐なくカルスはまもなく，妊娠していたガールフレンドの殺害容疑で逮捕され，起訴され，有罪判決を受け，刑務所に収監された。彼の所属していた NFL のチームは，彼を除籍処分とした。

　政治的なコネも警察とのコネも全くない黒人のレイ・カルスとは対照的に，第 2 殺人事件における政治的コネのある被害者の夫が白人であったと，ここで仮定しよう。妻の殺害や殺し屋についての質問をごまかした後，逮捕確率を下げるために逃げ隠れするというあからさまな行動をとったとしても，彼が白人であること，社会経済的地位が高いこと，そして警察とのコネがあることは，逮捕確率をゼロに戻すのには十分な条件であった。逮捕確率がゼロであったということは，嘘発見器を持ち出して，不正な取引を嗅ぎつけることができなかった現地警察の行動が示している。例えば，現地警察は，殺し屋についての証拠に焦点を当て始めるのである。政治的コネを持った白人の公職者である，被害者の夫はその後昇進した。当該事件の解決に何の意味もない捜査が，その後も展開されることになる。

(c)　第 2 殺人事件捜査のその他の問題点

現地警察は，政治的コネを持つ公職者と犯罪組織との不正な取引が一枚噛んでいるような殺人事件の捜査には，十分に慣れていない。彼らには不正な取引を検挙したり，犯罪組織の内通者を発見したりすることは所詮できないのである。効果的でない嘘発見器をお決まりのように持ち出してきて被害者の夫（被疑者）を調べ，この人は犯人ではないということで他の被疑者を捜す。もちろんそんな者は見つけられない。その後は現地警察に何ができようか？　政治的コネを持った公職者の妻が殺され，事件がお蔵入りとなるのである！　現地警察には，何らかの行動を起こせとの政治的圧力が加えられる。現地警察が心理学者や犯罪プロファイラーといった警察外部の専門家に助けを求めるのは自然な成り行きである。例えば，FBIに犯罪者プロファイリングの提供を依頼する。現地警察は，被疑者像を構築するために犯罪プロファイリングを使うだろう。こうして，FBIの犯罪プロファイリングのおかげで，この未解決の第2殺人事件の捜査はさらに脱線を続けてゆく。FBIの犯罪プロファイリングやその他の各種犯罪プロファイリングというものがどのようなものかに鑑みれば，捜査がこのような脱線をしてしまうことが十分あることは明白である。

　ターヴィ（Turvey, 1999）の言うように，犯罪プロファイリングの最大の短所は，明確で広く承認された，首尾一貫した方法論がないということである。例えば犯罪プロファイリングは，当て推量で関係があると夢想されているだけのデータから外挿法で作り上げられただけのものに過ぎないかもしれない。このようなあやふやなデータとそこからの統計分析に基づく犯罪プロファイリングとは別に，個々の犯罪現場のみにしか関係しなかったり，特定の犯罪現場のみを再構成しただけのものに基づいていたりする犯罪プロファイリングもある[2]。

　これら現状の2種類の犯罪プロファイリングにはともに重大な問題があり，それゆえ捜査を難航させることになる。例えば特定の犯罪現場のみに基づく犯罪プロファイリングでは，すぐ前に近所で発生したソル・ランディの殺人事件のことが考慮されないであろう。ランディ殺害事件が未解決の第2殺人事件と関連があるなら，特定の犯罪現場のみに基づく視野の狭い犯罪プロファイリングは，捜査を間違った方向に誘導することになる。他方で，あやふやなデータとそこからの統計分析に基づく犯罪プロファイリングは，多くの

誤った仮定に基づいている。

　上記のような犯罪プロファイリングを構築したり使用したりする中で出てくる誤った仮定には，以下に箇条書きしたものが挙げられる。

(1)　当該事件において犯罪プロファイリングを使用する前までの全ての捜査プロセスが妥当なものであったとの仮定。とりわけ現地警察の捜査官がこの手の事件に慣れていないならば，こんなことはありそうもないのである。
(2)　犯罪の特徴（ないし犯罪類型）を，それが判明する前に当て推量で思い込んでしまうこと。第2殺人事件における捜査官が，犯罪組織と公職者の間の不正な取引による殺人事件であるのに，全く異なる犯罪類型であるとの当て推量をすれば，犯罪プロファイリングは全くミスリーディングなだけである。
(3)　犯罪プロファイリングに用いられている情報が狭すぎるのにそうではないと思い込んでしまうこと。例えば，個別の犯罪現場に焦点を絞る犯罪プロファイリングは視野が狭すぎ，ソル・ランディ殺害の情報などのさらなる情報を考慮できなくしてしまいうるが，実はランディ殺害こそ第2殺人事件を効果的に捜査するにあたって決定的に重要だったのである。
(4)　個別性に焦点を絞る犯罪プロファイリングはどんなものでも最良であり，最もバイアスが少ないと仮定すること。この仮定は，いくつかの理由により誤っている。例えば，犯罪者データは常に不完全なものであり，それゆえ選択バイアスがかかっている。さらに，十分に研究された行動理論を前提としたものでなければ，統計に基づくどんな犯罪プロファイリングであっても，捜査担当者の態度，信念，経験，およびバイアスと整合性のある他の犯罪者の特徴のみとしか相関しない。統計に基づく犯罪プロファイリングの変数の相互の間に，因果的相関，予測可能な相関，あるいは反証可能な相関がまったくないかもしれないのである。
(5)　統計学的な相関関係はどれも，1つの特定の犯罪行動とのみ関係しているとの仮定。ひょっとすると複数の行動（違法でないものも含む）が，犯罪者の特徴と相関しているかもしれない。
(6)　犯罪プロファイラーが，特定の犯罪類型での犯罪者の動機や行動に関して，完全でバイアスのない情報を有していると仮定すること。最近のロバー

ト・ハンセンのスパイ事件や FBI の内通者（モグラ）事件が起きるまで FBI は，内通者やスパイの動機についてすべてを知っていると思っていた。
(7) 個々人の動機や行動（つまり「点」としての個別データ）は，集団データから予測可能であるとの仮定。

　これらの仮定の多くは，犯罪プロファイリングに現在 FBI が使っている帰納的手法と直接的な関連がある。犯罪行動に関するこの帰納的プロファイリングは，過去の事件での犯人や現場，被害者を調べて既知となった行動や感情から外挿法によって推計することで作り上げられている。その推論は統計データによるものであるが，その統計データも，全く別の事件の特定の犯罪者がとると想定される行動と当該事件に関連があるはずだとの想定から作成されたものである。犯罪の帰納的プロファイリングと同じ論理を用いることによって，個別具体型犯罪プロファイリングも誤っているという結論を導くことができる。例えば，上記 7 つの仮定が相互に独立で，すべてが正しいときにのみ犯罪プロファイリングは正しくなるとしよう。そうすると，犯罪プロファイリングを用いて事件の犯人を正確に特定できる平均確率（Ap）は，$Ap = p_1 \times p_2 \times \cdots \times p_7$ というように，基礎となる上記仮定が正しい確率（p_i）を掛け合わせたものになるというのが確率統計論からの結論である。基礎となる上記仮定の正しい確率がどれも $p_i = 0.8$ であれば，平均確率は $Ap = 0.21$ という結果になる。このように，犯罪プロファイリングが正しい平均確率（Ap）は，殺人事件全体の逮捕確率 60～65％ に比べてずっと低くなる。犯罪プロファイリングが犯人の逮捕につながる場合というのは，平均的には未解決事件 5 件のうち 1 件でしかないということである。つまり犯罪プロファイリングが誤っていることは，犯罪の帰納的プロファイリングそれ自身が予測することなのである。このことの結果として，犯罪プロファイラーが刑事手続きにおけるデュー・プロセスに違反し，罪なき市民の権利を侵害するようになることは容易に予測できる事態である。犯罪プロファイラーは，犯罪プロファイリングの予測が正確であった 5 件に 1 件の事例を取り出して，犯罪プロファイリングが有用であることの証拠だと指摘して，これまでやってきた偽善を合理化するかもしれない。

　犯罪プロファイリングが正しい確率の平均値（Ap）が低いという事実は，

ピニゾットとフィンケル（Pinnizzotto and Finkel, 1990）の研究結果と整合的である。この研究によって，犯罪プロファイラーの犯人特定に対する貢献が，他の種々の人々のそれと差がないことが明らかにされている。言い換えれば，素人が正しく犯人を特定できる確率と，訓練された犯罪プロファイラーの確率とで統計上差がないということである[3]。

　個別の捜査についての確率分析をすると，一般的な犯罪プロファイリングに有用性がないということのみならず，もっと悪い結果が出てしまう。ある特定の事件の捜査において，上に箇条書きで示した7つの独立した仮定のどれかが正しくないとすれば，当該の1件で犯罪プロファイリングが正確である確率（p）はゼロになる。言い換えれば，たった1つ仮定があてはまらないだけで，掛け合わせる独立事象の発生確率（p_i）の中に少なくとも1つゼロが含まれることになり，その結果，ある特定の犯罪プロファイリングが正確である確率（p）はゼロになってしまう。これは，仮定の中に統計的に独立でないものが含まれている場合であっても同様であるといえる。さらに問題なのは，そのような犯罪プロファイリングに基づいて捜査が行われることによって，捜査官は無辜の市民を非常に恥ずかしいどころか，ひどく屈辱的な状況に陥れかねないということである。FBIの捜査には，このような事例が散見される。

　FBI捜査官は大半の殺人事件への管轄権を持たない。それゆえ彼らには，殺人事件を捜査する経験も資格もないに等しい。にもかかわらずFBI捜査官は，大量のデータを蒐集し，それを統計的に分析して犯罪プロファイリングを構築すれば，より多くの殺人事件の捜査に関与できるようになると信じ込んでいるようである。FBIの犯罪プロファイリングは皮肉なことに，むしろ殺人事件の解決率の低下の方をこそよりよく説明するものとなっているのである。

7.2. 経済学に基づいた殺人事件の捜査

　第2殺人事件の捜査に犯罪プロファイリングが使用され，捜査を全く的外れな方向に導いてしまったと仮定しよう。実効性がないこの犯罪プロファイリングとは対照的に，第2殺人事件の捜査には，経済学理論に基づいたはるかに効果的でかつ効率的な方法がある。まず最初に判断しなければならない

ことは，本件が計画的で犯罪組織のプロによる種類の殺人であるか否かである。犯罪プロファイリングを使用するか否かにかかわらず，最初に，当該事件の犯罪類型を決定しなければならない。この目的のために第6章で構築した合理的動機に基づく殺人の「犯罪類型プロファイリング」を使用することができる。この犯罪類型プロファイリングでは，犯罪組織のプロによるような計画的殺人は，たいてい合理的動機に基づく殺人のカテゴリーに当てはまる。このカテゴリーでは，合理的計算が富の「冷血な」追求に結びついていることが多い。これはリン・ニューハート（Lynn Newhart 2001）の研究によって支持されている。ニューハートは，1990年代の契約殺人についての新聞記事を研究し，契約殺人の動機がほとんどの場合に金絡みか色絡みのものであることを明らかにしている。

　第6章の犯罪類型プロファイリングによれば，合理的動機に基づく殺人は，富を追求する目的を有し，犯人は複数であり，未解決のままで，被害者と犯人（たち）を結びつける証拠が欠如している場合が多い。犯人が複数である場合は，犯罪の計画と実行が組織的専門化の下になされている可能性が高い。この場合の専門化の内容としては，アリバイの捏造と箝口の強制を挙げることができる。結びつける証拠が欠如しているのは，犯人が証拠を改竄したり現場から除去したり，犯罪現場の偽装工作をしたりするからである。殺人全体のおよそ3分の1にはこの犯罪類型プロファイリングの特徴があるので，はじめからこの類型の殺人である可能性を排除して，旧来の犯罪プロファイリングの濁水に突っ込んでしまうことは危険である。

　第6章で構築した合理的動機に基づく殺人の犯罪類型プロファイリングによれば，対象事件が犯罪組織の殺し屋による殺人である可能性や計画的殺人である可能性が排除できない場合，捜査における次のステップは何であるべきだろうか？　不注意な捜査官には完璧に見えるアリバイがあったとしても，あるいは，不注意な捜査官には犯人と犯罪とを結び付ける証拠として不十分に見えたとしても，それだけでギブアップしてはならない。経済学理論によって提供されるその他の方法が，役に立つかもしれない。

　犯罪組織による殺人や計画的殺人の捜査に最も関連する経済学の応用としては，「費用・便益分析」と「リスク選好」とを挙げることができる。これらは両方とも，殺人犯の犯行目的に関するものである。ただし，犯人が複数の

目的を有している場合には分析が若干複雑になる。しかも，犯人が複数の場合が多いのであるから，犯行目的も複数である可能性が高くなる。とはいえ幸いなことに，分析における最初のステップとして，合理的動機に基づく殺人についての第6章の犯罪類型プロファイリングによって，この複数目的の問題を単純化することができる。富の追求が全体に共通の犯行目的であるので，個人的目的や政治的目的，あるいは，心理的動機などその他の目的は，出発点としては除外してよい。

　プロの犯罪者による犯罪現場の偽装工作がうまくいっている場合は，心理的目的の場合にも，それが合理的計算による殺人である可能性を除外することができない。言い換えると，犯罪の性質について捜査官が確信することができない場合には，いかなる仮定も除外することができないのである。全ての殺人のおよそ3分の1が合理的動機に基づく殺人のカテゴリーに該当し，全ての殺人のおよそ2％から4％が心理的動機に基づく連続殺人犯によって行われるとされる。したがって，全ての合理的動機に基づく殺人のおよそ6％から12％は，心理的動機に基づく連続殺人犯によるものである計算となる。このように，心理的動機に基づく合理的計算による殺人である可能性がおよそ10件に1件の割合で存在する。そうである以上，富の追求を動機とする，犯罪組織を使った殺人であるというシナリオをはじめから捨て去って何らかの旧来型の犯罪プロファイリングを用いることは，やはり捜査判断として拙速に過ぎ危険であろう。

　「費用・便益分析」は経済学においてよく発達した領域であって，合理的選択という考え方に基づくものである。合理的選択とは，所与の目的の枠内で，費用を超える便益をもたらす選択のことである。言い換えれば，合理的選択は目的達成に近付く選択であり，非合理的選択は逆に遠ざかる選択である。嗜好や選好は「目的」と同義語であって，個々人に固有なものである。視野をさらに広げれば，社会的選択や集合的選択も目的として考えることができる。

　費用・便益分析と合理的選択は，意思決定者に対してその選択の結果を知っていることしか要求しない。ここでは完全情報は要求されていない。完全情報とは，意思決定者が全ての選択肢とそのそれぞれの便益と費用の値を完全に知っていることを意味する。理論的には，完全情報という簡単化のため

の仮定をすれば，意思決定者が全ての合理的選択の集合から最適選択肢を選ぶことができるようになる。

　犯罪経済学と行動経済学における理論的研究と実証的研究が，「リスク選好」を分析する基礎を提供する。経済学者であるゲーリー・ベッカー（Becker 1986）とアイザック・アーリック（Ehrlich 1975）は，広く適用可能な犯罪選択モデルを構築した[4]。彼らのモデルの両方とも，殺人などの犯罪行動を選択する前に合理的計算がなされると仮定し，「逮捕確率」が刑事犯罪者にとって最重要であることを示している。アーリックのモデル（Ehrlich 1975）は，処罰確率が有罪確率を条件とし，有罪確率はさらに逮捕確率を条件とするものであることを示している[5]。言い換えれば，逮捕さえ避けることができれば，殺人犯は他の全ての負の結果を避けることができるのである。ベッカーのモデル（Becker 1986）は，この点についてより直截的である。それによれば，逮捕確率がゼロに近づくにつれて，犯人の期待効用は一気に高まる。これら2つの経済学モデルに共通のパラメータとしては，犯罪選択肢の期待便益と期待費用，および，「逮捕確率」が挙げられる。

　ベッカーとアーリックのモデルによれば，合理的動機に基づく犯罪者には「逮捕確率」が決定的に重要である。他の行動選択肢と比較して，殺人には重大な結果が伴うので，合理的動機に基づく殺人犯が主観的「逮捕確率」の変化に対して非常に敏感であるというのはよく理解できる結果である。この効果は「逮捕確率感受性」と呼ぶことができよう。

　残念なことには，ベッカーとアーリックのモデルは，殺人の分析における直接適用可能性という点から言えばあまりに単純化されすぎている。例えば，モデルの両方とも期待値を使う。期待値（結果の確率と結果の価値の積）は，不確実性下での（確率的な）意思決定を意味する。しかしこれらのモデルの両方とも，犯罪者の効用関数にリスク回避を仮定している。計画的殺人や合理的動機に基づく殺人のように，リスク愛好者の行う大きなギャンブルのタイプとリスク回避は一致しない。両方のモデルとも，事前の（アプリオリな）合理的計算を仮定する。しかし，とりわけ感情的動機に基づく衝動的な殺人の場合などをはじめとして，事前の合理的計算は全く不当な仮定であると多くの人々は感じる[6]。ベッカーとアーリックによる犯罪選択についての2つのモデルには，リスク選好と合理的計算に関する不整合が存在する。その

ため，多くの様々に異なるタイプの殺人に適用されると，それらは過度に一般化されているため不適切なものとなってしまう。殺人という選択肢を「合理的計算」と「感情的衝動」との2つの質的に異なる動機によって分け，その上でベッカーとアーリックのモデルの，各々のタイプの動機に最も関連する側面を適用する方がより有効であろう。

殺人が感情的動機に基づく場合，費用・便益分析もベッカーとアーリックが構築した犯罪選択モデルも，適用可能性に限界があることになる。ほとんど事前の考慮のない感情的動機による殺人の場合には，殺人の起きた後になるまで，ベッカーとアーリックのモデルで表された意思決定方式を犯人は採らないであろう。一旦合理的計算がなされれば，犯行現場から逃げたり，他の誰かが犯罪を犯したという話をでっち上げたり，証拠を湮滅しようとしたりすることなどの逮捕確率を低くする行動が，合理的選択肢として考えられるようになる。しかしこの種の殺人においては計画性が乏しいため，多くの証拠が残される場合が多く，また逮捕確率を（とりわけ長期的に）下げる行動をうまく達成するのが難しい。

感情的動機に基づく衝動的殺人の場合は，事後から見ると合理的に思われる逮捕確率低減の方策があるとしても，それを実施することは困難である。このようなわけで，おそらく逮捕を免れることがより期待薄なので，感情的動機に基づく犯罪者のほとんどは，逮捕を覚悟せざるをえない。経済分析によれば，感情的動機に基づく衝動的殺人において捜査官がなすべきことは，事後的になされる逮捕確率低減のための合理的行動の期待便益を引き下げ，期待費用を引き上げる努力である。この努力によって，逮捕を免れようとする事後的行動が犯人にとって合理的には見えなくなればなるほど，自白やその他の形での事件解決が達成しやすくなる。

筆者自身の実証的研究（Marché, 1994）によれば，他の全ての条件が不変として，感情的動機に基づく犯罪の逮捕確率はパーセント値でおよそ17ポイント高い。このことから，感情的動機に基づいているかどうかは逮捕確率に対して，少なくともこれ以上の影響があるといえよう。なぜなら，合理的計算がある程度含まれる殺人を感情的動機に基づく殺人のサンプルから排除することは困難だからである。合理的動機に基づく殺人についての第6章の犯罪類型プロファイリングによれば，全殺人の約3分の2が感情的動機に基づ

く殺人のカテゴリーに入るのであったが，この3分の2が全殺人事件での解決率とほぼ等しいことは単なる偶然の結果ではないと思われる。筆者によるこれら2つの研究結果を付き合わせれば，逮捕によって解決される殺人犯は，逮捕を実際に覚悟せざるを得ない犯人，すなわち感情的動機に基づく殺人の犯人である場合が多いと予想される。

　合理的動機に基づき犯罪組織を使うような殺人にとって，逮捕確率感受性と費用便益分析とを応用する経済分析，ならびに，ベッカーやアーリックの合理的犯罪選択モデルは非常に有用である。事前に計画を立てたり，プロの殺し屋のような専門家を利用したりするということは，犯人が期待効用を上回るほどの逮捕のリスクを覚悟してはいないことを意味する。したがって，殺人の期待効用は逮捕のリスクよりも犯人の目にははるかに大きいのでありうる。アリバイ工作をした犯人が，実行犯の殺し屋と面識がないということもある。例えば，第2殺人事件の実行犯と，犯罪組織が埋め込んだ内通者（夫）とは，面識がなかったであろう。合理的期待に鑑みれば，殺人への明確な動機を疑われる被疑者が警察に関係がある場合は，第2殺人事件の現地警察が使ったような嘘発見器にかけられるであろうことは十分予想していたはずである。警察に深い繋がりがある以上，嘘発見器にかけられた際にどのような質問を浴びせられるかさえ知っているであろう。例えば，第2殺人事件での被害者の夫は，「お前が自分で殺したのか？」とか「実際に手を下した奴を知っているか？」などといった質問に対して正直に「ノー」と答えれば済むのである。コネのある犯罪組織に殺し屋の手配をさせ，殺し屋の正体は知らされないようにしておけばよいからである。現地警察はこのような殺人の捜査には馴れておらず，嘘発見器を使ったところでこの手の「不正な関係」が背後にある殺人を解決することはできないであろう。

　使うのが専門家であっても，嘘発見器はそれほど信頼できるものではない。例えば，NewsMax.com（2001年3月2日）によれば，「…（ソ連・ロシアのKGBのためにCIAでスパイをしていた）オルドリッチ・エイムズはCIAによって何度も繰返し嘘発見器にかけられたが，まったく引っかからなかった」のである[7]。

　合理的動機に基づく殺人の場合，もし逮捕確率がゼロならば処罰の軽重はどうでもよくなる。その場合，処罰のもたらす期待費用がゼロとなるので，

他の取引費用や機会費用と殺人のもたらす直接的便益とを，犯人は比較するだけでよいのである。ここでの取引費用とは，例えば殺し屋を見つけるための費用や殺し屋に支払う報酬である。第 2 殺人事件の場合，内通者（夫）と犯罪組織の間には不正な取引関係があったので，犯罪組織の側が全ての取引費用を負担した。したがって，内通者の側は殺人に対する機会費用だけを考えればよかったのである。ここでの機会費用とは，殺人に対する次善の選択肢のもたらす便益ないし富の増加である。殺人を選択したということは，次善の選択肢の便益を放棄したということになる。犯罪組織の収入に引き比べれば殺人の取引費用は取るに足らない程度のものであろうから，犯罪組織を利用した計画的殺人に対する現実的な抑止となりうるのは機会費用のみでしかない。犯罪組織にとっても次善の選択肢の価値が十分に小さいならば，内通者を作るために殺人を選択させる可能性はより高くなる。例のストローマン作戦のような FBI の監視が続けられていて，犯罪組織にとって他の収入獲得手段のもたらす価値が小さい場合がそうであり，第 2 殺人事件で犯罪組織は実際にも政治的コネのある夫のために殺人の手助けをしている。後に見るように，この点は，損失の回避の形で殺人の便益が生じる場合に，とりわけあてはまる。なお，損失回避には，次善の選択肢が損失をもたらす場合も含まれる。殺人が選択されたとすれば，合理的動機に基づく殺人犯が考慮することは，殺人のもたらす便益ないし富の増加を現実に手に入れたか，殺人のもたらす富の増加や殺人によって回避された損失が，（取引費用を凌駕しているのはもちろんのこと）次善の選択肢がもたらしたはずの利益を本当に凌駕しているか，および，逮捕確率がゼロのままか，という点のみとなる。

　犯罪者の目的が，例えば損失の回避のように富に関するものであるならば，このような合理的動機に基づく殺人が物質的な利益の追求であることから，捜査官の行うべき費用・便益分析は単純なものとなる。もしも逮捕確率がゼロならば，処罰を受ける場合の費用は無視できる。取引費用を凌駕する物質的利益（ないし回避された損失）を考慮すれば，被疑者の範囲はすぐ絞られる。第 2 殺人事件における被疑者たる内通者の場合，第 4 章で見たように取引費用がゼロなので，計算は非常に簡単である。

　経済学理論によれば，リスク愛好的であれば大金のギャンブルのようなリスクの高い行動をするようになる。ギャンブル的行動で大金をせしめようと

するのが犯罪組織の行うことである。したがって，プロの犯罪組織は一般にリスク愛好型の行動をするものとされている。リスク愛好はまた，行動経済学の実験から導くこともできる（これは「心理学と経済学」とも呼ばれる）。例えば，大きな損失が期待される状況では，通常はリスク回避の人々もリスク愛好型の行動をする傾向がある。その理由は，ほとんどの人々にとって，富や損失の絶対値が大きくなるに連れて，その変化に対する感受性が減少するからである。なお，この場合の正負，つまりどこに原点を取るかは個々人の主観による。リスク選好に関する経済学理論によれば，感受性が減少する場合，物質的な利得が得られる状況ではリスク回避的行動が採られ，物質的損失が生じる状況ではリスク愛好的行動が採られる（Rabin, 1998: 15）[8]。技術的には，以上の行動は富の効用関数の形状で示される。すなわち，富がプラスの領域とマイナスの領域（損失の領域）それぞれで効用関数の形状が異なる。リスク中立型の効用関数は直線，リスク愛好型の効用関数は下に向かって凸，そして，リスク回避型の効用関数は下に向かって凹である。損失の領域でリスク愛好型になる傾向は，「プロスペクト理論」とも呼ばれる（Kleiman, 1999 参照）[9]。

　以上の応用として，期待損失とそれに対するリスク愛好によって，通常はリスク回避型の人々も自分の妻を殺そうという場合には殺し屋を雇おうとすることが説明される。同様に，FBIの執拗な監視に悩んでおり，組織への大きな損害を危惧する犯罪組織が，期待される損失を回避しようとして殺人というギャンブルに打って出ようとするのも説明できよう。

　犯罪がリスク愛好型の行動だということから，捜査官にはうまい手が見つかる。すなわち，いわば捜査官はギャンブラーを相手にしているようなものなのである。犯人は損失やその確率が分かっているギャンブラーであるから，殺人既遂後に主観的逮捕確率が増加してくれば，目に見えるリアクションをするであろう。プロの犯罪者はうまくやって逮捕確率をゼロのままにしようとするので，彼らのリアクションの規模や性質を分析すれば何を目的とした殺人かが自ずと明らかとなろう。殺人のもたらす富の増加という目的の場合と同様に，逮捕確率をゼロに戻そうとするリアクションを分析することで，合理的動機に基づく殺人犯の行動を予測することもできよう。

　計画的ないし合理的動機に基づく殺人においては捜査官が利用できる直接

的証拠がほとんどない場合が多く，逮捕確率を減少させる行為選択肢は，感情的動機に基づく殺人の場合よりもはるかに大きい利得をもたらす行為と犯人に認識されるであろう。プロの殺人犯にとっては，ソル・ランディが殺された第1事件の捜査の場合のように，証人を消すことがそのような行為選択肢の例といえる。逮捕確率の増加に対する反応が刺激ないし原因に比べて過大であるとみられる場合，経済学の用語では「弾力的な」反応であると言われる。もちろん，逮捕確率増加の原因がそれ自体大きなものではない場合には，弾力的な反応であっても証人の殺人にまで及ぶとは限らない。例えば，第2殺人事件では，逮捕確率の増加に直面することが避けられなくなると，嫌疑をかけられた犯罪組織の内通者は飛び出して逃走し，自室に隠れた。この反応から分かるのは，被害者の夫は逮捕確率がゼロのままであることを望んでいたということである。このタイプの反応は弾力性が高いものといえる。さらに，これは合理的動機に基づく殺人犯の行動として整合的なものである。

　第2殺人事件はさらに，本当に目立たない程度の主観的逮捕確率の増加に対する「弾力的な」反応の意味について，より一般的な知見をも提供する。それは，こうした反応をしてしまうことは嘘発見器にひっかかるようなものであるということである。事前に計画を立てること（特に，合理的に予期される嘘発見器への対策を含むならば）も，逮捕確率の増加に反応して逃走し身を隠すのも，逮捕確率を減少させる方法である。しかし，2つ目の手段の方は通常容易に観察可能である。無実であれば逃走する必要はないはずである。こうした点を考えるならば，第2殺人事件において，逮捕確率を増加させることのみが有効な嘘発見器の機能を果たしうることが分かる。なぜならば，この場合に逮捕確率の増加は予期されておらず，したがって，計画段階での犯人の考慮には入りえないのでつい逃げてしまうからである。

　もっとも，贋の証拠ではなく本物の証拠を用いて主観的逮捕確率を増加させる場合，プロの犯罪者がそこから捜査官の捜査内容や手持ちの証拠について多くの情報を得てしまう可能性も考えなくてはならない。ソル・ランディの第1殺人事件の場合のように，プロの犯罪者はそれらの情報から，証人やその他の証拠を消すことに成功するかもしれない。他方で，逮捕確率の減少はプロの殺し屋を油断させミスを犯しやすくする効果があり，このことで捜査官が追加的な証拠を入手できるかもしれない。したがって，逮捕確率感受

性を応用する際には，慎重な考慮が必要である。

7.3. その他の考慮要因

　本章で扱った2つの未解決殺人事件に関するものとしては，さらにいくつかの点がある。仮に2つの殺人捜査に関連があるとして，第2殺人事件でそうであったように，プロの殺し屋が犯罪現場までかなりの距離をやってきたという事実が認められれば，それは政治的コネのある夫とカンザス・シティの犯罪組織，そして妻の殺害を結びつけるものとなる。なぜかというと，殺し屋たちが仕事をやり遂げるためには，被害者（妻）が殺し屋の到着時点に在宅でなければならないからである。しかし，彼女が自分自身の殺害に協力するはずはないから，何らかのお膳立てが仕組まれたに違いない。そのような「お膳立て」としては，例えば，後で修理員やサービスマンが家にやってくると伝えておくことが考えられる。そうしておけば，彼女は外出しないようにするであろうし，在宅であれば，隣近所の目にとまることなく殺し屋は家に入れるであろう。夫が逮捕確率に敏感に反応しているとしたら，それは夫が第2殺人事件で妻の殺害のお膳立てをしたという事実を裏付けることになる。

　第2殺人事件の捜査から分かることは，従来型の犯罪プロファイリングを構成し使用することは効果的でなく，捜査の方向を誤らせる可能性があるということである。第2殺人事件のような個別具体的な殺人事件の捜査においてこうした犯罪プロファイリングを用いると誤った仮説構築をしてしまう可能性が高いだけでなく，行動科学よりも捜査官の思い込みを優先させてしまうことから生じる，より大きな問題がある。従来型の犯罪プロファイリングは人間の行動についての何らかの理論に基づくものではなく，いったん誤った想定がなされてしまうと，犯罪プロファイリングの根拠としては捜査官の態度，思い込みと経験しかない。最近の事件で，FBIのロバート・ハンセンという男が諜報組織KGBのスパイないし内通者として活動し，旧ソヴィエト連邦およびロシアに合衆国の国家機密を提供し続けていたという事件からはこのことが良く分かる。NewsMax.com（2001年4月23日）によれば，ハンセンの不審な活動は何年も前から表面化しており，逮捕されるほんの2年前にもFBI上席捜査官トーマス・キンメルがハンセンについての疑義をFBI長

官ルイス・フリーにさらに伝えていた。しかし，ハンセン逮捕のあとになって，FBI の上席捜査官たちが，キンメルは結果的には正しかったがその理由は間違いであったなどと強弁している(10)。しかし，リチャード・バーソロミュー（2001）によれば，キンメルが正しく FBI が間違っていた理由は，ハンセンが「スパイを発見するために用いられる犯罪プロファイリングに当てはまっていなかった」からである(11)。FBI の高官は犯罪プロファイリングに基づいていない捜査上の意見を恣意的に無視していたということであり，しかも，かといってその他の客観的な基準を用いていた訳では全くなかったので，FBI では犯罪プロファイリングに化体している態度や思い込みのみに完全に依存していたことが分かる。

　第 2 殺人事件はさらに，ポリグラフ検査や犯罪プロファイリングが非効果的であり，したがって非効率的な犯罪捜査の手法であることを示している。未解決の第 2 殺人事件に対しては，経済学に基礎づけられた手法のようなよりよい捜査法が利用可能なので，ポリグラフ検査や犯罪プロファイリングの利用は技術的に効率的な捜査とはいえない。生産における技術的効率性（犯罪捜査の生産は犯人の発見という生産につながる）の観点からは，既知の最良技術が用いられる必要があるのである。

　殺人事件において技術的非効率性が一般に見られることの効果として，他の条件を全て不変に保てば，合理的動機に基づく殺人のような最終的な生産（犯罪のレヴェル）が増加することになる。これは，技術非効率的な捜査には，犯罪助長効果があるためである。また，犯罪捜査の技術的非効率性は殺人事件の解決率のような中間生産（抑止のレヴェル）を押し下げることになる。これは技術的非効率性が捜査の生産性を減少させるためである。このことの長期的な影響として，犯罪捜査生産性の減少と犯罪助長効果はやがて，合理的動機に基づく殺人の相対的な割合を増加させることになるであろう。

　技術的効率性と刑事司法の質や社会正義の質との間に直接の関係があるということもまた，容易に分かることである。例えば，人種差別的犯罪プロファイリングの問題がある。一般的には正しいといえないことであるが，例として，麻薬の密輸人は黒人であると予想できるとしよう。このような予想をする理由としては，人種差別や偏見，地元警察の社会経済的な構成，密輸を探知するよりよい技術がないこと，より貧しく手口が稚拙で末端の密輸人ほ

ど警察の世話になることが多い，というような要素が考えられる。もっとも，その理由がいかなるものであれ，(このような自己強化的)予想はそれに基づいて行動すればますます正しいものと見えるようになる(例えば，私はコートの値段が下がるだろうと予想し，買わないでおくとする。もし他の消費者も同様に行動する傾向があるならば，コートの値段は消費者が下がるだろうと予想した直接の結果として，実際に下落するであろう)。したがって警察が麻薬密輸人は黒人であると予想するならば，黒人のみを逮捕する傾向が見られるであろうし，そこで逮捕され有罪となった黒人は逮捕および犯罪に関するデータにおいて過大に反映されることになる。そうなれば，黒人と麻薬密輸の間に統計上，正の相関関係があるということになってしまう。犯罪プロファイラーがこの統計的なデータに基づいて麻薬密輸に関する犯罪プロファイリングを作成した場合，データにおける選択バイアスのために麻薬密輸人の犯罪プロファイリングとして黒人であることが含まれてしまう結果になるのである。

　麻薬密輸業を行っているプロの犯罪者であれば，黒人でない者の方が黒人よりも成功しているということに気づくであろう。少なくとも適応的期待(過去の出来事の検討のみに基づいている期待)に基づいて，麻薬密輸人の元締めは麻薬を密輸するのに次第に黒人を使わなくなってゆく。しかし警察の方では麻薬密輸人の犯罪プロファイリングを用いているので，警察はしばしば無辜の市民に麻薬密輸の容疑をかけ逮捕することになってしまう。その上，逮捕によって解決される麻薬密輸が全体に占める割合は次第に低下してゆくことになる。面子を保つために警察は，黒人なら政治的にも好都合なこともあって，無辜の市民を麻薬密輸犯としてわざと挙げるというフレームアップをさえしようとするかもしれない。管理の改善と監督の強化で人種差別的な犯罪プロファイリングを減らすことはできるが，技術的非効率性が犯罪プロファイリングと社会的不正義に与える影響を理解することも重要である。

　費用便益分析や逮捕確率感受性を用いる，経済学に基礎づけられた捜査技術は，特に未解決の第2殺人事件におけるような犯人の目撃証人の存在と組み合わせた場合には，効率的かつ効果的な犯人の発見につながる。しかし，従来型の犯罪プロファイリングやポリグラフ検査については，そうではない。より具体的に言えば，従来型の犯罪プロファイリングは技術的に非効率的で

あり，社会的不正義を助長する。他方でポリグラフ検査は殺人によって利益を得る者にとっては想定の範囲内である。他の人に殺人の計画，準備，実行を行ってもらえるような取引をすれば，通常のポリグラフ検査なら簡単にすり抜けることができる。そして警察についての知識と経験を有している者，犯罪組織，および，犯罪組織のために働いている殺し屋などが関わる事件の場合には，こうした不正な取引がありうることは予期されるべきである。

（ 1 ） A. May, (2000, March 20). "The History of the Kansas City Family," retrieved June 24, 2001, from http://www.crimemagazine.com/kcfamil.htm.
（ 2 ） B. E. Turvey, *Criminal Profiling: An Introduction to Behavioral Evidence Analysis*, Watsonville, California: Knowledge Solutions, 1999.
（ 3 ） A. J. Pinnizzotto, and N. J. Finkel, "Criminal Personality Profiling: An Outcome and Process Study," *Law and Human Behavior*, 14 (June 1990): 215-233.
（ 4 ） G. Becker, "Crime and Punishment: An Economic Approach," *Journal of Political Economy*, (1968 March-April): 169-217.
（ 5 ） I. Ehrlich, "The Deterrent Effect of Capital Punishment: A Question of Life and Death," *Journal of Political Economy*, (1975 June): 397-417.
（ 6 ） J. Elster, "Emotions and Economic Theory," *The Journal of Economic Literature*, (1998 March): 47-74.
（ 7 ） Ashcroft, "More Polygraphs at FBI," (2001, March 2), retrieved June 24, 2001, from http://newsmax.com/archives/articles/2001/3/1/171056.shtml.
（ 8 ） M. Rabin, "Psychology and Economics," *The Journal of Economic Literature* (March 1998): 11-46.
（ 9 ） M. A. R. Kleiman, "Getting Deterrence Right: Applying Tipping Models and Behavioral Economics to the Problems of Crime Control," (in *Perspectives on Crime and Justice: 1998-1999 Lecture Series*), Washington, D.C.: National Institute of Justice, v. 3 (November 1999) Research Forum.
（10） "FBI Ignored Mole Alert Two Years Before Hanssen's Arrest," (2001, April 23), retrieved June 24, 2001, from http://newsmax.com/archives/articles/2001/4/22/171507.shtml.
（11） R. Bartholomew, (2001, February 23). "FBI Spy Scandal," retrieved June 24, 2001, from http://www.rbart.com/fbispy.htm.

《参考文献》
1. Elster, Jon. (1998), "Emotions and Economic Theory," *The Journal of Economic*

Literature, March, 47-74.
2. Kleiman, Mark A. R. (1999), "Getting Deterrence Right: Applying Tipping Models and Behavioral Economics to the Problems of Crime Control (in *Perspectives on Crime and Justice: 1998-1999 Lecture Series*), Washington, D.C.: National Institute of Justice, v. 3 (November 1999) Research Forum.
3. May, Allan. (2000, March 20), "The History of the Kansas City Family," Retrieved June 24, 2001, from http://www.crimemagazine.com/kcfamily.htm.
4. Newhart, Lynn (2001), "Academy of Criminal Justice Sciences Meetings," Washington, D.C., April 3-7.
5. Pinnizzotto, A. J., and Finkel, N. J. (1990), "Criminal Personality Profiling: An Outcome and Process Study," *Law and Human Behavior*, 14, 215-233.
6. Rabin, Matthew (1998), "Psychology and Economics," *The Journal of Economic Literature*, March, 11-46.
7. Turvey, Brent E. (1999), *Criminal Profiling: An Introduction to Behavioral Evidence Analysis*, Watsonville, California: Knowledge Solutions.

第8章　刑事司法制度による生産

（編集責任：高橋脩一）

　犯罪のコストを増加させる負のインセンティヴの形での犯罪抑止は刑事司法制度による重要な生産である。他の条件が一定であるとすれば，犯罪抑止の生産を増加させ社会の犯罪を減少させるためには，刑事司法制度により多くの資源を投入し，それをより効率的に使用ないし配分することが必要となる。効率的な配分のためには刑事司法制度の生産が最も深刻に不足している領域に対して，より高いレヴェルの資源を振り向けることが必要である。そうした領域として，合理的動機に基づく熟練殺人犯が容易に通り抜けてしまう一見明らかな「警察捜査網の穴」がある。こうしたところでは専門的な資源をはじめとした資源の使用を増やすことや，経済学的思考を広めることが抑止生産を改善するであろう。本章ではこのように経済学の生産者理論を有罪判決の確率，更生，（収監や処刑による）無害化などの生産に対し適用する。

8.1.　悪しき刑事政策

　犯罪に対する負のインセンティヴの形で抑止を増やすことについてはそれなりに説得的な反対を，よかれと思って主張する人たちがいる。例えばジェリー・スペンスは1996年7月23日に彼のテレビ番組の中で，犯罪対策としてより多くの警察官および警察資源の投入を約束する政治家は，耳あたりのよいことを言って票を集めようとしているだけだと主張している。ジェリー・スペンスによれば，こうした政治家のしていることは票と私たちの子どもたちを交換することに他ならないのだという。スペンスは，生活保護を受けている未婚女性を母に持つ子供（当然に麻薬常習者であるとも思われている）

は，生まれてくる母親を間違えただけであるとする。こうした子供たちはたいてい親に放置されて育ち，生きるためにはストリート・ギャングの仲間入りをせざるをえないだけだというのである。スペンスはまた，より円満な家庭に生まれ，両親の愛情に包まれて育つ子どもは犯罪を犯すようになどならないということを暗黙の前提としている。彼によれば，警察の存在感を増すことによって犯罪に対する抑止を増加させることは，すでに燃え盛っている火にガソリンを注ぐのに等しい。これに対して，少年犯罪の問題に対するスペンスの代替案は，このような子どもたちを一時的にこうした悪い家庭環境から引き離し，思いやりのある家庭へと引き取ることである。思いやりのある里親は，犯罪以外の真っ当な生き方を子どもたちに教えることができるのだという。このようなジェリー・スペンスの提案は，確かに非常に魅力的なものに見えはする。しかし，残念ながらこれは見当違いも甚だしく，机上の空論に過ぎないと言わざるをえない。

　現実の世界では，次の事実に基づいたストーリーのように物事が運んでしまう。私の友人が，別の州で犯した犯罪について実刑に直面していた16歳の未成年の甥の保護観察権を得たときのことである。叔父と叔母の所から逃走するようなことが一度でもあればすぐに刑務所へ行くことになる，ということを少年裁判所からはっきりと告げられた上で甥はやってきた。この未成年の甥は崩壊した家庭で育てられ，そこでは麻薬や喧嘩は日常茶飯事という生活であった。甥の母親は甥の父親以外の男性と結婚しており，甥は「クリップス」という名で知られているストリート・ギャングの構成員であった。甥によれば，彼は数えきれないほど（20以上）の里親家庭から逃走してきた。なぜこれほど多くの回数逃げ出したのかについて聞いてみると，彼は逃げだしても問題とならず罰も受けなかったからであると笑って答えていたが，実はこれは事実である。というのも，1974年に連邦議会において「少年司法および少年非行の防止に関する法律（Juvenile Justice and Delinquency Prevention Act: JJDP）」という法律が制定されており，この立法の主要な内容として，虞犯少年を少年院や少年鑑別所に入所させてはならないことが各州に義務づけられているのである。虞犯少年とは家出少年や不登校児のように，成人であれば犯罪とならないような罪を犯した未成年のことをいう。

　甥はまた，麻薬の取引や他の違法な取引によってはるかに多くの稼ぎが得

られるから，最低賃金で働くようなことはしないと何度も主張している。ちなみに甥の実父は別の州で活動している暴走族のメンバーである。またこの父親は名の知れた麻薬ディーラーで，指名手配を受けているお尋ね者でもある。興味深いことに，甥によればこの父親には毎年バハマでバカンスを楽しむだけの稼ぎがあるということである。

　未成年の甥の保護観察を引き受けた叔父と叔母は思いやりがあり，社会に十分に適応している，しっかりとした大人である。叔母は医療言語聴覚士を職業としており，未成年者の心理学や行動矯正の方法についての知識を有していた。しかし叔父と叔母と6ヶ月ほど暮らしたあと，甥はやはり家出をした。その後，彼は仲間たちを率いて叔父と叔母の家に盗みに入ったとの容疑を持たれている。家からは1500ドル相当の財産が盗まれた。甥は窃盗の嫌疑で数日間留置されたが，これは新たに居住することになった州での初犯であったため釈放となった。叔父と叔母は甥の保護観察権を再び得て故郷の州に連れ帰り，その州で彼は刑務所に収監された。その州の当局者によれば，彼が6ヶ月も面倒を起こさずに里親家庭で辛抱できたのはこれまでの最長記録であったという。

　ソーシャル・ワーカーはこの叔父と叔母に対し，甥は不安定で暴力的な家庭で育ったために刺激的な活動を選好するだろうと注意していた。このソーシャル・ワーカーの忠告は選好の不変性という経済学の仮定と明らかに重なるものである。叔父と叔母は刺激的な活動への甥の選好に対応しようと，甥とビリヤードやテニス，フットボールをするなどあらゆる試みを行っていた。それどころか，甥に対して一定量のビールや煙草を許可し，カーラジオでラップをかけることも許していた。こうしたことは全て，彼のそれまでの消費パターンや選好と整合するものである。しかし残念なことに，それでも犯罪を犯し，家出し，他の同様な未成年者と過ごすことへの甥の選好が消滅することはなかった。経済学者はこれまで個々人の選好について説明したり解明しようと試みたことはなかったが，ゲーリー・ベッカーによる『嗜好を説明する (*Accounting for Tastes*)』という最近の本によれば[1]，子供時代を含む過去の経験，行動に関する習慣，仲間の影響などにより選好は一定に保たれるという。個人の態度（例えば，リスクに対する態度）や信条も選好を説明する要素である。甥の場合は，仲間の影響がかなり大きかったようである。

時としてなされる指摘に反し，未成年者が違法ではない手段で所得を得ることは必ずしも困難なことではない。しかし，違法ではない選択肢はきつい仕事である傾向にある。当たり前のことであるが，甥が繰り返し指摘していたように（もちろん，彼がこうした経済学用語で説明したわけではないが），違法ではない所得を得るという選択肢は，犯罪活動と比べれば相対的に無視できるほどの機会費用にすぎないのである。甥の立場から見れば，皿洗いをしたり，床を拭いたり，在庫を運んだり，家事をしたりといったようなことをしたいと誰が思うだろうか。麻薬取引に従事すること（あるいは，甥の場合には叔父と叔母の家に盗みに入ること）の帰結のマイナス面は逮捕というそれほど大したことのない不都合である。これに対し麻薬取引（あるいは窃盗）によって得られる金と逮捕のプラス面は，逮捕のマイナス面を補ってあまりあるものである(2)。未成年の甥の場合には，逮捕はほとんどあるいは全く不都合となるものではない。それどころか，窃盗によって逮捕されることにはプラスの面もあるのである。例えば無料の食事，一時的な居場所，テレビ，ゲーム，仲間内での地位の上昇などである。刑事司法制度が犯罪に対してプラスのインセンティヴしかもたらさないなら，未成年にとって麻薬を売買したり犯罪に及んだりすることは極めて合理的な行動である。

　少年犯罪の問題に対するジェリー・スペンスによる提言に戻ると，未成年とはいえチンピラの悪党を普通の家庭に招き入れることは，燃え盛る山火事を自宅に招き入れておきながら，突然火がひとりでに燃えたがらなくなるのを期待するような愚挙に等しい。先の甥の場合6ヶ月間は面倒を起こさなかったが，それは単に犯行の機会が訪れるまで，それまでと変わることのない選好によって火がくすぶり続けていただけに過ぎなかったことは明らかである。火にはむしろ，水をかける方がよいのではないだろうか。水には火が燃える余地を減少させる効果がある。犯罪という火に水をかけるということは，警察の存在（逮捕確率）を増加させ，処罰の重さを引き上げることを意味する。このことは犯罪の機会を（費用を増加させることによって）減少させる。しかし残念ながら，現実世界では逆に，少年司法制度や少年非行防止法などの悪しき刑事政策によって，犯罪という劫火は我々の社会に招き入れられ，手のつけようもなく燃え盛るよう煽られているのである。

8.2. 刑事司法資源増強の必要性

犯罪行動を助長するような悪しき刑事政策が存在するだけでなく，犯罪抑止生産のために振り向けられている資源が少な過ぎると思われる。また，現状の刑事司法システムは極めて非効率な犯罪抑止生産を行っているようにも思われる。表8.1においては1960年から91年までの殺人と指標的犯罪全体の各種数値を示している。これによれば，殺人および指標的犯罪全体の逮捕確率と処罰の重さが，過去30年にわたり総じて減少し続けていることが分かる。その他の条件を不変に保てば，殺人率と犯罪率の上昇が今後も見込まれることだろう。

犯罪抑止を財と考え，殺人および犯罪全体に対する公共セクター（警察，検察，刑事司法，刑務所などの法執行機関）による犯罪抑止生産がその需要量に満たないとすれば，それを補うために民間セクター（私人，警備会社など）による犯罪抑止生産の努力がなされると期待される。民間セクターによる追加的な犯罪抑止生産の需要は図8.1に示されている。

図8.1は，1年間に一定数の犯罪が発生し，それらは市民によって非自発的に，つまり意に反して「消費」されねばならない，というモデルを示している。言い換えると，犯罪は「財」ではなく，騒音や大気汚染，水質汚濁な

表8.1　殺人および指標的犯罪[a]全体における犯罪指標と法執行指標（1960年と1991年）

	犯罪率 （10万人あたり）		州刑務所への 収監期間（月） 中央値（平均）		警察認知事件に 対する逮捕による 解決率（%）		収監確率[c] （州刑務所）	
	1960	1991	1960	1991	1960	1991	1960	1991
殺人	5.1	9.8	52.0[b] (121.4)	68.0 (84.0)	92.3	67.2	39.8[d]	28.4
指標的 犯罪全体	1887.2	5897.3	NA (28.4)	17.1 (24.1)	30.8	21.3	2.8	0.8

(a) 指標的犯罪とは，殺人，強姦，強盗，暴行，不法侵入，窃盗，および自動車窃盗である．
(b) 1960年の収監期間の中央値には，過失致死が含まれている．
(c) 警察が認知した事件の数に対する，州刑務所への収監数の割合（%）である．
(d) 1960年の収監確率には，過失致死が含まれている．

出典：Issac Ehrlich, "Crime, Punishment, and the Market for Offenses," *Journal of Economic Perspectives*, vol. 10, no. 1 (Winter, 1996) p. 45.

図8.1 非自発的な犯罪消費

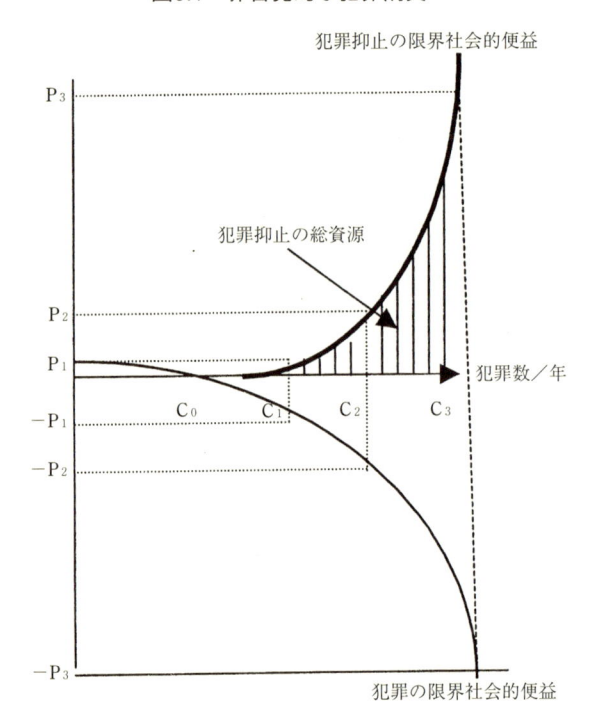

多すぎる雪や泥のように，犯罪による限界便益は犯罪が増加するに従って減少し，そのうち$-P_1$，$-P_2$，$-P_3$のように負となる．限界量（微分量）として，社会は犯罪抑止のために，例えばP_1，P_2，P_3に示された価格までなら支払おうとする．犯罪抑止のために社会が投入しようとする資源の総量の最大限は，犯罪抑止の限界便益曲線の下にある正の領域の面積である．公共セクターに支払われた資源（税）がC_3からC_2まで犯罪を減少させたならば，C_2からC_0の範囲にある犯罪は全て民間による犯罪抑止の対象となる．

どと同様の「負の外部性」なのである．しかしながら，犯罪の総数が少ないうちは，犯罪の限界効用（便益）は正となりうる．これは，少量の犯罪であれば個人の広い自由やより刺激的な活動の享受につながりうるからである．これは適度な雨や雪，泥などがそうであるのと同様である．この意味では，犯罪や雨・雪・泥などについても需要つまり正の限界便益が存在するといえる．しかし，ある点を超えると，犯罪は多すぎるようになり，雨・雪・泥の過多と同じように，ついには負の限界便益をもたらすようになり，その絶対値は単調増加する．各点での犯罪の限界価値はそれぞれ$-P_1$，$-P_2$，$-P_3$な

どの価格で与えられ，これらはそれぞれ C_1, C_2, C_3 という犯罪量と対応している。

もはや「財」ではなくなった物（例えば，犯罪や水や雪や泥）の負の限界価値とは，当該負財の量を前提として1単位の量の削減のために社会が支払う用意のある費用の最大限を意味する。言い換えれば，負の価値を持った物を効率的に削減または抑止することは，現状の「負財」のもつ負の価値と少なくとも相殺しあうだけの正の限界価値，ないし正の限界便益をもたらすということである。「負財」が全て除去ないし抑止されれば，限界価値は少なくともゼロになる。

図8.1において P_1, P_2, P_3 の正の価値は，犯罪抑止のもたらす価値の限界量の当該犯罪量における極大値を表しており（犯罪抑止の限界社会便益），正の値をとる限界社会便益曲線と横軸とで囲まれた斜線部分の面積は，社会がすすんで犯罪抑止のために支払う資源の最大限を表している（犯罪抑止の総資源）。この犯罪抑止の総資源の一部（税金など）は法執行を行う公共セクターに支払われ，犯罪を例えば C_3 から C_2 に削減するだろう。しかしながら，公共セクターの犯罪抑止生産がより効率的であったなら，同じだけの量の税金を投入して C_3 から C_1 まで犯罪を削減することができたかもしれない。効率性を向上させる余地がなく，法執行のために税金をより多く投入することもないならば，C_2 から C_0 までの犯罪は民間セクターの生産によって抑止される他ない。民間セクターにおける犯罪抑止への支出行動としては，例えば，よりよい鍵に替えたり，番犬を飼ったり，民間の警備員を雇ったりといったものがあり，これらはさらなる犯罪抑止を生産することになる。しかしそれでも犯罪が多過ぎて人々が命の危険を感じる程である場合，人々はもっと極端で費用のかかる犯罪抑止対策を講じたいと願うようになるだろう。例えば，市民の中には犯罪者の攻撃を抑止するために，費用と不便さを忍んででも銃器を持ち歩く者が出てくるかもしれない。ジョン・ロッツ（John Lott）の『銃を増やせば犯罪は減る：犯罪と銃器取締法の解説 (*More Guns, Less Crime: Understanding Crime and Gun-Control Laws*)』（1998年5月刊）の実証的研究の結果によれば，市民によるこの種の行動で犯罪は実際にも抑止される。他方では，以下のこともまた真実である。すなわち，武器を携帯し，自分の身の安全を確保するために武装したギャングに加わらねばならないと感じる若者が

出てくるのは，コミュニティや学校での不十分な犯罪抑止と治安の悪化がその原因の1つだということである。要するに，公共セクターがその効率性を高めるとか，多くの資源をさらにつぎ込んでもらうとかができず，そのために安全と犯罪抑止を十分に提供できないならば，犯罪が増加するだけでなく，市民の側の武装化も招くことになるのである[3]。

　この問題に関連した現象として，公共セクターによる殺人事件捜査の相次ぐ不首尾に業を煮やして，一般市民までが殺人事件の捜査に手を出さざるをえないと感じるようになるということも挙げなければならないであろう。

(a)　効果最大化のための資源集中

　第6章での合理的動機に基づく殺人についての犯罪類型プロファイリングと，そこに引用した筆者の研究によれば，8つの要素が殺人事件解決率に対して統計的に有意な効果を有している[4]。それらは，証拠の得やすさ，事件解決へのコミュニティの選好，捜査官の経験，そして捜査官の仕事量などであった。その8つの要素それぞれが殺人の解決率に影響を与える「平均」パーセント値も求められており，重要度に応じてそれらを順位付けることができる。それによれば，これらの要素のうち最も殺人の解決率を低下させるのは，被害者と実行犯との関係の不存在（-48ポイント），および，殺人が合理的動機に基づくこと（-17ポイント）である。これらの2つの要素は，合理的計算による殺人には共通の特徴でもある。このタイプの殺人より数がもっと多い感情の動機に基づく殺人の場合には，被害者と実行犯との間に何らかの関係が存在するのが通常である。感情的動機に基づく殺人と合理的計算によるビジネスライクな殺人とを較べると，後者の方がパーセント値で平均して65ポイント解決率が低くなる。このような実証的研究の成果は，合理的計算による殺人に対する警察の捜査網に大きな穴があることをはっきりと示している。

　上記の筆者の研究は，合理的動機に基づく殺人事件の解決にもたらす負の影響が，犯罪生産性と警察の生産性の欠如（あるいはそのうちの何らかの特定の原因）のどちらにより大きく起因しているかを決定するものではない，ということを指摘しておくべきだろう。したがって，警察官が経済学的な考え方についての研修を受ければ，合理的動機に基づく殺人をより効果的に捜

査できるということは十分にありうる。不幸にも，この種の研修が捜査官にとって必修とされることはまずないどころか，そもそも受けようにもこの種の研修は提供されていない。合理的動機に基づく殺人，つまり，合理的計算による殺人に対する警察の犯罪捜査の効率性と実効性を向上させるために，刑事司法制度の資源をより多く振り向けるよう提案するべきである。

(b) ヴィンス・フォスター事件

　合理的計算による殺人を識別する訓練が警察の捜査官に欠けているために生じうる帰結をはっきり示す実際の事件を以下で紹介しよう[5]。ヴィンセント・W・フォスター・ジュニア（Vincent W. Foster, Jr.）はホワイトハウスの大統領次席法律顧問であり，クリントン大統領の親しい友人であり，大統領夫人のヒラリー・R・クリントンとは弁護士事務所の同僚であった。その彼が1993年7月20日公園で死体で発見された。フォスターは，大統領の不正行為の嫌疑として後に大スキャンダルとなるホワイトウォーター不動産投資に際してクリントンの弁護士を務めていた。連邦公園警察と大統領特別顧問ロバート・B・フィスク・ジュニア（Robert B. Fisk, Jr）の下で働く何人かの捜査官によるおざなりな捜査が行われた後，当局は事件を明らかな自殺として捜査を終了した。フィスクの報告書によれば，フォスターはヴァジニア州のフォート・マーシー公園，すなわち遺体発見現場で銃によって自殺したということであった。

　フォスター事件が，訓練のない，不注意で未熟練な捜査官が，熟練したプロの殺人犯にまんまと欺かれた事例である可能性は十分ある。ウェスタン・ジャーナリズム・センターの資金の下に，フォレンシック・コントロール・システムズ社のスキャリスとサンツッチが準備し，ヴィンセント・J・スキャリス（Vincent J. Scalice）が徹底的調査によって明らかにしたところによれば，フィスクの報告書には数々の矛盾点が存在する。スキャリスの調査報告書は次のように結論付けている。「殺人の可能性は排除されていない。……ケネディ大統領の暗殺に勝るとも劣らない不審な状況下での，トップクラスの政府高官の死亡には，何者かによる犯罪行為が絡んでいる気配がする」。この報告書の調査結果は，フォート・マーシー公園での事件現場の再現，検死報告書，事件現場に居合わせた人々の証言，および法廷に提出された証拠

に基づいており，フィスク報告書が依拠した FBI 研究所の調査リポートの詳細な分析もなされている。以下が，自殺であるとのフィスクの報告書の主張（FBI 調査リポート）と証拠が矛盾する点である。

1. フィスクが依拠した FBI 研究所の調査リポートと事件現場の再現から得られた証拠との間には以下の矛盾点が存在する。
a. フォスターは死体発見現場まで700フィート（約210メートル）以上は歩いたとされているが，FBI の検査によれば彼の衣服および靴には一切土がついていなかった。
b. フォスターが発見されたといわれている小道において，現場再現のためにフォスター役が着用した衣服と3組の靴には土が付着した。
c. また，現場再現のフォスター役が着用した靴の底には草の色素も付着したが，FBI の検査リポートではそのような色素には言及が無かった。

2. 通常の自殺の場合とフォスターの発見のされ方との間には以下の矛盾点が存在する。
a. 専門家によれば，普通なら銃の反発によってフォスターの腕は，彼の体側に斜めの角度をもって延びているはずである。しかし，フォスターの死体が発見されたとき，腕は体の脇に沿ってきちんと並んでいた。
b. 死体がきちんとした姿勢で横たわっていたのとは対照的に，フォスターの眼鏡は死体から約13フィート（約4メートル）離れたところで発見された。専門家によれば，通常なら眼鏡がそのように体から離れたところに位置するはずは無い。
c. 硝煙反応が無いことから，発砲の瞬間にフォスターの左右どちらの手も銃のグリップを握っていなかったことが分かる。さらに銃がフォスターの手にきちんと握られていたことから，銃が後から手に握らされたものであることを高い確率で窺わせる。

3. 死後に死体が動かされたらしい気配がある。
a. 「自殺」の後，フォスターの顔面上の血が流れた痕を分析した FBI の検査リポートによれば，彼の頭は異なった4つの位置に置かれていた

ことを示していた。
　b.　弾丸は頭頂部後部から外部に飛び出していたにもかかわらず，現場には血が噴出した跡も，その他の体組織も見当たらなかった。検死官の証言によれば，血液はフォスターの後頭部にべっとりと付着して凝固しており，そのことは死体が動かされたのであれば傷口が何かで覆われていたのであろうことを窺わせるという。
　c.　フォスターの死体には様々な色のカーペットの繊維が付着していた。

　ヴィンス・フォスターが実際に自殺したという可能性もあるが，犯罪現場は改変されており，捜査妨害があったのは明らかだ。犯罪現場がこれほどひどく改変されていたことと本当に自殺であったこととは矛盾する。例えば，いったい誰が本当の自殺を本件現場のように他殺に見せかけようなどとするだろうか？　また，もしフォスターが本当にどこか他の場所で自殺し，その後死体が現場に運ばれたのならば，運んだ者にどんな純便益が期待できようか？　その便益は少なくとも，明白な司法妨害罪と殺人の嫌疑がかかるという費用に見合うだけのものでなくてはならないはずだ。誰かがそのような大きな費用を負ってまで遺体を動かさなければならなくなるような場所でフォスターが自殺したというのは極めて想像しにくいことである。
　特別な政治的動機を持った者だけがヴィンス・フォスター事件を疑わしくないものとして説明しようとするだろう。さらに，この事件を静かに闇の中に葬り去ることによって最も利益を受ける者の中に真犯人がいるに違いない。事件現場と真犯人の少なくとも1人とを結びつける証拠（フォスターの衣服から発見された頭髪）の存在が既に報告されている。このような現場からの証拠は嘘で言い逃れたり回避したりすることができないものである。むしろ，テレビの刑事コロンボの口癖のように，「どうもどこかしっくりこないところがあるんですよ」となるのである。この事件に（殺人の）陰謀があるとしても，それが保守勢力によるものではないことだけは明らかである。政治的な手段（すなわち大統領特赦の保証）を用いて被疑者を捜査機関の手から守ることは，首謀者のリスクを低下させるだけでなく（よって，本件犯行が起きた原因を説明するだけでなく），さらなる司法妨害罪が犯されたことをも示唆することになる。

以上から最低限確実にいえることは，スキャリスとサンツッチの報告書の知見によれば，自殺とされたヴィンス・フォスターの死亡には司法妨害に当たる行為が絡んでいるに違いないということである。ヴィンス・フォスターの死体が動かされ，事件現場が偽装されたと見られるので，複数の殺人実行犯がいたと推測される。複数の実行犯と現場の偽装ということから，本件には合理的動機に基づく殺人（ないし合理的計算による殺人）の犯罪プロファイリングが有効である。この犯罪プロファイリングに従えば，フォスターの殺害によって富の増加（政治的な利益も含めて）を得た者，または得ることができたはずの者が，ヴィンセント・フォスターの殺人の被疑者だと考えるべきだろう。とりわけ，フォスターの殺害以外の手段によっては富の増加を得られなかったであろう者である。

(c)　専門化した資源と訓練

　熟練したプロの犯人による殺人が富の増加（ないし政治的利益の追求）を動機としてなされるとき，それが合理的計算によるビジネスライクな殺人であることを経験の薄い捜査官が見抜くことはごく稀でしかない。熟練したプロの犯人なら，犯行現場に偽装工作を施して，合理的計算による殺人が，殺人以外のタイプの犯罪（例えば自殺）とか殺人であったとしても異なるタイプの殺人（例えば強盗殺人）のように見せかけるに違いない。そのようなプロの殺人犯は，証拠の隠滅も図るであろう。経験に乏しい現地警察は，このような殺人の捜査では外部からの支援を求め，おそらくFBIの犯罪プロファイリングを要請することになる。この犯罪プロファイリングのために，真犯人逮捕の確率が減少するのみならず，当該警察管区に住む無辜の市民を被疑者に祭り上げるなど，犯罪の社会的費用の増大までも引き起こすであろう。熟練した犯人と未熟で非効率な捜査当局の組合せは，事件を未解決で終わらせる結果となることがほとんど必定である。

　合理的計算による殺人は個人や社会に多大の損害を与えうるものであるが，管区内の犯罪統計に合理的計算による殺人がほとんど含まれていないような小さな警察は，総じて，経済学の論理を用いた犯罪捜査の訓練を受けてもそれほど便益を受けないであろう。しかし，そのような小さい警察管区で合理的計算による殺人が起こるという稀な事態が生じたときには，当該犯罪が合

理的計算による殺人として正しく同定されることと，当該タイプの犯罪捜査のための専門化された捜査資源が投入されることが重要である。ところが，これらのタイプの事件に役に立つような専門化された捜査資源は現在存在しない。犯罪および犯罪行動に関する経済学以外の理論の重要性が過大評価されているので，捜査にバイアスが生じる。経済分析が全く利用されていないので，犯罪捜査の生産過程は全て経済学的な合理性がない。さらに，経済学理論に基づいた捜査資源投入と経済学理論に基づかない捜査資源投入との組合せを，合理的計算による殺人の解決という生産に結びつける生産等量曲線は，経済学理論に基づかない捜査資源の軸上の点のみとなろう。したがって，捜査費用極小化や犯罪解決極大化の全ては，経済学理論に基づかない捜査資源の軸上の端点解となる。さらに，犯罪および犯罪行動に関する経済学以外の理論は全て，合理的計算による殺人に対してさしたる正の限界価値も有しないので，技術的に非効率である。したがって犯罪解決（生産）は，いかなる費用水準においてもゼロに近いままである。

このように的外れな方向に専門化された捜査資源の限界効果は低いので，警察の捜査官と同じような訓練など受けていない私人の方が，殺人事件の解決において生産的である場合が見られるのである。

8.3. 有罪判決の確率

有罪判決を受ける確率は重要な変数であるが，逮捕確率や処罰の重さといった他の投入の分析を行う際にはしばしば一定であるとみなされる。有罪判決の確率が相対的に重要であることは，ジェフリー・グロガー (Jeffrey Grogger, 1991) の研究が明らかにしている[6]。その研究によれば，若い男性の逮捕者にとって，有罪判決の確率の方が処罰の重さよりもずっと大きな抑止効果を有するということが示された。ジェームズ・アンドレオーニ (James Andreoni, 1995) の実証的研究成果によれば，興味深いことに処罰の重さ (f) が上がることによって有罪判決の確率が下がるのである[7]。こうして処罰の重さ (f) が変化するときには，有罪判決の確率が一定であるという仮定が現実世界においては妥当しないこととなる。このため，現実世界のデータ分析では，特殊な統計的手法が必要であることが分かる。この統計的手法はいくつかの抽象的な理論的仮定に基づくものである。アンドレオーニによると，

処罰の重さが上がることによって，2つの異なった経路を通して有罪判決の確率に対する影響がもたらされる。第1に，処罰の重さが上がると，犯罪者は犯罪の発覚および有罪判決を受けることを逃れるためにより大きな努力をするようになる。これが「回避効果」である。第2に，処罰の重さが上がると有罪判決が誤判であるときの費用が高まることになり，それを陪審員が慮って有罪認定のための証明度たる「合理的疑い」の基準が引き上げられ，無罪評決の確率が上昇することになる。これが「証明度効果」である。これらの2つの効果が合わさって，処罰の重さ（f）が上がることによる抑止効果が相殺されてしまいうるのである。

処罰の重さ（f）の上昇によりもたらされる「回避効果」と「証明度効果」の重要性や意味は，殺人の種類によって異なるであろう。まず「回避効果」を考えてみよう。合理的動機に基づく殺人者にとっては，処罰の重さが上昇することによって，非常に大きな「回避効果」が生まれるであろう。合理的動機に基づく殺人者は逮捕と有罪判決を避けるためにより大きな努力を払うことが予想され，殺人という選択肢の費用が直接上昇するに違いない。殺人の費用上昇と，逮捕確率を下げるための行動の数や種類の変化は，犯人にしか分からないであろう。他方，有罪判決の確率という条件付確率を下げるための行動は外から分かりやすいであろう。例えば，犯行のための支出を増加させたり，目撃者を脅迫・殺害したり，目撃者ないし陪審員を買収したり，より優秀な弁護士を雇ったりする行動などである。何度も起訴されては無罪評決を得たマフィアの親分ジョン・ゴッチのように，うまくやれば，有罪判決の確率を下げることができる。しかもアメリカ合衆国の刑事訴訟法の下では，犯罪者がいかなる手段を使おうと，いったん「無罪判決」を得たならば，同じ罪で再び起訴されることはないのである。合理的計算による殺人においては，逮捕確率（p）や有罪判決の条件付確率の減少に努めるという回避効果は，処罰の重さが大きくなることによる犯罪抑止効果を上回るであろう。したがって，合理的動機に基づく殺人者に対して，処罰の重さだけを増加させたのでは，犯罪抑止がネットでは低下してしまうであろう。処罰の重さ（f）を上げると同時に，逮捕確率（p）と有罪判決の確率も引き上げる方が理にかなっている。その場合には，処罰の重さ（f）の上昇によってもたらされる「回避効果」が，逮捕確率と有罪判決の確率とを一定のままに留めさせる

結果となるかもしれない。

　感情に基づきあるいは衝動的に行われる殺人に対してのみ，処罰の重さ (f) が相当程度大きくなった場合,「回避効果」は一般にもっと限定的なものになるであろう。これは，感情的動機に基づく殺人は，十分速やかに発見された場合，証拠が見つかりやすいという特徴を有するからである。逮捕確率 (p) は必然的に大きくなるので，有罪判決の確率を減らすための行動や支出のもたらす「回避効果」がより小さくなるのである。感情的動機に基づく殺人における有罪判決の回避は，被告人にとって費用が高いままであろう。O. J. シンプソンの事件は，このような殺人において有罪判決の確率を減らすために必要な支出が大きいことの例示となる。「回避効果」を極小化し犯罪抑止生産を極大化するためには，感情的動機に基づく殺人においてこそ，処罰の重さ (f) を上昇させることが理によりかなっているように思われる。

　処罰の重さが死刑である場合，見知らぬ人による感情的動機に基づく殺人に対しては，回避効果以外の効果も生じているであろう。感情によって殺人が動機付けられているとはいっても，被害者とは見知らぬ人である犯罪者は，逮捕や有罪判決に対する回避可能性が大きいと考えるであろうし，そうであるなら，殺人をより犯しやすく感じるかもしれない。また，一部の犯罪学者が主張するように，このような犯罪者には，国家と自分を同一視し，相応しいと自分が思う「罰」を被害者に科す傾向がある。これは残虐化効果として知られるものである（Bailey, 1998 参照）。これらの効果によって死刑による犯罪抑止効果は見知らぬ人が被害者の場合には低いであろう。それに対して，知己による感情的動機に基づく殺人などありふれたその他の殺人では，死刑によってもっと抑止されやすいであろう。（Cochran and Chamlin, 2000 参照）

　次いで「証明度効果」を考えてみよう。合理的動機による殺人ないし合理的計算による殺人において，処罰の重さ (f) の上昇の効果を相殺するほどの「証明度効果」が生じているかは明らかでない。逮捕された場合，冷血な，合理的計算による，富の増加を求める殺人者が陪審の共感を得るはずがない。一方で，被害者が犯人に対する虐待を続けていたというような，感情的動機に基づく殺人においては，処罰の重さ (f) の増加にはその効果を相殺するだけの「証明度効果」がみられるかも知れない。殺人ではないが，合衆国版の阿部定事件として著名なロリーナ・ボビット事件が1つの例となる。陪審は，

抗拒不能の衝動により夫の陰茎を切断した被告人は罪を負わないとした。「抗拒不能の衝動の抗弁」は「精神異常の抗弁」の1つとされてはいるが，激情だけでは「精神異常の抗弁」と認められることはない。とはいえ，「証明度効果」を説明する上では，感情的動機と抗拒不能の衝動との違いは重要ではない。抗拒不能の衝動の抗弁は（コロラド州，ジョージア州，ニュー・メキシコ州，およびヴァジニア州でのみ認められているが），単に陪審が被告人を刑罰や国外追放から免じるための方法として弁護人側から主張された。陪審は被害者の手によって被告人が既に十分な処罰を受けていると信じたため，有罪判決を下すのを拒否したようである。

　逮捕確率を不変に保つ限り，有罪判決の確率を大きく引き下げる「証明度効果」は，処罰の重さの絶対値とその期待値との間に大きな格差を生み出す。また，興味深いことに，先のロリーナ・ボビット事件における心理学の鑑定によれば，単なる抗拒不能の衝動ではなく，むしろ合理的計算の要素の方が犯罪動機として重要であったことが示されている[8]。言い換えると，一見すると感情的動機に基づくように見える犯罪（暴行や殺人など）においても，合理的計算が犯行には大きく作用しているのである。したがって，もしかすると，ロリーナ・ボビットは「証明度効果」を予測し合理的計算によって犯行に及んだのかもしれない。大きな「証明度効果」が期待できると思う場合に，犯行への衝動を（合理的計算に基づいて）もはやそれほど抑えようとはしなくなるであろうと考えるのは理にかなったことである。このことは裁判所による有罪判決の生産に対して非常に重大な影響を与える。すなわち，虐待された被告人による感情的動機に基づく殺人において，重い処罰のために生ずる「証明度効果」を弱めるには（よって有罪判決の確率を高めるには），精神異常の抗弁の射程を狭めたり，陪審員全員一致という評決ルールを緩和したりすればよいことになる。

　一見すると，感情的動機に基づく殺人に対する処罰の範囲を広げて抑止しようというこの政策は，虐待されてきた被告人に対してあまりに酷であると思われるかもしれない。しかし，ここでの問題は，虐待されてきた被告人をもっと広く処罰するべきか否かなどではない。むしろ，問題は，暴行や殺人などの犯罪を抑止するべきか否かである。感情的動機に基づく殺人を抑止することと，そのような事件が起きないように虐待の予防や虐待被害者の治療

のために資源を分配することとは，2つの異なった問題である。しかもよくあるように，犯罪抑止を高める政策を採用すると，その効果を相殺するような他の変化がもたらされることが多い。すなわち，虐待被害者による感情的動機に基づく殺人を抑止するため処罰の範囲や重さを増加させると，反作用として例えば，社会の側でそのような事件が起きないようにと，そもそも虐待を防止する方策や，虐待被害者への治療を充実させる方策等へ，資源をより分配しようとするようになるであろう。虐待被害者への治療機会の向上や，虐待被害者の採りうる犯罪以外の選択肢の拡張（虐待駆込み寺やカウンセリング）をしてゆけば，処罰強化という抑止政策がめぐりめぐって温情主義的で効果的な結果をもたらすことになるかもしれない。

司法取引の制度（plea-bargaining）もまた有罪判決の確率に影響を及ぼす。短期においては，司法取引は刑事事件を解決する実利的で効率的な制度であるとされる。なぜなら，多大な費用のかかる刑事訴追が回避でき，しかも，本来よりも軽い罪によってではあるが有罪判決が保証されるからである。この制度の利用は，合理的計算による殺人に対しては大変理にかなったものである。なぜなら，この種の犯罪の抑止にとって処罰の重さはそれほど重要ではないからである。確かに，処罰は軽くなってしまうが，逮捕確率と有罪判決の確率の上昇による犯罪抑止の向上がもたらされ，その純利益はプラスとなるであろう。これは，司法取引によって検察側が，合理的動機に基づく殺人の他の共犯者に対して，司法取引をした被告人を証人として利用できる場合を考えてみればよい。

感情的動機に基づく殺人における犯人は，処罰の重さに対して敏感に反応するので，司法取引によって処罰の重さ（f）を軽減することは，犯罪抑止に負の効果をもたらすであろう。したがって，感情的動機による殺人の事件においては，司法取引（すなわち，処罰の軽減）は「証明度効果」や「回避効果」が十分大きいと予測される場合にのみ利用されるべきである。

一般的に殺人は感情的動機に基づくことが多いので，司法取引とそれによる犯罪抑止の純減により，長期的には社会や裁判所に犯罪を増加させるという帰結がもたらされることになろう。そして，この傾向は既に見て取れる。他の変数を不変に保つとして，この傾向を逆転させる唯一の方法は，リスク回避型の犯罪者（すなわち感情的動機に基づく犯罪者）との司法取引を止め

ることである。というのも，リスク回避型の犯罪者には「証明度効果」や「回避効果」がほとんど生じないからである。裁判所から見たとき，長期的には犯罪件数が少なくなることによる利益が，（司法取引を止めたための）事件数の短期的増加のもたらす費用を最終的には上回ることになる。刑務所から見たとき，感情的動機に基づく犯罪者の方がずっと長い間投獄されることになるだろう。しかし，処罰（f）の増大のもたらす犯罪抑止効果が十分大きければ，収監される犯罪者の総数は，長期的に見れば少なくなるだろう。いずれにせよ，殺人事件数の減少によって社会がよりよくなると期待される。

8.4. その他の生産：更生と無害化

　更生（rehabilitation）のためには犯罪者の嗜好や選好を変化させなければならない。合理的であると仮定される犯罪者が異なる行動選択を行うとすれば，それは犯人の目的が変化したからである。犯罪者更生へ向けた努力が成功したためしがないという事実は，嗜好や選好の安定性という経済学の仮定を補強するものである。若年犯罪者は違法でない行為選択肢に影響を受けるので，職業訓練プログラムの中には，更生よりも効果的なものがあるかも知れない。職業訓練は犯罪者の選好を変化させないが，犯罪者が選びうる富獲得の選択肢集合を拡大する。これにより，犯罪の機会費用が増大し，それにより，犯罪率をいくらかは減少させるであろう。

　プロの犯罪者を矯正したり再訓練したりすることは出来ないので，永久に収監するか処刑するかしなければならないと主張する者が出てくるかもしれない。言い換えると，収監や処刑による無害化こそプロの犯罪者による殺人を減らす唯一の方法であるとの主張である。これは正しくない。プロの犯罪者は，合理的であると仮定されているので，第1に逮捕確率の変化，そして第2に有罪判決の確率や処罰確率に非常に敏感である。これらの確率を上げることによってプロの犯罪者による殺人を効果的に抑止できる以上，長期投獄や処刑による無力化を生産することは，処罰の重さ（f）を引き上げることと本質的に同じ問題をもたらすだけである。すなわち，無害化政策によって，プロの犯罪者は逮捕確率や有罪判決の確率を減らすためにさらに大きな努力をするようになる。したがって，刑事司法制度がプロの犯罪に対する治安のために無害化を生産しようとすると，すなわち厳罰化による長期投獄や死刑

を活用しようとすると，却って逮捕や有罪判決がますます困難となり，犯罪抑止に対する無害化政策のネットの効果がマイナスとなってしまうことに気付くであろう。

(1) G. Becker, *Accounting for Tastes* (Cambridge: Harvard University Press, 1996) 参照。
(2) 例えば，コカインを売ればほとんど働かずとも，一晩に100ドルも得られ，しかも仲間と遊びながらでもできるわけである。
(3) もちろん，十分なだけの犯罪抑止を生産し損ねる，という結果も追加して生じる。例えば，世界中の抑圧的体制は，個人的自由や政治的自由を国民に許さない主要な理由として，合衆国の犯罪レヴェルと銃器による殺人数を挙げているのである。
(4) Marché, "The Production of Homicide Solutions ...," *American Journal of Economics and Sociology* 53 (October 1994): 385-401 参照。
(5) この実例の事実関係は V. Scalice, "White House Counsel, Vincent Foster Case Reopened," *Forensic Examiner* 4 (September-October 1995): 13-15 に基づいている。スキャリスは，アメリカ法廷調査者協会の評議員であり，アメリカ合衆国法廷調査者協会理事会の科学技術諮問委員会の委員長である。*Forensic Examiner* はアメリカ法廷調査者協会の公式の刊行物である。
(6) J. Grogger, "Certainty v. Severity of Punishment," *Economic Inquiry* 29 (April 1991): 297-309 参照。
(7) J. Andreoni, "Criminal Deterrence in the Reduced Form: A New Perspective on Ehrlich's Seminal Study," *Economic Inquiry* 33 (July 1995): 476-483 参照。
(8) M. R. Ryans, "The Irresistible Impulse in the Lorena Bobbitt Case," *Forensic Examiner* 5 (September-October 1996): 11-12 参照。

《参考文献》

1. Andreoni, J., "Criminal Deterrence in the Reduced Form: A New Perspective on Ehrlich's Seminal Study," *Economic Inquiry* 33 (July 1995): 476-483.
2. Bailey, William C., "Deterrence, Brutalization and the Death Penalty: Another Examination of Oklahoma's Return to Capital Punishment," *Criminology* 36 (November 1998): 711-733.
3. Cochran, John K., and Mitchell B. Chamlin, "Deterrence and Brutalization: The Dual Effects of Executions," *Justice Quarterly* 17 (December 2000): 685-706.
4. Ehrlich, I., "Crime, Punishment, and the Market for Offenses," *Journal of Eco-

nomic Perspectives 10 (Winter 1996): 43-67.
5. Grogger, J., "Certainty vs. Severity of Punishment," *Economic Inquiry* 29 (April 1991): 297-309.
6. Lott, John R., *More Guns, Less Crime: Understanding Crime and Gun-Control Laws (Studies in Economics)*. University of Chicago Press, 1998.

第9章　技術的効率性を求めて

（編集責任：濱井宏之）

　人々は（あるいは，他のいかなる生物的有機体であれ），与えられた機会に反応して行動する。他の全ての条件が不変ならば，消費者はより低い価格になればより多く買い，生産者はより高い価格になればより多く生産する。プロの犯罪者について言えば，合理的計算による殺人の逮捕確率や有罪確率が相対的に低い場合，この種の殺人が蔓延する可能性が高くなる。一般的な犯罪だけでなく合理的計算による殺人に対抗するために，社会と刑事司法制度はまず犯罪に対する制裁ないし抑止の効果を学習しなければならない。これは非常に重要なことである。なぜならば，プロの犯罪者はすでに抑止の重要性を理解しているからである。例えば，1976年6月2日に起こった，『アリゾナ・リパブリック』紙の犯罪追及記者ドン・ボールズに対する爆弾攻撃に触れた同紙の記事では，当時の司法長官ブルース・バビットの，この事件は「組織犯罪と汚職の問題を追及する正義の人士を威嚇しようとする厚顔無恥も甚しい行為である」という言葉を引用している[1]。

　また，法を遵守する社会の人々と刑事司法制度が抑止の必要性を正しく評価できるとしても，抑止によって犯罪率が改善したことを理由として刑事司法制度の資源が削られるようなことになれば，これは恩を仇で返すような本末転倒に他ならず，このようなことに決してならないようにしなければならない。犯罪率に合わせて刑事司法制度へ配分する資源の水準を変えることは，警察当局にとって逆効果インセンティヴとなる。言い換えれば，犯罪率をうまく下げると配分される資源を減らされ，逆に犯罪率が高まれば資源配分が増加するというのであれば，警察当局は犯罪抑止という生産の努力を抑止さ

れてしまうという結果になろう。

　抑止の方法の中には法律で制定することができないものも存在する。合理的動機に基づく犯罪者に対処する場合，逮捕確率（p）を上げなければならず，これには犯罪捜査官が経済学の論理を理解することが必要である。合理的計算による殺人の場合，経済学を習得していない人々による犯罪抑止努力は，逆効果でさえありうる。経済学理論を理解しない警察は，的外れな捜査によって真犯人を見つけられず，逮捕確率と有罪判決の確率を減少させてしまうだろう。

　合理的計算による殺人に関する事件において目撃者として名乗り出るインセンティヴは存在しない。そんなことをすれば，殺人のターゲットにされたり，普通の生活ができなくなる証人保護プログラムに入らざるを得なくなったりするからである（なお，証人保護プログラムとは，重大事件や犯罪組織に関する証言者の命に危険がおよぶと考えられる場合，安全のため別人として生活できる新しい身元と住居・仕事を与えるという，アメリカ合衆国の制度である。証人保護プログラムに入ると，頻繁にアイデンティティを変え続けなければならないことがあり，本人も家族も多大の不便とプレッシャーに曝されることがあるという問題もある）。さらに，目撃証人は犯罪心理学者による激しい人格攻撃を受けるという不快極まりない事態を甘受しなければならないこともある。犯罪心理学者は，目撃証人を心理学的に評価し，本当のことを言っているかどうか判断するのが仕事なのではあるが，真実を証言している目撃者からみれば，犯罪心理学者によるこの手続きほど信用ならないものはない。例えば，リチャード・ジュエルがアトランタのオリンピック記念公園での爆破事件の最重要被疑者とされた理由の1つは，不適切な犯罪プロファイリングと，ジュエル氏が嘘をついているかもしれないという犯罪心理学者の思い込みであった。要するに，ジュエル氏が爆破事件を起こすことは物理的に不可能だったという議論の余地のない事実が，犯罪プロファイリングと心理学の憶測にすり替えられてしまったのである。

　オリンピック記念公園での爆破事件のように，社会の成員に害をなそうとしている犯罪組織と，最も簡単に見える手段ならどんな手段でも使って事件を処理済みにしようとする刑事司法制度とが，ほとんど同じ穴のむじなであると潜在的な目撃証人には見えるような事案が存在するのである。目撃証人

に名乗り出ることを躊躇させるような全ての抑止要因は，合理的計算による殺人の逮捕，有罪判決，そして処罰の確率を確実に引き下げるであろう。

　犯罪の目撃証人として名乗り出るインセンティヴがありうるとすれば，それは，犯人を容易に逮捕できる（そしてできれば報酬をもらえる）場合だけであろう。あるいは，悪事を働いた刑事司法制度の捜査官を逮捕する場合もありえよう。目撃者が社会に悪事を働いた犯罪捜査官の逮捕にやる気になっているときには，かなりの騒動が生じるだろう。これは目撃者がフランク・セルピコのような，隠密捜査官である場合であっても同じであると思われる（セルピコは，汚職と腐敗にまみれたニューヨーク市の警察の浄化のために闘った実在の警察官を描いた映画『セルピコ Serpico』（1974年公開）の主人公である）。目撃証人が利益を獲得するには，闇の勢力との闘争に勝ち残るだけの覚悟が必要となる。

　オリンピック記念公園での爆破事件をもう一度考えてみると，もしプロのテロリストが爆弾を設置したのであったら，リチャード・ジュエルのような警備員や他の誰かが犯罪現場の近くにいる犯人（たち）を目撃していたかもしれない。そのようなプロの犯罪者は逮捕を避けようとするので，目立たないように心掛けることが予想でき，目撃しても彼らを犯罪と結びつけることが当初はなかなかできないであろう。そのうち心理学に依拠した犯罪プロファイリングや心理学的な推測により「理論上」の被疑者像が特定される。その被疑者像に合致する者として，実は単に犯罪現場の近くにいたというだけで，目撃者が嫌疑をかけられるかもしれない。他方，目撃者の方では現在それと知らずに関わっている犯罪をいっそう意識するようになり，目撃した犯罪者と当の犯罪との繋がりに思い当たることができるほどに当時の状況を思い出すかもしれない[2]。市民として犯罪の目撃者は当局に通報しなければならないが，当局によってすでに被疑者のレッテルを貼られた後に，目撃者が犯罪についての目撃情報を捜査官に報告すると，非常に難しい状況に陥ることになる。捜査官は目撃者が言う「事実」を証明ないし反証することを試みなければならないだろう。プロの犯罪者が関わっている場合，これは困難であるか，不可能であろう。他方，自分の推理が実際に正しいことを示そうとする動機を持つ心理学者ないし犯罪プロファイラーは，明らかな事実との矛盾が生じているような場合でも，被疑者の嫌疑をかけて目撃者を苦境に陥

れ続けるかもしれない。

　犯罪捜査官が合理的計算による殺人を発見できなかったり，発見できたとしても合理的動機に基づく殺人犯罪者によって偽装された犯罪現場とそうでないものとの区別ができなかったりすれば，刑事司法制度が逮捕確率および有罪判決の確率を高めることは難しい。また，処罰の重さを高め，他の類型の殺人の抑止を高めることを主張することはさらに困難である。内容的に誤っておりまた主観的に適用される犯罪プロファイリングにたまたま合致しただけの無実の人間が，実際は高度に熟練したプロの犯罪者による犯罪の最重要被疑者にされた場合，それによって蒙る社会的損害は非常に大きなものとなるだろう。したがって，犯罪現場の捜査と犯人像推測の技術は，合理的計算による殺人の捜査にとって死命を制するものであるということができよう。

　犯罪捜査官が組織犯罪の捜査の経済学的な派生効果を理解していることも重要である。逮捕，有罪判決，および処罰の確率を高めようとすることにより，犯罪捜査官は犯罪組織の伝統的な収入源からの期待価値を減らす効果をもたらす。もちろん，禁酒法時代，その後のキューバでのカジノ賭博，さらにその後のネヴァダでのカジノ賭博の終焉の各事例に鑑みれば分かるように，犯罪組織は従前の伝統的な収入源の終焉とともに消え去るわけでは決してない。代わりに，彼らは新しい違った犯罪の機会を探す。ハイリスク・ハイリターンのギャンブルは，組織犯罪が求める犯罪機会の典型例である。このようなギャンブルは，合理的計算による犯罪者に仮定されるリスク愛好を示すフォン・ノイマン＝モルゲンシュテルン効用関数と整合的である。犯罪への捜査当局の追及に対抗して，そのような新たな犯罪の機会を犯罪組織が求めるであろうことは，第4章の例によって数学的に予測可能であることを示した。犯罪行為が予測可能であれば，警察は犯罪組織の構成員を罠にかけるために特別に計画された「おとり捜査」を行うことができるのであった。もし予測可能な殺人が起こることを未然に防ぐ「おとり捜査」を警察が率先して行わなかったとしたら，警察が怠慢であるといえよう[3]。

　合理的動機に基づく熟練した殺人犯がいつでもすり抜けることができる「警察の捜査網の穴」が存在する。第6章で開発した，合理的動機に基づく殺人についての犯罪プロファイリングでは，計画と犯罪の熟練から得られる情報の利益と，複数の犯罪者の関与による組織的専門化から得られる利益を強

調した。したがって，合理的動機に基づく殺人は，少年ギャングによる殺人，裏社会での殺人，施設での殺人，狙撃犯による殺人，および他の重大犯罪に関わる殺人のすべてから成っていることをわれわれの犯罪プロファイリングでは仮定していた。これらの殺人は，殺人全体の約3分の1を占める。他のデータによれば，殺人全体の約5分の1が少年ギャングによる殺人関連である[4]。これにより合理的動機に基づく殺人の中でも少年ギャングによる殺害が重要であることになる。さらに，少年ギャングによる殺人は，数の上でも他の殺人に対する比の上でも時代とともに増加する傾向が続いてきた。

　少年ギャングとは10歳から22歳の若者で構成されるものと定義される。この集団のほとんどが18歳から22歳であって，一度以上逮捕された経験がある。過去の逮捕歴から（それは実際の非行のほんの一部に過ぎない），少年ギャングの構成員が高度に熟練した犯罪者であることを表している。「ギャング」に組織されているということは，構成員はしばしば協調して計画的に行動し，組織的専門化から得られる効率性を獲得しているということを示している。言い換えれば，少年ギャングは「年少の」組織犯罪であるとみなすことができる。したがって，少年ギャングは富の追求を目的として，犯罪活動に関する秘密を（お互いに対する忠誠ないし脅迫によって）保持し，必要とあれば目撃者を攻撃ないし殺害し，証拠を隠滅し，計画的な殺人（例えば，車で乗り付けて銃撃して去るなど）を行うことが予想できる。例えば，縄張り争いは多くのギャングが関係する殺人の直接的動機となるであろう。縄張りの支配によって麻薬の取引による経済的レントと経済的利益を得ることができる。いくつかの縄張り争いは例えばジャマイカ，コロンビア，およびメキシコといった遠方からの麻薬供給ルートを持つギャングが関わっている可能性がある。よって，縄張りの支配により，殺人を行う動機としての富が供給されるのである。

　彼らの殺人という行動選択には合理的計算が共通の基礎として存在しているので，富によって動機付けられたビジネスライクな犯罪者（少年ギャングを含む）は，選択肢の1つとして殺人を位置づけ続けるであろう。さらに，犯罪者が合理的であるということは，行動選択肢としての殺人をどのように活用したらよいかを学習するということである。そうであれば，（1960年代の少年ギャングが熟練した殺人者へと成長してゆけば）合理的動機に基づく

殺人はその後時代とともに増加する傾向を示すことになるだろう（1960年代以前に少年ギャングの跳梁跋扈はそれほど見られなかったとして）。別個独立のものと考えるか内的に連関した要素と考えるかにかかわらず，合理的動機に基づく殺人および少年ギャングの活動の増加は，殺人の解決率が1960年の90％以上から今日では60％〜65％まで落ち込んでいることの主要な説明要因でありうると思われる。

　この「捜査網の穴」の修繕は簡単な作業ではない。次のように主に2つの方法があるように思われる。1つの方法は，少年ギャングの活動に影響を与える経済的・社会的力をよりよく理解することである。よって，社会学者が主要な役割を果たすことが期待されうる。しかし，市民と警察にとってより安全な社会にすることは，警察の生産を効率的で効果的にすることとイコールではない。「警察の捜査網」という言葉は，犯罪者を追跡して捕まえるために設定された警察の手続きを指している。つまり，「捜査網の穴」は，警察の捜査の生産性が改善してはじめて修繕されるのである。

　合理的動機に基づく殺人における警察の捜査を効果的で効率的にするためには，捜査技術を改善することと，犯罪と犯罪行為についての態度と信念を警察当局が変えることが必要である。経済学理論をもっと教育し訓練することを通した警察の捜査技術の向上は，捜査資源の生産性の改善に直接つながるだろう[5]。例えば，警察の捜査官は経済学のモデルの意義や，犯罪と犯罪行為についての経済学的モデル，および犯罪者の行為についてのリスク選好の持つ意味についてもっと理解する必要がある。

　警察当局が犯罪と犯罪行為についての態度や信念を変えることも必要である。態度や信念はそれ自体で，ある特定の行為や人口統計学的特徴を持つ被疑者に対する選好を表明している。これは警察の選好どおりの特徴を持っている可能性が少ないビジネスライクな殺人犯を逮捕することをより困難にする。態度と信念を変えるのは難しい作業である。なぜならば，それには学者から警察実務に直接かかわる人々まで全ての人が関係するからである。

　技術効率的な資源の利用が達成できたとしても，生産性ないしコスト効率性を達成し，捜査の成果を増加させるためには，刑事司法制度内での資源の再配分が依然として必要であろう。例えば，刑事司法制度の各部門には多くの犯罪心理学者が雇われているが，経済学者はほとんどいない。第4章のご

み収集車のごみ処理生産の例で言えば，これは労働者は多いがごみ収集車がないか，あるいはごみ収集車はあるが労働者がいない状態で生産をしている（所与の資源配分においては技術効率的であると仮定している）という状態と同じであろう。明らかに，よりバランスの取れた資源の利用をすれば，生産は増えるはずである[6]。

しかしながら，刑事司法制度の生産における技術的効率性を仮定するのは困難である。刑事司法制度の生産の面から殺人の捜査についてだけ見ても，殺人捜査に関連する多くの活動を実行する最もよい方法については全く意見の一致が見られない。技術的効率性が達成できなければ，生産の（コスト）効率性を達成することはできない。

1960年代の殺人事件の解決率が約90％だった頃の方が，殺人の捜査において技術的効率性が達成されていたかもしれない。その頃は，ドラマ『ドラグネット』の台詞にあるように「事実だけでいいんだ，奥さん（Just the facts, Ma'am.）」であった。その主人公ジョー・フライデー刑事は人気があり，犯罪プロファイリングは現在のように流行ってはいなかった（フライデー刑事というのは，アメリカで1949年にラジオドラマとして始まり，1952年から22年間にわたり放映されたテレビドラマ『ドラグネット（捜査網）』の主人公の名前である。そして，フライデー刑事が，情報提供者の女性に対してよく使ったぶっきらぼうで事務的な響きの台詞が「事実だけでいいんだ，奥さん」であり，人口に膾炙した）。警察の捜査における技術非効率性に関して，統計的な相関に基づいた犯罪プロファイリング分析を実施すれば，犯罪プロファイリングの利用が1960年代に始められたことを示すであろうことは恐らく単なる皮肉ではない[7]。

犯罪捜査への心理学の導入が殺人事件解決率の低下の説明要因であるかどうかテストする1つの方法は，捜査された殺人事件および捜査官を2つのグループに分けるというものである。捜査の生産成果は，殺人事件の年間に達成された有罪判決率であろう[8]。捜査官の1つのグループは犯罪プロファイリングを使わずそれぞれの事件の事実関係のみを明らかにする。そして，それらの事実に対するいくつかの対立する説明のうちどれが正しいかを決定する。これは「シャーロック・ホームズ」アプローチということができよう。もう1つのグループの捜査官は，犯罪プロファイリングの使用について専門

的な訓練を受けている。こちらは「マインドハンター」アプローチである（FBIの犯罪プロファイラーは性犯罪等の犯人の気持ち（マインド）になって犯人像を想像し犯人を捜索（ハント）するのでマインドハンターとも呼ばれる）(9)。もし前者のグループの殺人事件捜査官が達成した年間の有罪判決率が後者のグループよりも統計的に有意なほど高ければ，技術的非効率性により合理的計算による殺人に関する「警察の捜査網の穴」のもう1つの説明ができる。もっと一般的に言えば，技術的非効率性は殺人事件解決率の低下を招くということなのである。

憶測と当て推量という形で情報による立論がなされるとき，「マインドハンター」型捜査は技術的非効率性を生じさせうるだろう。誤った仮定により，憶測と当て推量に基づく犯罪プロファイリングの一部ないし全部は間違っている可能性がある。しかし，全ての情報はチェックされて反証か証明がなされなければならない。よって，余計な「（誤）情報」の処理とチェックに捜査の資源が多くの割合で使われて捜査が無駄に著しく長引く可能性がある。さらに，そういった情報は他の重要な事実を覆い隠してしまう(10)。これらの必然的な結果として，逮捕による殺人の期ごとの犯罪解決数は減少するだろう。

「マインドハンター」型犯罪捜査の技術的非効率性は，心の病や薬物使用によって引き起こされる「精神活動の技術的非効率性」と類似している。これらの要因は情報処理を阻害し，多くの路上生活者のような，低い効用しか得られない最善でない選択をする個人がいることを説明する。路上生活者にはすでに不十分な資源しか与えられていない上に，「精神活動の技術的非効率性」のために考慮されるべき合理的選択肢の集合までも縮小することになる。これと同じように，流行りの犯罪プロファイリングに拘泥した刑事司法制度は行き詰まることになるだろう。場合によっては，「マインドハンター型の技術的非効率性」に汚染された刑事司法制度を譬えていえば，施しを受けるためのブリキの缶として犯罪プロファイリングを使う捜査困窮者となることだろう。

民間セクターにおいて犯罪プロファイリングの考え方が用いられるのは，市場における情報の非対称性の場合だけである。情報の非対称性の例として，中古車市場があげられる。ディーラーや所有者はその車のことについてよく

知っているが，買い手はあまり知らない。デーモン・ミュラー（Muller, 2000）によれば，中古車の中に紛れ込んでいるポンコツの無価値さと同様，犯罪プロファイリングには霊視と同程度の価値しかない，それどころか百害あって一利なしであると結論付けている。犯罪プロファイリングを適用した場合，何でもいいから捜査結果を出せという政治的圧力の下にある警察は，とんでもない方向に迷走するだけである。犯罪プロファイラーはまた，正しかろうと空想上であろうとともかく何らかの捜査結果を心理的に求めている個人や家族の気持ちに便乗することになるかもしれない。犯罪プロファイラーや犯罪プロファイリングに，中古車売買における情報開示法である「レモン法」のような法を適用して，警察に情報開示を迫るべきではなかろうか？

第6章で見たように，犯罪プロファイリングの基礎たる経済学理論を，合理的動機に基づく犯罪に応用することによって，全く異なる犯罪プロファイリングが得られる。第1部では，経済学理論によって，消費者の行動だけではなく犯罪行動をも予測でき，説明できることを示した。これに対し，FBIの犯罪プロファイリングには経済学理論の代用がいったい務まるであろうか？　すなわち，FBIの犯罪プロファイリングで消費者行動を予測したり説明したりなどできるだろうか？　例えば，「マインドショッパー」という事業を想像してみよう。自分でスーパーに行って，時間をかけてラベルを読んだり価格を比較したりする代わりに，料金を払えば「マインドショッパー」がこの仕事を代わりにしてくれるとする。もちろん，購入品の代価は今までどおり自分で支払わなければならない。「マインドショッパー」はすばやく依頼者の性格を評価し，依頼者のための顧客プロファイリングを作り上げる。そして，このプロファイリング情報を用いて，当該依頼者に代わって消費選択をし，ショッピングカートを満たしてゆくとする。もし依頼者のまさに欲しい物が総じて手に入らなければ（すなわち，最適な効用よりも低い効用しか得られないなら），「マインドショッパー」のサーヴィスは依頼者に見捨てられるようになるだろう。長期的には，このような「マインドショッパー」は倒産に追い込まれる。したがって，経済学理論は犯罪の説明においてFBIの犯罪プロファイリングに簡単に取って代わりうるのに対して，FBIの犯罪プロファイリングは消費者行動を説明し予測する上で経済学理論に代わり得ない。FBIの犯罪プロファイリングを消費者理論として見た場合，これが技術

的非効率であることは明らかである。なぜなら，消費者がFBI犯罪プロファイリングに基礎を置く「マインドショッパー」などを使うと，いわば「ショッピングカートの穴」にお金を捨てるだけの結果となるからである。

　経済学理論と犯罪プロファイリングの実効性の違いは，さらに次のような比較で示すことが可能である。スピード違反の犯罪プロファイリングに，ある双子が適合したとしよう。さらに，その双子のうちの1人が本当にスピード違反を犯したとしよう。この双子の間の唯一の相違点は，経済学モデルならどちらが真犯人であるかを区別できるような外部機会の違いだけであるとする。第3章のスピード違反の例で登場した学生ドライバーをこの双子に代えることで，そこでのスピード違反の例に当てはめることができる。すなわち，双子のうちの1人は授業に遅刻しそうであり，もう1人は間に合うとする。他の条件が等しければ，経済学理論によって，授業に遅刻しそうな方がスピード違反の犯人であると予測することができる。これに対し，FBIによって使われているような，行動科学の理論を基礎としていない犯罪プロファイリング（ないし相関分析のみによる犯罪プロファイリング）は，この双子を識別することができないだろう。FBIの統計および犯罪プロファイリングは，双子の間を区別することなく事件に関係があるとしてしまうため，無実の方がシロと分かるまで，FBIは捜査のために時間と労力を浪費することとなる。おそらく，スピード違反取締りや殺人事件捜査はFBIが担当しない方が，社会の利益のためになるであろう。

　政府の補助を受けた事業として見た場合，FBIの「行動科学研究部」およびその成果であるFBIの犯罪プロファイリングは，無謬性の神話で虚飾された共産主義の生産単位のようなものである[11]。なぜなら，両方ともその製品が欠陥品だからである。しかし，さらに大きな問題がある。合理的動機に基づくプロの殺し屋を失業させる代わりに，FBIの「行動科学研究部」の製品は，誤った推測や無益な情報によって捜査官を誤導することで，現実的機能としてはプロの殺し屋の跳梁跋扈を助長していることとなる。これは重大な問題である。

　組織犯罪のようなプロの殺し屋による殺人は自分たちの田舎町では起きないだろうからと，それを恐れる必要はないと信じる警察についてはどうだろうか？　1930年代初頭のボニーとクライドの銀行強盗を思い出してもらいた

い（アーサー・ペン監督，ウォーレン・ベイティ，フェイ・ダナウェイ出演の映画『俺たちに明日はない』1967年参照）。プロの銀行強盗および殺人犯として，バロー・クライドの率いる通称「バロー・ギャング団」は，富の増加を極大化するよりも逮捕確率を極小化することの方に大きな関心を持っていたようである。というのも，彼らが最も稼いだ銀行強盗でさえ，その利得はたった3500ドルしかなかったからである。逮捕確率極小化のため，バロー・ギャング団はわざと田舎の銀行ばかり襲ったのである。彼らはまた，12人を殺害した。

　小さな町ほど，組織犯罪の標的とされる。現代との大きな違いは，ボニーとクライドが町に来たとき，住人は彼らが何者かすぐ分かった点である。今日では，犯罪現場の偽装工作や証拠の欠如のために，小さな町の警察が，犯罪事件の犯人を知ることはない。確かに，バロー・ギャング団によって殺される確率と同様，小さな町でプロによる殺人が起きる確率は低い。他方で，少年ギャングによる活動が大きな都市に限定されるわけではない。その上，第4章の仮想事例から分かるように，犯罪組織が目をつけるような経済的機会に対して，犯罪組織がつけこむ鍵となる者がたった1人でもいれば，プロの殺し屋が出てくる可能性が生じるのである。したがって，小さな町の警察は，今までの犯罪統計にはプロの殺しがなかったからといって，将来も発生しないだろうなどという呑気なことを期待してはならないのである。

　第6章で構築された合理的動機に基づく殺人に対する犯罪プロファイリング，および，第7章で概説した2つの殺人事件の捜査を想起すれば，経済学理論に基礎づけられた方法論がプロの殺し屋を同定する上で役に立つことが分かるであろう。経済学理論に基礎づけられた方法論は，単に常識に基づいているだけのように見えるかもしれない。しかし，ここでの真の問題は，犯罪類型プロファイリングは役に立つのかであり，殺人によって富の増加を得る者，よって殺人を犯す動機を持つ者がいるのかであり，そして，証拠を目の当たりにして逮捕確率への感受性を示す者が被疑者の中にいるのか，である。

　（1）　T. Kuhn "Blast meant to intimidate, Babbit says," *The Arizona Republic* 3 (June 1976): Sec. A., p. 19 参照。

（２）　犯罪が小さな町や市で行われると，そこに居住する住人全員（もちろん犯人がプロならば彼らはそこに含まれないだろう）が自動的に，心理学に基づいた犯罪プロファイリングないし予想に拠って被疑者とされるに十分なほど犯行現場に近い，ということになろう。

（３）　もちろん，事前に予期された殺人を防止できず，犯罪が起こってしまい，しかもFBIの行動科学研究部が殺人事件の解決を妨げるとなれば，法執行当局は二重に怠慢であるとの非難を免れ得まい。

（４）　例えば『シカゴにおける殺人1965-1994 (*Homicides in Chicago, 1965-1994*)』のデータは，シカゴでの1981年から1994年の間の殺人の約20％が少年ギャングによって犯されたものであることを示している。恐らくこのパーセント値はアメリカ全体での大まかな近似値を与えているものとみなすことができるだろう。C. R. Block, R. L. Block, and the Illinois Criminal Justice Information Authority, *Homicides in Chicago, 1965-1994*, [Computer file] 2nd ICPSR version (Ann Arbor, MI: Inter-university Consortium for Political and Social Research [distributor], ICPSR 6399, 1996) 参照。

（５）　警察教育の幅をより広いものにせよ，という推奨は新奇なものではない。例えばJ. J. Senna and L. J. Siegil, *Introduction to Criminal Justice* 2nd ed., St. Paul: West Publishing Co., 1981: 139-140, 240-242 参照。

（６）　プロによる殺人の領域での警察の訓練が増えれば，その便益は専門化された資源を追加する費用を相殺して余りあるであろう。

（７）　Wayne Petherick, "Criminal Profiling: How it got started and how it is used," retrieved (November 2, 2001), from http://www.crimelibrary.com/criminology/crirninalprofiling2/author.htm 参照。

（８）　この生産は殺人の解決率に密に対応している。各年の殺人事件解決率，すなわち，殺人事件の全認知数に対する，逮捕およびその他の例外的手段によって解決された殺人事件数の比率が，FBIの『統一犯罪白書』で報告されている。

（９）　J. Douglas and M. Olshaker, *Mindhunter: Inside the FBI's Elite Serial Crime Unit*, New York: Simon & Schuster, 1996 参照。

（10）　これまでの章で行ってきた実証的分析と理論的分析は，役に立たないもの（犯罪プロファイリング）は使ってはならないという原則を示している。犯罪プロファイリングに利害関係を有する者は，そのルールに「例外」を設けて辻褄を合わせるために事実を再解釈することが通常はできるが，不幸なことにそれもまた我々をさらに誤導するものである。

（11）　その他の刑事司法制度も同程度に非効率であろう。また，裁判所の生産システムは全く標準化されていないように思われる。これらの結果，技術的

効率性と生産品質とは一貫しにくくなるであろう。

《参考文献》

1. Muller, Damon A. "Criminal Profiling: Real Science or Just Wishful Thinking?," *Homicide Studies* (August 2000): 234-264.

《監訳者あとがき》

　かつては犯罪多発都市として世界に悪名を馳せたニュー・ヨーク市が，現在では全米でも有数の清潔で安全な都市となっていることは周知の事実である。実際，アメリカ合衆国の人口10万人以上の都市240を犯罪の多い順で並べたとき，ニュー・ヨーク市は222位であるという。このニュー・ヨーク市の警察署長であり，1990年代以降継続している市の犯罪率の大幅な減少への貢献者とされるレイモンド・ケリー（Raymond Kelly）は，以前勤めていた税関で，それまで使われていた密輸犯プロファイリングを改善して効果を上げたことでも知られている。43もの細目があったそれまでの密輸犯プロファイリングを，ケリーは6つの大項目に絞って成功したという。ロー・スクールの教授であるデイヴィッド・コウル（David Cole）によれば，アメリカ合衆国の麻薬取締局（DEA）が長年使っていた麻薬密輸犯プロファイリングは以下のようなものであったという（Cf., Malcolm Gladwell, "Troublemakers: What Pit-bulls Can Teach Us about Profiling," *New Yorker Magazine*, Issue of 2006-02-06）。

　「到着が夜の乗客，到着が早朝の乗客，到着が午後の乗客，飛行機から最初に出てくる乗客，飛行機から最後に出てくる乗客，飛行機から中ごろに出てくる乗客，空港でチケットを購入した乗客，チケットを直前に予約した乗客，エコノミーのチケットの乗客，ファースト・クラスのチケットの乗客，片道チケットの乗客，往復チケットの乗客，現金でチケットを購入した乗客，少額紙幣でチケットを購入した乗客，高額紙幣でチケットを購入した乗客，飛行機から降りて市内通話を架けた乗客，飛行機から降りて長距離電話を架けた乗客，電話を架けるフリをした乗客，ニュー・ヨークからロス・アンジェルスへの乗客，ヒューストンへの乗客，かばんを持たない乗客，新品のかばんを持つ乗客，小さいバッグを持つ乗客，中サイズのバッグを持つ乗客，大

きな洋服バッグを2つ持つ乗客，重いスーツケースを2つ持つ乗客，4つかばんを持つ乗客，荷物を異常に大事にする乗客，自分の荷物を他人の物のように見せかける乗客，一人旅の乗客，仲間と連れ立っている乗客，きょろきょろする乗客，落ち着き払った乗客，係官と目を合わせようとする乗客，係官と目を合わさないようにする乗客，高価な宝石や衣類を身につけた乗客，ラフな服装の乗客，飛行機を降りてトイレに行く乗客，飛行場で足早に歩く乗客，飛行場でゆっくり歩く乗客，飛行場で目的もなく歩き回る乗客，タクシーで去る乗客，リムジン・バスで去る乗客，自家用車で去る乗客，ホテルの無料バスで去る乗客」

このような麻薬密輸犯プロファイリングを与えられたのでは，捜査官は麻薬密輸犯を見つけることが却ってできなくなってしまうであろう。監訳者自身，上記の内の30ほどの項目に該当する経験があるし，15の項目には同時に該当したことがある。幸いにして麻薬取締りの捜査官に職務質問を受けた経験はないが……。

　本書では，FBIをはじめとするアメリカ合衆国の捜査当局が利用する犯罪プロファイリングが口を極めて非難されている。非難のし過ぎではないかと思うほどである。しかし，上記の麻薬密輸犯プロファイリングを見れば，本書の非難も「宜なるかな」と思われるようになるであろう。

＊＊＊＊＊

　本書は刑事法分野，とりわけ殺人について法と経済学の手法による分析をした研究書である。ところで，日本の法律家の間では「殺人をはじめとする犯罪者は総じて非合理であるから，刑事法分野は，合理性を出発点にすえる法と経済学の手法が最も適用できない領域である」という謬論が大真面目に主張されることがあると聞く。しかし，監訳者が法学部で勉強した刑法教科書によれば，

　「……刑罰の内容および正当根拠については，応報刑論と目的刑論の対立があるとされている。

　　……目的刑論は，『犯罪が行われないように刑罰を科する』（……）ものである。そして，この目的刑論は，さらに，一般予防論と特別予防論に分けら

れる。

　一般予防論は，刑罰の内容は苦痛ないし害悪であることを前提とし，これを科することによって，一般人が犯罪に陥ることを抑止する効果（Deterrence）があるところに，その正当根拠があるとする。

　特別予防論は，犯罪行為者自身が再び犯罪に陥らないようになるという効果が，刑罰を正当化するとする。ただし，この特別予防論が前提とする刑罰の内容には，二つの対照的なものがある。一つは，刑罰の内容は，苦痛ないし害悪であり，これを加え，犯人を懲らしめることによって，その者の再犯を防止しようとする（Intimidation）。……いま一つは，（苦痛を伴うことはあっても）苦痛そのものによってではなく，それ以外の方法で再犯を防止しようとする。改善刑・教育刑あるいは犯罪者の社会復帰（……）と呼ばれるのがそれである」

　と論じられている（平野龍一『刑法総論Ⅰ』有斐閣1972年19－20頁）。

　もしも犯罪者に，苦痛を避け快楽を求めるという合理性の最低限の前提も成立しないなら，このような特別予防論はほとんど無意味となる。もしも人々一般に最低限の合理性も成立しないなら，一般予防論は全く無意味となる。刑事法分野に法と経済学が適用不可能であるとの主張は，いわば天に向かって唾を吐くようなものであり，刑罰には犯罪の抑止効果が全くない，刑事法によって保護法益を守ろうとすることはナンセンスである，と論じることに他ならない。ダイハードな絶対的応報刑論者以外にとって，これは刑事法の自己否定である。

＊＊＊＊＊

　本書は Gary E. Marché, *Murder as A Business Decision: An Economic Analysis of Criminal Phenomena* (2nd ed.), University Press of America, 2002 の全訳である。原著者のマルシェ教授は刑法分野の経済分析の専門家であり，カンザス州立大学経済学部で学士号と修士号を取得した後，ネブラスカ大学リンカン校で経済学博士号を取得しており，現在はオクラホマ州のロジャーズ・ステート大学経済学部の助教授をしている。

　本書翻訳のきっかけは2005年度の監訳者による東京大学法学部での「法社会学基礎文献講読セミナー」で原著を教材として使ったことである。このセ

ミナーでは，参加者の間で5頁程度ずつに分担して，訳文を作成しつつ講読した。刑事法分野の法と経済学の研究書は日本においてもアメリカ合衆国においても比較的乏しい。そこで，セミナー参加者である共訳者と相談したところ，訳書として是非出版しましょう，ということになった。以前からお世話になっている木鐸社の坂口節子社長にお願いして，「法と経済学叢書」の1つに入れていただいた次第である。いつもながら採算の合わない監訳者のお願いを快く聞いて下さった坂口社長に心から感謝したい。

本書の訳出に当たっては，分かりやすさと内容の日本語としての正確さを重視する方針を採用した。翻訳作業の手順は，まず，各自が担当部分の訳文を作成し，監訳者が電子メールで送られてきた訳文を修正しておき，セミナーではPCプロジェクタで映写しつつ全員で議論をし，その場でさらに修正しつつ訳文を彫琢していった(校正段階では章ごとに編集の責任を分担した)。したがって，本書は文字通り全員の合作である。なお，東京大学大学院法学政治学研究科の外国人研究生であり，オーストラリアの弁護士でもあるカルン・ウィロック氏(Kallun Willock, Esq.)にも適宜セミナーに出席していただいて，貴重なアドヴァイスを頂いた。ここに記して感謝の意を表わしたい。

訳文については，正直に言ってかなり苦労した。原著に誤植やスペル・ミスが散見された上，表の一部や注の一部などに欠落が見られた。これらについては気付いた範囲で原著者に問合せて修正・補充をした。また，原著の英文も曖昧な表現や正確性に疑問の余地のある記述もいくつか見られた。これらも原著者から訳文作成上の広い裁量権を授与していただいて，できる限り修正した。また，アメリカ合衆国では著名な殺人事件等で，日本ではほとんど知られていないものもかなりカジュアルに利用されており，原著者の了解を得て訳文の中に解説的内容を訳し込んだ。訳語については，英単語に対する日本語の機械的対応にはこだわらず，文脈と内容に応じて訳し分けるようにした。刑事法の分野では特殊な専門用語が使われることも多いが，一般の読者にも読みやすくなるよう，必ずしも専門用語にこだわらずに訳した。たとえば，"sensitivity"は刑事学・犯罪学では「感銘力」と訳されることも見受けられるが，本書での用語法は犯罪者からの観点のものであるので「感受性」と訳した。また，"incapacitation"は収監等による隔離の意味が主ではあるが，昔は刑罰としてのロボトミーや去勢なども含んだ概念であったので

「無害化」とした。

　訳語や訳文，人名の発音等の一部については，東京大学法学部の法社会学講座担当のダニエル・フット教授に助言をいただいた。刑事法分野については東京大学法学部の佐伯仁志教授と川出敏裕教授に示唆をいただいた。また，統計学の専門用語や訳文については，名古屋大学教育学部の野口裕之教授と東洋英和女学院大学の岡本浩一教授に貴重な示唆を頂いた。ここに記して感謝したい。もちろん，誤訳や不適切な訳文の責任は，われわれ監訳者と共訳者にあることは言うまでもない。

　最後に，本訳書出版を快諾していただき，訳文が徐々にできあがるのを暖かい眼差しと忍耐力で見つめ続けて下さった坂口節子社長に重ねて御礼を申し上げる次第である。

2006年3月
監訳者

《文献目録》

Andreoni, J. "Criminal Deterrence in the Reduced Form: A New Perspective on Ehrlich's Seminal Study," *Economic Inquiry* 33 (July 1995): 476-483.

Bailey, William C., "Deterrence, Brutalization and the Death Penalty: Another Examination of Oklahoma's Return to Capital Punishment," *Criminology* 36 (November 1998): 711-733.

Battalio R. C. et al., "A Test of Consumer Demand Theory Using Observations of Individual Purchases," *Western Economic Journal* (December 1973): 411-428.

Becker, G. S., "Crime and Punishment: An Economic Approach," *Journal of Political Economy* 76 (March-April 1968): 169-217.

――, *Accounting for Tastes*, Cambridge: Harvard University Press, 1996.

Block, C. R., R. L. Block, and the Illinois Criminal Justice Information Authority, *Homicides in Chicago, 1965-1994* [Computer file], 2nd ICPSR version, Chicago, IL: Illinois Criminal Justice Information Authority [producer], 1996. Ann Arbor, MI: Inter-university Consortium for Political and Social Research [distributor], 1996.

Block, M. K. and J. Heineke, "A Labor Theoretical Analysis of the Criminal Choice," *American Economic Review* 65 (June 1975): 314-325.

Cochran, John K. and Mitchell B. Chamlin, "Deterrence and Brutalization: The Dual Effects of Executions," *Justice Quarterly* 17 (December 2000): 685-706.

Corvasce, M. V. and J. R. Paglino, *Murder One: A Writer's Guide to Homicide*, Cincinnati: Writer's Digest Books, 1997.

Darrough, M. N. and J. M. Heineke, *The Multi-Output Translog Production-Cost Function: The Case of Law Enforcement Agencies*, In *Economic Models of Criminal Behavior*, ed. J. M. Heineke, 259-302. Amsterdam: North Holland, 1978.

DiIulio, J. J., "The Black Crime Gap," *The Wall Street Journal*, 11 July 1994, Sec. A, p. 10.

Douglas, J., R. Ressler, A. Burgess, and C. Hartman, "Criminal Profiling from Crime Scene Analysis," *Behavioral Sciences and the Law* 4, no. 4 (1986): 401-421.

Douglas, J. and M. Olshaker, *Mindhunter: Inside the FBI's Elite Serial Crime Unit*, New York: Simon & Schuster, 1996 [ジョン・ダグラス&マーク・オルシェイカー『FBIマインド・ハンター：セックス殺人捜査の現場から』（井坂清訳，早川書房1997年）]。

Ehrlich, I., "The Deterrent Effect of Capital Punishment: A Question of Life and Death," *American Economic Review* 65 (June 1975): 397-417.

Elster, Jon, "Emotions and Economic Theory," *The Journal of Economic Literature* (March 1998): 47-74.

Felson, R. B., "Impression Management and the Escalation of Aggression and Violence," *Social Psychology Quarterly* 45, no. 4 (1982): 245-254.

Felson, R. B., S. A. Ribner, and M. S. Siegel, "Age and the Effect of Third Parties During Criminal Violence," *Sociology and Social Research* 68, no. 4 (1984): 452-462.

Felson, R. B. and H. J. Steadman, "Situational Factors in Disputes Leading to Criminal Violence," *Criminology* 21 (February 1983): 59-74.

Fleisher, M. *Beggars and Thieves*, Milwaukee: University of Wisconsin Press, 1995.

Fox, J. A. and G. L. Pierce, *Uniform Crime Reports [United States]: Supplementary Homicide Reports, 1976-1983*. Ann Arbor, MI: Inter-university Consortium for Political and Social Research, ICPSR 8657, 1987.

Furlong, W. J., "The Deterrent Effect of Regulatory Enforcement in the Fishery," *Land Economics* 67 (February 1991): 116-129.

Grogger, J., "Certainty v. Severity of Punishment," *Economic Inquiry* 29 (April 1991): 297-309.

Gylys, J., "Application of a Production Function to Police Patrol Activity," *The Police Chief* (July 1974): 70-72.

Hellman, D. A. and J. L. Naroff, *The Urban Public Sector and Urban Crime: A Simultaneous System Approach*. Washington: U. S. Government Printing Office, 1980.

Hey, J. D., *Uncertainty in Microeconomics*. New York: New York University Press, 1979.

Hull, B. B. and F. Bold, "Preaching Matters: Replication and Extension," *Journal of Economic Behavior and Organization* 27 (June 1995): 143-149.

Kleck, G., "Racial Discrimination in Criminal Sentencing: A Critical Evaluation of the Evidence with Additional Evidence on the Death Penalty," *American Sociological Review* 46 (December 1981): 783-805.

Kleiman, Mark A. R., Getting Deterrence Right: Applying Tipping Models and Behavioral Economics to the Problems of Crime Control, (in *Perspective on Crime and Justice: 1998-1999 Lecture Series*), Washington, D.C.: National Institute of Justice, v. 3 (November 1999), Research Forum.

Kuhn, T., "Blast meant to intimidate, Babbit says," *The Arizona Republic*, 3 June 1976, Sec. A., p. 19.

Lott, John R., *More Guns, Less Crime: Understanding Crime and Gun-Control Laws (Studies in Economics)*, University of Chicago Press, 1998.

Marché, G. E., *The Economics of Law Enforcement: Production Comparisons Between Large and Small Police Unites*, Ann Arbor, Mich.: University Microforms, 1990.

―――, "Aggregation Biases and Economies of Scale in the Metropolitan Police Unit Production Function," *Review of Social Economy* 1 (Summer 1992): 215-233.

―――, "The Production of Homicide Solutions: An Empirical Analysis," *American Journal of Economics and Sociology* 53 (October 1994): 385-401.

―――, "Mending a Hole in the Police Dragnet: A Criminal Profile for Rationally Motivated Homicides," *Forensics: TEJ The Electronic On-line Journal of the American College of Forensic Examiners* (Spring 1996).

May, Allan, "The History of the Kansas City Family" (2000, March 20), retrieved June 24, 2001, from *http://www.crimemagazine.com/kcfamlly.htm*.

McCann, J. T., "Criminal Personality Profiling in the Investigation of Violent Crime: Recent Advances and Future Directions," *Behavioral Sciences and the Law* 10, no. 4 (1992): 475-481.

Messner, S. F., "Regional Differences in the Economic Correlates of the Urban Homicide Rate: Some Evidence on the Importance of Cultural Context," *Criminology* 21 (November 1983): 177-188.

Murphy, W. and J. Peters, "Profiling Child Sexual Abuses: Psychological Considerations," *Criminal Justice and Behavior* 19 (March 1992): 24-37.

Pinker, S., *How the Mind Works*. New York: W. W. Norton & Company, 1997〔スティーブン・ピンカー『心の仕組み:人間関係にどう関わるか(上)(中)(下)』(椋田直子訳,日本放送出版協会2003年)〕.

Pinnizzotto, A. J. and N. J. Finkel, "Criminal Personality Profiling: An Outcome and Process Study," *Law and Human Behavior* 14 (June 1990): 215-233.

Rabin, M., "Psychology and Economics," *The Journal of Economic Literature* (March 1998): 11-46.

Ressler, R. K. et al., "Sexual Killers and Their Victims: Identifying Patterns Through Crime Scene Analysis," *Journal of interpersonal Violence* 1 (September 1986): 288-308.

Ryans, M. R., "The Irresistible Impulse in the Lorena Bobbitt Case," *Forensic Examiner* 5 (September - October 1996): 11-12.

Scalice, V., "White House Counsel, Vincent Foster Case Reopened," *Forensic Examiner* 4 (September - October 1995): 13-15.

Senna, J. J. and L. J. Siegil, *Introduction to Criminal Justice* 2d ed. St. Paul: West Publishing Co., 1981.

Silberberg, E., *The Structure of Economics: A Mathematical Analysis*. New York: McGraw-Hill Book Company, 1978.

Sollars, D. L., B. L. Benson and D. W. Rasmussen, "Drug Enforcement and the Deterrence of Property Crime Among Local Jurisdictions," *Public Finance Quarterly* 22 (January 1994): 22-45.

Turco, R. N., "Psychological Profiling," *International Journal of Offender Therapy and Comparative Criminology* 34, no. 2 (1990): 147-154.

Turvey, B. E., *Criminal Profiling: An Introduction to Behavioral Evidence Analysis*. Watsonville, California: Knowledge Solutions, 1999.

Wilson, J. Q., *Thinking About Crime* rev. ed. New York: Basic Books, 1983.

索 引

ア行

アーリック，アイザック 111, 180
阿部定事件 205
アンドレオーニ，ジェームズ 203
ウィルソン，J. L. 事件 166, 167
ヴィンス，フォスター事件 199-202
嘘発見器 96, 182
SHR データ 141, 148-149, 152-154, 160
エルスター，ヤン 142

カ行

会計利潤 54, 56
回避効果 204-205, 207
価格弾力性 33, 35
 交差—— 35
 需要の—— 34-35, 57
 所得の—— 35
カジンスキー，テオドア 144
カルス，レイ 173
完全情報 15-17, 42, 87-88
完全情報の価値 97
可測効用 14, 102
基数的効用 14, 29, 102
期待金銭価値 92-93, 96-97, 102
期待値 59
規模に関する収穫逓減 52
規模に関する収穫逓増 53
規模の経済 52
供給曲線 38
ギルト・コンプレックス（劣等感） 81
クリントン大統領 199
グロガー，ジェフリー 203
経済的合理人 36
経済利潤 52, 56, 60
警察の捜査網の穴 135, 191, 214, 218

刑事司法制度

 ——の総費用曲線 71, 78
 ——の生産可能性フロンティア 76, 125, 127
限界効用逓減 14, 24, 63
限界生産逓減 38
更生 208
合成の誤謬 134
効用
 ——極大の原則 18
 ——の個人間比較 13
 制約条件下の——極大モデル 67-68, 121, 124
根元事象 57

サ行

財
 下級財 35
 正常財 12, 35
 奢侈品 35
 代替財 35
 負財 12, 23, 67
 補完財 35
最適生産 37, 44-45
殺人
 ——の意思決定式 120
 感情的動機に基づく—— 129, 145, 149
 金銭をめぐる口論からの—— 148
 合理的動機に基づく—— 88-90, 124-128, 140-143, 155-165, 198-199, 205
 三角関係による—— 148, 149
 施設での—— 148, 149
 狙撃犯による—— 148, 149
死刑の抑止効果 111
支出方程式 27
司法取引の制度 207

主観的期待効用　89, 91, 100, 131
　　──の（数学）モデル　88-91, 137
　　主観的効用理論　87
需要曲線　20-24, 166
ジュエル，リチャード　135, 212-213
条件付確率　57, 98
証人保護プログラム　212
証明度効果　29, 102, 204-207
序数的効用　29-32
所得効果　29-32
所得弾力性　35
シンプソン（O. J.）事件　143
スピード違反のネズミ捕り　76-77
スペンス，ジェリー　191-192, 194
生産効率性　3, 48-51
生産等量曲線　48-51
専門化　40-41, 114, 125, 138, 143, 147
憎悪犯罪　102, 137, 166
総費用制約式　49
ソル，ランディ（殺害事件）　170, 174-175

タ行

ターコ，ロナルド　133
代替効果　29-32
逮捕確率　67-72, 159
　　──感受性　180, 182

ナ行

ニューハート，リン　178

ハ行

バーコヴィッツ，デイヴィッド　144
バーソロミュー，リチャード　187
バビット，ブルース　211
犯罪の社会学理論　82
犯罪の心理学理論　81
犯罪の生理学理論　82
犯罪の抑止モデル　64
ハンセン，ロバート　186
バロー，ギャング団　221

ピニゾット，アンソニー　132, 177
標本空間　57
ピンカートン　113
フィンケル，ノーマン　132, 177
フォン・ノイマン＝モルゲンシュテルン効用概念　91, 101, 115, 146
不確実性下の意思決定　88
負の外部性　196
プロスペクト理論　184
ベッカー，ゲーリー　180, 193
ベッカーとアーリックのモデル　180-181
防犯力強化　66
ホッファ，ジミー　108
ポリグラフ検査　96, 188-189

マ行

満足化　147
ミュラー，デーモン　219
無害化（政策）　191, 208-209
無差別曲線　25-26
　　リスク選好を反映した──　122
結びつける証拠　151-152

ヤ行

ユナボマー　144
抑止効果等量曲線　72-73
予算制約（線）　26-29, 69
予算方程式　27
余事象　57

ラ行

リスク
　　──愛好型の効用関数　116
　　──回避的な選好　70
　　──選好を反映した無差別曲線　121
　　──中立的な選好　69
　　──への態度　62
ロッツ，ジョン　197
ロリーナ，ボビット事件　206

監・訳者紹介

太田勝造（おおた　しょうぞう）
　　現　在　東京大学大学院法学政治学研究科教授　現代法過程論・法社会学専攻

西本健太郎（にしもと　けんたろう）
東京大学大学院法学政治学研究科博士課程2年
国際法専攻

米村幸太郎（よねむら　こうたろう）
東京大学大学院法学政治学研究科修士課程2年
法哲学専攻

安藤　馨（あんどう　かおる）
2006年　東京大学大学院法学政治学研究科修士課程修了
東京大学法学部助手
法哲学専攻

劉　芳伶（りゅう　ほうれい）
東京大学大学院法学政治学研究科修士課程2年
刑事法専攻

森　大輔（もり　だいすけ）
2006年　東京大学大学院法学政治学研究科修士課程修了
東京大学法学部助手
法社会学専攻

濱井宏之（はまい　ひろゆき）
早稲田大学法科大学院法学既習者コース1年
実定法学専攻

高橋脩一（たかはし　しゅういち）
東京大学大学院法学政治学研究科修士課程2年
英米法専攻

村上裕一（むらかみ　ゆういち）
東京大学大学院法学政治学研究科修士課程1年
行政学専攻

© 2002 by Gary E. Marché
This translation of the Murder as A Business Decision:
An Economic Analysis of Criminal Phenomena (2nd. ed.),
University Press of America by Gary E. Marché.
is published by arrangement through The Sakai Agency

合理的な人殺し：犯罪の法と経済学

2006年8月10日第一版第一刷印刷発行　©

　　　　著　者　G.E.マルシェ
　　　　監訳者　太　田　勝　造
　　　　発行者　坂　口　節　子
　　　　発行所　㈲　木　鐸　社

監訳者との
了解により
検印省略

印刷　㈱アテネ社　製本　大石製本所
〒112-0002　東京都文京区小石川5-11-15-302
電話　(03) 3814-4195　　振替　00100-5-126746
ファクス　(03) 3814-4196　　http://www.bokutakusha.com
乱丁・落丁本はお取替致します

ISBN4-8332-2379-1　C3033

「法と経済学」関連書

「法と経済学」の原点
R.コース／G.カラブレイジィ他　松浦好治編訳

Ａ５判・230頁
税込　3150円

不法行為法の新世界
R.ポズナー／G.カラブレイジィ他　松浦好治編訳

Ａ５判・180頁
税込　2575円

法と経済学の考え方
■政策科学としての法
R.クーター著　太田勝造編訳

Ａ５判・248頁
税込　3150円

法と社会規範
■制度と文化の経済分析
E.ポズナー著　太田勝造監訳

Ａ５判・366頁
税込　3675円

結婚と離婚の法と経済学
A.ドゥネス／R.ローソン編著　太田勝造監訳

Ａ５判・360頁
税込　3675円

民事訴訟法の法と政治学
ロバート・G・ボウン著　細野敦訳

Ａ５判・280頁
税込　3150円

法の迷走・損害賠償
■非難文化の温床
P.S.アティア著　望月礼二郎訳

四六判・280頁
税込　2625円

正義の経済学
■規範的法律学への挑戦
R.ポズナー著　馬場孝一・国武輝久他訳

四六判・480頁
税込　6300円

法に潜む経済イデオロギー
R.マーロイ著　馬場孝一・国武輝久訳

Ａ５判・200頁
税込　2310円